Unverkäufliche Firmenspende
durch den IVSH e.V.

Moderne Volkswirtschaftslehre

Band 1:

Logik der Marktwirtschaft

Von

Mag. Dr. Ferry Stocker

Institut für Volkswirtschaftstheorie und -politik
Wirtschaftsuniversität Wien

R. Oldenbourg Verlag München Wien

Die Deutsche Bibliothek — CIP-Einheitsaufnahme

Stocker, Ferry:
Moderne Volkswirtschaftslehre / Ferry Stocker. — München ;
Wien : Oldenbourg

Bd. 1. Logik der Marktwirtschaft. — 1994
  ISBN 3-486-23127-8

© 1994 R. Oldenbourg Verlag GmbH, München

Das Werk einschließlich aller Abbildungen ist urheberrechtlich geschützt. Jede Verwertung außerhalb der Grenzen des Urheberrechtsgesetzes ist ohne Zustimmung des Verlages unzulässig und strafbar. Das gilt insbesondere für Vervielfältigungen, Übersetzungen, Mikroverfilmungen und die Einspeicherung und Bearbeitung in elektronischen Systemen.

Gesamtherstellung: R. Oldenbourg Graphische Betriebe GmbH, München

ISBN 3-486-23127-8

Inhaltsverzeichnis

Vorwort X

1. Entscheiden(d): Wer? Worüber? Wozu? 1

2. Die marktwirtschaftliche Wohlfahrtsautomatik:
   Das 'Wunder der unsichtbaren Hand' 5

   2.1 Das Thema der Volkswirtschaftslehre 10

       2.1.1 Produktion, Konsumtion und Tausch:
       Mikroökonomik 12

       2.1.2 Konjunktur, Arbeitslosigkeit und Inflation:
       Makroökonomik 17

3. Entscheidungslogik und Spielregeln 21

   3.1 Die Triebkraft des Wirtschaftens 21

   3.2 Die grundlegende Entscheidungslogik 23

   3.3 Die Spielregeln 29

4. Entscheidungsträger: Haushalt, Unternehmer und
   Unternehmung, Regierung und Bürokraten 35

   4.1 Der Haushalt: Definition und Problemstellung 36

       4.1.1 Entscheidungslogik des Haushalts 37

           4.1.1.1 Gesamtnutzen und Grenznutzen 37

           4.1.1.2 Ausgleich der gewichteten Grenznutzen* 42

   4.2 Unternehmung und Unternehmer: Definition und
   Problemstellung 47

       4.2.1 Zentrale unternehmerische Fragestellungen 51

       4.2.2 Aspekte der Betriebsgröße 53

4.2.3 Das unternehmungsspezifische Entscheidungskalkül* ...56

    4.2.3.1 Die Grenzkosten und das Gesetz des fallenden Grenzertrages* 57

    4.2.3.2 Die Grenzerlöse* 63

    4.2.3.3 Die optimale Angebotsmenge der Unternehmung* 66

5. Die Schlüsselfaktoren: Unternehmer und Wettbewerb: 'Zuckerbrot und Peitsche' 72

5.1 Was ist und was bedeutet ein Monopol? 72

5.2 Warum Monopole existieren 75

    5.2.1 Findigkeit und Tatkraft 75

    5.2.2 Künstliche Wettbewerbsbeschränkungen 80

    5.2.3 Spezifische Knappheiten 82

    5.2.4 'Natürliche' Monopole 83

5.3 Der Monopolgewinn* 85

5.4 Monopolistische Konkurrenz 90

    5.4.1 Anmerkungen zum langfristigen Gleichgewicht bei monopolistischer Konkurrenz* 92

5.5 Die Wachstumsdynamik der Marktwirtschaft 94

5.6 Resümee 104

5.7 Einige Anmerkungen zum Oligopol* 106

6. Marktgeschehen: Angebot und Nachfrage: Information und Koordination 111

6.1 Koordination der arbeitsteiligen Produktion über Märkte ... 111

6.2 Die Marktnachfrage 114

    6.2.1 Gesetz der Nachfrage 114

Inhaltsverzeichnis VII

    6.2.1.1 Preiselastizität der Nachfrage* 117
    6.2.2 Nicht-Preis-Einflußfaktoren der Nachfrage 122

 6.3 Das Marktangebot 123

    6.3.1 Gesetz des Angebots 124
    6.3.2 Nicht-Preis-Einflußfaktoren des Angebots 125

 6.4 Angebot und Nachfrage = Markt, Preisbildung
 und Koordination 125

    6.4.1 Die einfachste formale Darstellung von Angebot
    und Nachfrage* 127
    6.4.2 Der Prozeß zum Gleichgewicht 129

 6.5 Realität der Marktwirtschaft: Ständige Veränderungen
 von Angebot und Nachfrage 134

 6.6 Bestimmungsgrößen von Angebot und Nachfrage 138

 6.7 Das Marktangebot im Zeitablauf 145

 6.8 Das 'Wunder' des marktwirtschaftlichen
 Allokationsergebnisses 148

 6.9 Zusammenfassende Beurteilung 151

**7. Marktergebnis: Beurteilung und Voraussetzungen
des Wettbewerbsprozesses** 155

 7.1 Ein kurzer Rückblick 155

 7.2 Marktgleichgewicht auf Wettbewerbsmärkten
 und Wohlfahrtsmaximierung* 159

    7.2.1 Konsumentenrente* 161
    7.2.2 Produzentenrente* 162
    7.2.3 Bewertung des Wettbewerbsgleichgewichts* 165

 7.3 Wohlfahrtsverlust beim statischen Monopol* 170

7.4 Wohlfahrtsverlust durch monopolistische Konkurrenz?* 173

7.5 Voraussetzungen eines funktionsfähigen Wettbewerbs 178

8. Vorteile, Hindernisse und Probleme des Tauschens 183

8.1 Grundsätzliches zur Logik des Tausches 183

    8.1.1 Das Theorem der komparativen Kostenvorteile von David Ricardo 187

8.2 Die Bedeutung der Transaktionskosten 191

8.3 Probleme aufgrund asymmetrischer Informationsverteilung 199

    8.3.1 Moral Hazard 203

    8.3.2 Negative Auslese ('Adverse Selection') 206

9. Logik des staatlichen Handelns: Der Staat als Spielleiter 209

9.1 Die Informationsleistung der Marktwirtschaft 209

9.2 Voraussetzungen des Wirtschaftens als staatliche Verantwortung 216

    9.2.1 Monetäre Stabilität 216

    9.2.2 Definition handelbarer Eigentumsrechte 219

        9.2.2.1 Umweltverschmutzung: Markt- oder Staatsversagen? 221

            9.2.2.1.1 Umwelt als öffentliches Gut 224

            9.2.2.1.2 Externe Effekte aufgrund fehlender Eigentumsrechte 225

    9.2.3 Herstellung von Kostentransparenz 238

    9.2.4 Sicherung des Wettbewerbs 239

    9.2.5 Bildungspolitik: Hilfe zur Selbsthilfe 241

10. 'Unlogik' des staatlichen Handelns: Der Staat als Spielverderber ... 245

10.1 Zur Logik der Partikularinteressen: Rent-Seeking ... 245

10.2 Die 'Eroberung von Regierung und Bürokratie' ... 250

10.3 Die Folgewirkungen von Staatseingriffen in das Marktgeschehen ... 253

10.4 Schlußfolgerungen ... 264

Literaturhinweise ... 268

Stichwortverzeichnis ... 270

Vorwort

Dieses Buch richtet sich an zwei Personengruppen: An Studierende der Sozial- und Wirtschaftswissenschaften, die nach oft eingehendem Studium der Mikroökonomik zwar unter anderem die Grenzrate der Substitution definieren können, aber die ihr zugrundeliegende Logik – *'There's no such thing as a free lunch!'* – nicht verstehen! Zurecht besteht deshalb ein Bedarf an einer Darstellung, die die wesentlichen Zusammenhänge, die *Essenz der Marktwirtschaft*, ausgehend von einem intuitiven Ansatz, möglichst knapp und klar darlegt. Eben deshalb sind mit 'Logik der Marktwirtschaft' auch all jene angesprochen, die – ohne weitere Vorkenntnisse – an einem Verständnis der Funktionsweise der Marktwirtschaft interessiert sind.

Dafür ist zweifellos ein bestimmtes Bemühen seitens des Lesers gefordert: Es gibt eben nichts umsonst: *'There's no such thing as a free lunch!'* Im Wissen um das knappe Zeitbudget des Lesers sollten aber die Kosten der Erlangung dieses Wissens so gering wie möglich gehalten werden, weshalb insbesondere die Verwendung von Mathematik auf ein absolutes Mindestmaß reduziert wurde. Dem diesbezüglich nicht interessierten Leser bleibt die Mathematik überhaupt erspart. Auch können die mit einem Stern (*) gekennzeichneten Kapitel ohne Verständnisverlust übersprungen werden.

Mit Inhalt und Form von 'Logik der Marktwirtschaft' hofft der Autor, dem Leser ein 'lohnendes Investitionsprojekt', eine – angesichts des Nutzens und der Kosten des zu erwerbenden Wissens – hoch rentable alternative Zeitverwendung 'vorzulegen'. Bei diesem Projekt haben mich meine Kollegen Engelbert Dockner, Hansjörg Klausinger, Alfred Sitz und vor allem Maria Stückler unterstützt, denen ich zu Dank verpflichtet bin. Die Verantwortung für die inhaltliche Komposition und formale Präsentation der Materie liegt freilich beim Autor allein.

1 Entscheiden(d): Wer? Worüber? Wozu?

Sich in der heutigen Zeit zurechtzufinden, ist keine einfache Sache. Wie nie zuvor erscheint uns die Welt von enormer Komplexität und Vernetztheit, auch und gerade im sozialen und wirtschaftlichen Bereich. Der Zusammenbruch der ehemals nach planwirtschaftlichen Gesichtspunkten organisierten Staaten Osteuropas, äußerst 'bescheidene' Wachstumsraten, deutliche Strukturprobleme ehemaliger 'Paradeindustrien' und wachsende Arbeitslosigkeit in den Industriestaaten 'westlichen Zuschnitts', die zunehmende Internationalisierung und der damit steigende Wettbewerbsdruck, die Entwicklungs- und Umweltproblematik, dies sind zweifellos die drängendsten Wirtschaftsprobleme der Gegenwart, die noch dazu ineinander überzufließen scheinen.

Hinzu kommt das wirtschaftliche 'Alltagsleben des Normalverbrauchers', den eine bereits unüberblickbare und dennoch weiter wachsende Gütermenge 'umschwirrt', auf den schier unablässig Werbebotschaften 'niedergehen' und der sich durch den zweifellos zunehmenden Wettbewerbsdruck, gerade auch am Arbeitsmarkt, durch eine 'Bürokratisierungslawine' seitens der öffentlichen Verwaltung und durch stets steigende Abgaben- und Steuerleistungen mitunter überfordert sieht.

Vor diesem Hintergrund wird *Orientierung* unverzichtbar. Gerade im wirtschaftlichen Bereich, und insbesondere dann, wenn man seine Position halten oder verbessern will. Angesichts der gegebenen Komplexität der Probleme mag es umso verwunderlicher erscheinen, daß die moderne ökonomische Theorie der Marktwirtschaft einen relativ einfachen Erklärungsansatz und gleichzeitig damit eine verläßliche Orientierung anbietet. Erfolgreiche Manager haben ein intuitives Verständnis für die Funktionsweise marktwirtschaftlicher Systeme und können diese entsprechend nutzen. Hier stellt sich die Aufgabe, die *entscheidenden Zusammenhänge im marktwirtschaftli-*

chen System in einfachen Worten Schritt für Schritt zu entwickeln und darzustellen. Damit wird neben dem *intuitiven Verständnis* ein *systematisches Durchschauen wirtschaftlicher Abläufe* gewonnen, eine unabdingbare Voraussetzung für das erfolgreiche Zurechtfinden im wirtschaftlichen Leben der heutigen Zeit.

Ausgangspunkt der Überlegungen bildet dabei die Tatsache, daß sich alle wirtschaftlichen Phänomene, wie beispielsweise ein Haus- oder ein Straßenbau, aber auch Arbeitslosigkeit und Inflation letztlich auf *Entscheidungen*, sei es von *Individuen*, wie Haushalte oder Unternehmungen, sei es auf jene von *'kollektiven Institutionen'* wie Regierungen und Bürokratien zurückführen lassen.

Entscheidungen sind also der Ausgangspunkt der ökonomischen Analyse. Die Notwendigkeit zur Entscheidung, die Tatsache, daß man ständig entscheiden *muß*, ergibt sich aufgrund der *Knappheit, der Beschränktheit der Mittel* einerseits und der *unterschiedlichen Verwendungsmöglichkeiten* dafür andererseits. So muß man sich für *einen* Beruf entscheiden, weil für mehrere regelmäßig die Zeit nicht ausreicht und weil mehrere (sehr viele) Berufsausbildungsmöglichkeiten und Berufe zur Wahl stehen.

Die Knappheit der Mittel und die Möglichkeit, diese verschieden einzusetzen, zwingen also zum Entscheiden: *Ökonomische Entscheidungen sind Entscheidungen über die Verwendung knapper Mittel.* Somit geht es zum einen um

- die *Entscheidungsträger* und ihre *Motivation*, damit um das 'Wer entscheidet?' und das 'Wozu?', um die Frage, 'Welche Ziele werden bei der Entscheidung verfolgt?' Daß jeder Entscheidungsträger grundsätzlich bemüht ist, seine *eigene Situtation zu verbessern*, ist der Blickwinkel, aus dem heraus ökonomisches Geschehen am besten zu durchleuchten und zu verstehen ist. Dieses einem Entscheidungsträger unterstellte Streben nach der Verbesserung der eigenen Situation darf nun keineswegs zu eng ausgelegt und als reine und rücksichtslose

1. Einführung

Egozentrik denunziert werden. Ein Entscheidungsträger wird sowohl bei der Konkretisierung seiner individuellen Ziele wie auch bei der Wahl der Mittel zu ihrer Erreichung – beide Aspekte sind durch die Gesellschaft und ihre Kultur, also durch *Normen*, wesentlich geprägt – in der Regel auch das Wohl 'seiner Umgebung', beispielsweise seiner Familie oder seiner 'Nachbarschaft' im weitesten Sinne im Auge haben. Aber eben *seiner* Familie, *seiner* 'Umgebung', er verfolgt dabei also stets *eigene* Ziele.

Bei Entscheidungen geht es zum anderen

- um den *Inhalt* der Entscheidung, das *'Worüber wird entschieden?'* Man unterscheidet hier drei zentrale ökonomische Fragen, die sich bei *arbeitsteiligem* Wirtschaften auf *individueller* Ebene stellen:

> 1. Was soll produziert werden?
> 2. Wie soll produziert werden?
> 3. Für wen soll produziert werden?

und eine zentrale ökonomische Frage, die sich auf *kollektiver* Ebene, auf Regierungsebene, stellt, nämlich:

> Was ist für eine umfassende und nachhaltige, also umweltverträgliche Wohlstandserhöhung möglichst aller Gesellschaftsmitglieder zu tun?

Schließlich geht es

- um das *Ergebnis*, das sich aus dem *Zusammenspiel von Millionen von individuellen Entscheidungsträgern ergibt*.

Gerade letzteres macht deutlich, daß das Ausmaß, in dem eine individuelle Entscheidung zum gewünschten Ergebnis beiträgt, *entscheidend* davon abhängig ist, inwiefern der einzelne Entscheidungsträger das *Zusammenspiel der Vielen* in seine eigenen Überlegungen miteinbezieht.

Es wurde schon erwähnt, daß sich die Notwendigkeit zur Entscheidung aus dem Grundtatbestand der *Knappheit*, also aus der Unmöglichkeit, alle zur Wahl stehenden Alternativen zu verwirklichen, ergibt. Damit bedeutet das Entscheiden für eine Alternative, etwa für einen bestimmten Beruf, leider auch regelmäßig den *Verzicht* auf die anderen.

Gerade dieses Beispiel zeigt, wie wichtig das *Ausmaß* der zur Wahl stehenden Alternativen einerseits und das *Entscheidungsvermögen* des Entscheidungsträgers andererseits sind. So ist es für einen Arbeitnehmer nicht nur entscheidend, wieviele unterschiedliche Arbeitsplätze zur Auswahl stehen, und für einen Konsumenten, wie groß die Auswahl und wie gut die Qualität der Güter sind, sondern auch, wie er sich Zugang zu Arbeitsplätzen und Konsumgütern sichert und angesichts der bestehenden Wahlmöglichkeiten dann auch optimal entscheidet.

Sowohl in bezug auf die kontinuierliche *Ausweitung der zugänglichen Alternativen* wie auf die *Verbesserung der individuellen Entscheidungsfähigkeit* erweisen sich die Einsichten der ökonomischen Theorie der Marktwirtschaft als äußerst dienlich. Gerade das soll im folgenden gezeigt werden: So wird die ökonomische Theorie für die optimale Bewältigung von Knappheitssituationen und das heißt, anders herum, nichts anderes als für den Prozeß der individuellen wie gesellschaftlichen Wohlstandsschaffung *entscheidend!*

2. Die marktwirtschaftliche 'Wohlfahrtsautomatik': Das 'Wunder der unsichtbaren Hand'

Die zentrale ökonomische Fragestellung ist die nach dem *Wohlstand* des einzelnen oder einer Gesellschaft, genauer: nach den Faktoren, den Bestimmungsgründen der Wohlstandsschaffung. Wohlstand, individueller und gesellschaftlicher ist das Ziel, *Knappheit* der Ausgangspunkt bzw. die Bedingung des Wirtschaftens. Die Volkswirtschaftslehre befaßt sich mit den zentralen Fragen: Wie wird der einzelne oder die Gesellschaft insgesamt reicher, wohlhabender? Und: Welche Faktoren begünstigen bzw. beeinträchtigen die allgemeine Wohlstandsschaffung?

Das ökonomische Grundproblem ist das der *Knappheit*. Knappheit bedeutet, daß von bestimmten *Gütern*, d.s. *Mittel der Bedürfnisbefriedigung* weniger verfügbar ist, als man davon haben möchte. Im Verhältnis zu den *Bedürfnissen* der Menschen sind also zuwenig Güter da. Güter sind dabei ganz allgemein all jene 'Dinge', die als *gut* eingeschätzt werden. Dazu zählen nicht nur *materielle* Güter wie beispielsweise (nach individuellen Vorlieben ganz unterschiedliche) Nahrungsmittel, Bekleidungsartikel, Möbel, Fernseh-, Audio- und Videogeräte und (unendlich) vieles andere mehr, sondern auch *immaterielle Güter*, das sind *Dienstleistungen* im weitesten Sinne wie Service- und Beratungsleistungen, Fernsehshows u.ä.m. sowie unterschiedlichste Rechte. Zu den immateriellen Gütern zählen aber auch ein angenehmes Gespräch, eine erfüllende Freundschaft, das Wissen um Sicherheit und Geborgenheit oder um eine heile Umwelt und ähnliches.

Güter, die unmittelbar für den Konsum bestimmt sind, werden *Konsumgüter* genannt. Sie müssen hergestellt, *produziert* werden. Dazu benötigt man *Produktionsfaktoren/Ressourcen*. Auch und vor allem die Ressourcen sind knapp. *Ressourcen* sind ganz allgemein all jene 'Dinge', die zur *Produktion* von Gütern erforderlich sind, also üblicherweise: menschliche Arbeit (im umfassenden Sinn), Kapital und Grund und Boden. Man spricht hier von den *drei klassischen Produktionsfaktoren*. Bei *Investitionsgütern* wie beispielsweise Maschinen und Produktionshallen bzw. Produktionsanlagen generell handelt es sich bereits um mit den Ressourcen hergestellte 'Mittel', mit Hilfe derer Güter besser und leichter produziert werden können.

Weil die Ressourcen knapp sind, muß entschieden werden, *wofür man sie einsetzen soll, welche von unzählig vielen möglichen Gütern damit produziert werden sollen.* Sollen beispielsweise mit einer bestimmten Menge an Kapital und Arbeit Wohnungen gebaut oder aber soll damit 'Stahl gekocht' werden? Entscheidend ist, daß *eine bestimmte Verwendung knapper Ressourcen andere Verwendungen ausschließt.* Das, worauf man durch eine spezifische Mittelverwendung verzichten muß, nennt man *Opportunitätskosten*. Sie sind die logische Folge von Knappheit. Der Einsatz einer bestimmten Menge an Kapital und Arbeit in der Stahlproduktion bedeutet damit den Verzicht auf eine bestimmte Menge an Wohnungen!

Doch wer trifft diese Entscheidungen? In marktwirtschaftlichen Systemen entscheiden diese Fragen letztlich die *Konsumenten* durch ihre *Kaufentscheidung*. Sie bestimmen damit, was produziert werden soll, also wofür die knappen Ressourcen einzusetzen sind. Das ist nur folgerichtig. Denn beim Wirtschaften, beim Einsatz knapper Mittel, geht es ja schließlich um die bestmögliche Befriedigung ihrer Bedürfnisse.

> Weil Ressourcen knapp sind, ist es vernünftig, mit ihnen zu wirtschaften, d.h möglichst sparsam mit ihnen umzugehen und sie so einzusetzen, daß damit ein Maximum an Bedürfnisbefriedigung erreicht wird.

Wie gehen nun Menschen mit der Knappheit von Gütern und Ressourcen um? Wie versuchen sie, das Knappheitsproblem zu 'lösen' bzw. zu lindern? Wie (re-)agieren Individuen in Knappheitssituationen, die sie überwinden möchten? Die 'Lösung' des Knappheitsproblems ist einfach und lautet: *Arbeitsteilung. Arbeitsteilung erhöht*

2. 'Marktwirtschaftliche Wohlfahrtsautomatik'

die Produktivität, d.i. das Verhältnis zwischen Produktionsergebnis und Arbeitseinsatz, oder allgemein: *zwischen Output und Input.*[1]

Übersicht 1.1:
Wirtschaften: Rationaler Umgang mit Knappheiten

Knappheit an Gütern

↓ ↓

Der Einsatz knapper Ressourcen (Produktionsmittel) ist immer mit Opportunitätskosten verbunden.

↓ ↓

Bestmöglicher Einsatz der knappen Ressourcen = Effizienz

Wollte man all jene Güter, die man konsumieren möchte, auch selbst produzieren, dann wäre das dadurch erzielbare Wohlstandsniveau, also die zur Verfügung stehende Menge von Gütern äußerst bescheiden. In einer solchen Situation wäre eigentlich keine Rede von Wohlstand, das bloße Überleben würde zum Problem!

Durch die Arbeitsteilung ändert sich das grundlegend. Arbeitsteilung bedeutet zunächst, daß sich die einzelnen Individuen jenen Tätigkeitsbereichen widmen, für die sie eine natürliche oder erlernte Begabung aufweisen. Talentierte Jäger und Bauern besorgen das Fleisch und die Beilagen, andere fabrizieren die Jagdwaffen und Ackergeräte, andere die Kleidung, wieder andere das Schuhwerk. Währenddessen kümmern sich wiederum andere um die Erziehung der Kinder (auch die Schule hat eine ökonomische Ursache!).

Die Arbeitsteilung ermöglicht schließlich die weiterführende *Spezialisierung*. Der Produktionsprozeß wird dabei in eine immer größere Anzahl von einzelnen Arbeitsschritten bzw. Arbeitsaufgaben zerlegt – damit können verstärkt Maschinen eingesetzt werden –, und jeder

---
[1] Bezeichnet man das Produktionsergebnis, den Output, mit Q, den Arbeitseinsatz mit A, so läßt sich Produktivität als Quotient $\frac{Q}{A}$ anschreiben.

einzelne befaßt sich nur mit ganz wenigen oder vielleicht nur einem einzigen Aufgabenbereich. In diesem Aufgabenbereich ist nun jeder um ein Vielfaches produktiver, als wenn man den gesamten Produktionsprozeß Schritt für Schritt selbst durchgeführt hätte. Jeder wird so zum hoch produktiven Spezialisten, beispielsweise zu einem Fachmann für ein bestimmtes Computerprogramm. Arbeitsteilung und Spezialisierung erhöhen also die individuelle Produktivität, was insgesamt (gesellschaftlich) zu einem steigenden Output führt.

Die individuelle Arbeitsleistung oder ihr Produkt wird über *Märkte* verkauft und mit dem Erlös wird – nach Abzug der Kosten – all das eingekauft, was man selbst konsumieren möchte. *Voraussetzung* dafür, daß überhaupt arbeitsteilig produziert werden kann, ist also, daß man den Überschuß der eigenen Produktion gegen andere Güter bzw. die eigene (Arbeits-)Leistung gegen andere Leistungen (Güter) *eintauschen* kann. Der *Tausch* ist also eine zentrale Voraussetzung für Arbeitsteilung und Spezialisierung, deren hohe Produktivitätsgewinne letztlich *allen Gesellschaftsmitgliedern* in Form von mehr Gütern zu niedrigeren Preisen zugute kommen.

Übersicht 1.2: Wohlstand durch Arbeitsteilung

Ausgangspunkt: Knappheit

↓↓

'Überwindung' durch Arbeitsteilung, die weitergehende Spezialisierung ermöglicht.

↓↓

Erhöhung der Produktivität

↓↓

Mehr Güter zu günstigeren Preisen = Erhöhung des allgemeinen Wohlstands

2. 'Marktwirtschaftliche Wohlfahrtsautomatik'

Die spezialisierte und deshalb hoch produktive arbeitsteilige Produktion führt indes zum Problem der *Koordination der mittlerweile weltweiten (!) Arbeitsteilung.* Man denke an eine Großunternehmung: Auch hier, *in* einer Unternehmung, wird arbeitsteilig produziert. Der Generaldirektor liefert eben nicht die Waren, die ein Reisender einem Kunden verkauft hat, mit dem Lieferwagen aus. Auch gibt er nicht selbst die Briefe zur Post. Er ist vor allem mit der *Planung der Aktivitäten* der Unternehmung und mit ihrer *Organisation* und der *Koordination aller in der Unternehmung eingesetzten Ressourcen* befaßt. Wenn hier etwas schiefläuft, kann das den Bestand des Unternehmens gefährden. Es braucht dafür deshalb die hellsten Köpfe, also neben dem Generaldirektor noch eine ganze Menge anderer hochqualifizierter Leute, die diese unternehmensinternen Koordinationsaufgaben bewältigen. Entsprechend teuer kommt die Angelegenheit!

'Wer' koordiniert jedoch die arbeitsteilige Produktion in einer Volkswirtschaft mit Tausenden von Betrieben und Millionen von Beschäftigten? Wer entscheidet hier, wer was produzieren soll und wie produziert werden soll?

Im Gegensatz zu Unternehmungen, *in* denen ja auch arbeitsteilig produziert wird und in denen diese Fragen vom Management gelöst werden müssen, bedarf es für die Koordination in einer Volkswirtschaft oder für die *weltweite Koordination der arbeitsteiligen Wirtschaft* keiner gezielt dafür errichteten Organisation. Für eine solche Organisationsleistung würde die menschliche Intelligenz auch gar nicht ausreichen!

'Wer' besorgt aber dann diese gewaltige Aufgabe? (Noch dazu *kostenlos!*) Diese enorme Koordinationsleistung besorgen nun *Preise,* die sich als *Ergebnis von Angebot und Nachfrage* auf den Märkten einstellen. Diese Preise übermitteln an alle 'Teilnehmer am Spiel' *wichtige und unverzichtbare Informationen,* nämlich über die *relative Knappheit* des jeweiligen Gutes. Die Preise zeigen den Individuen an,

- *was* sie mit ihren Ressourcen tun sollen, also welche Produkte produziert werden sollen, bzw. ob mehr oder weniger von einem bestimmten Gut oder von ähnlichen Produkten produziert und *angeboten* werden soll;

Preise zeigen aber auch an,

- *wie* man als *Nachfrager* mit dem jeweiligen Gut umgehen muß/soll! Die Preise zeigen an, ob mit einem Gut sparsam oder weniger sparsam umgegangen werden soll.

Die *Preise* sind es also, die das individuelle Verhalten von Millionen von Wirtschaftsakteuren *lenken* und letztlich *miteinander kompatibel machen!* Wie dies konkret vor sich geht und welches Ergebnis dabei insgesamt herauskommt, das ist ein Hauptuntersuchungsgebiet der Volkswirtschaftslehre.

Übersicht 1.3: Wer koordiniert die weltweit arbeitsteilige Produktion?

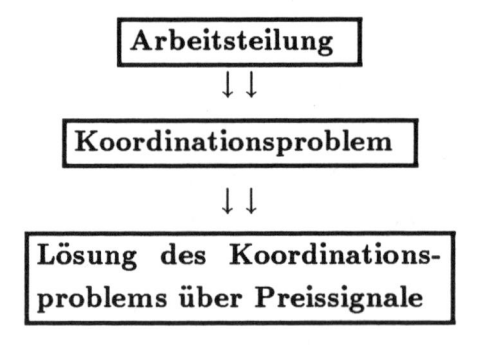

| Arbeitsteilung |
↓↓

| Koordinationsproblem |
↓↓

| Lösung des Koordinationsproblems über Preissignale |

2.1 Das Thema der Volkswirtschaftslehre

Die Volkswirtschaftslehre untersucht das menschliche Verhalten in Knappheitssituationen, also die Frage, wie Menschen mit Knappheit umgehen und zu welchem Ergebnis diese individuellen Handlungen in marktwirtschaftlichen Systemen insgesamt führen. Damit befaßt sich die Volkswirtschaftslehre eigentlich mit zweierlei:

- Einmal mit den *Entscheidungen individueller Handlungsträger in einem marktwirtschaftlichen System*. Sie *beschreibt und*

2. 'Marktwirtschaftliche Wohlfahrtsautomatik'

erklärt, wie Individuen in Knappheitssituationen entscheiden, andererseits entwickelt sie verbesserte *Entscheidungsmethoden*, also Verfahren, *wie Individuen in bestimmten Situationen entscheiden sollten* und dadurch ihre Situation noch verbessern können. Sie zeigt also auch Wege auf, wie man sein Entscheidungsverhalten verbessern kann.[2]

Die Individuen verfügen über bestimmte Mittel, beispielsweise Arbeit, Zeit und Geld, Grund und Boden und andere Vermögensgegenstände. Indem sie darüber entscheiden, wie diese Ressourcen eingesetzt werden sollen – man spricht von *Allokationsentscheidungen* –, beispielsweise wie die eigene Zeit verwendet werden soll, als Arbeitsangebot oder als Freizeit, *verteilen (allozieren)* sie diese jeweils für jede Periode ('Spielrunde') neu!

- Die aus den Allokationsentscheidungen insgesamt resultierende Neuverteilung von Ressourcen und Gütern nennt man dann das *Allokationsergebnis*. Die Volkswirtschaftslehre befaßt sich nun zum zweiten mit diesen *Allokationsergebnissen*, die aus den Abermillionen von individuellen Entscheidungen, die tagtäglich getroffen werden, resultieren.

Die Volkswirtschaftslehre geht aber über das Beschreiben und Erklären hinaus und versucht, künftige wirtschaftliche Ereignisse zu *prognostizieren*. Die *Beschreibung*, *Erklärung* und *Prognose* wirtschaftlichen Handelns auf individueller und gesellschaftlicher Ebene sind also die Hauptaufgaben der Volkswirtschaftslehre.

Bei der zu lösenden Frage: *Was kommt insgesamt – d.h. bezogen auf die gesamte Volkswirtschaft – durch das Zusammenspiel al-*

---

[2] An den hier formulierten Fragestellungen erkennt man deutlich den Unterschied zwischen *positiven (Seins-)* und *normativen (Sollens-)Aussagen*. Erstere beschreiben und erklären, letztere reflektieren ein *Werturteil*, indem sie sagen, wie etwas gemacht werden *soll!*

ler individuellen Allokationsentscheidungen heraus?, kennt die Volkswirtschaftslehre nun zwei einander ergänzende und mitunter auch im (produktiven) Widerspruch zueinander stehende Erklärungsansätze:

1. Den *mikroökonomischen*, der alle wirtschaftlichen Phänomene strikt auf individuelle Entscheidungen zurückführt und das Ergebnis auf einzelnen Märkten bzw. die Zusammenhänge, die zwischen ihnen bestehen, untersucht, und

2. den *makroökonomischen*, der auf *volkswirtschaftliche Aggregate*, das sind *gesamtwirtschaftliche Größen* wie gesamtwirtschaftlicher Konsum, gesamtwirtschaftliches Investitionsvolumen, gesamtwirtschaftliche Produktion und Arbeitslosigkeit (Beschäftigung) abstellt. Hier sind es im wesentlichen drei Fragen, die kontroversiell diskutiert werden, nämlich:

   - *Was bewirkt Schwankungen der gesamtwirtschaftlichen Aktivität, also den Konjunkturzyklus?*
   - *Gibt es eine gesamtwirtschaftliche Unterauslastung der Ressourcen, d.h. insbesondere eine länger andauernde, nicht gewünschte Arbeitslosigkeit?*
   - *Welche Rolle spielt das Geld, die in einer Volkswirtschaft zirkulierende Geldmenge, eine monetäre Größe, in bezug auf realwirtschaftliche Größen, wie gesamtwirtschaftliche Produktion und Beschäftigung?*

2.1.1 Produktion, Konsumtion und Tausch: Mikroökonomik

Die Mikroökonomik ist im wesentlichen eine Entscheidungstheorie. Sie untersucht die Entscheidungen von einzelnen Individuen (= Wirtschaftssubjekten) in Knappheitssituationen und die daraus folgenden Marktergebnisse.[3]

---

[3] Die Bezeichnung *Mikro* rührt gerade daher, daß sich die Mikroökonomik mit *einzelnen Entscheidungsträgern* bzw. mit den darauf zurückführbaren Allokati-

2. 'Marktwirtschaftliche Wohlfahrtsautomatik'

Da man sich eigentlich immer in solchen Knappheitssituationen befindet, kann die mikroökonomische Theorie auf fast alle Situationen unseres *endlichen* und damit *knappen* Lebens ausgedehnt werden, so auch auf die Entscheidungen bezüglich der Zahl der in die Welt zu setzenden Kinder oder der Vorteilhaftigkeit einer Eheschließung oder Ehescheidung!

Der 'harte Kern' der Mikroökonomik beschäftigt sich mit dem rationalen Verhalten von Akteuren in einem <u>marktwirtschaftlichen System</u>. Ein solches ist grundsätzlich dadurch charakterisiert, daß Privateigentum an Gütern und vor allem an Produktionsfaktoren möglich ist und darüber weitestgehende individuelle Entscheidungs- und Dispositionsfreiheit besteht. Die individuell getroffenen Entscheidungen werden über <u>auf Märkten gebildete Preise</u> koordiniert, d.h. aufeinander abgestimmt. Die Preisbildung und die Funktionen der Preise sind zentraler Untersuchungsgegenstand der Mikroökonomik, die insoweit auch Preistheorie genannt wird. Schließlich ist Wettbewerb im weitesten Sinne ein zentrales Strukturelement der Marktwirtschaft.

In bezug auf die entscheidenden Akteure trifft die Mikroökonomik eine wichtige *Klassifikation* und eine grundlegende *Verhaltensannahme*: Die Wirtschaftsakteure, die Abermillionen von Entscheidungsträgern, können entweder als

- *Haushalt*

  oder als

- *Unternehmung*

auftreten. Die Haushalte *konsumieren*, d.h. sie treten als Nachfrager auf *Gütermärkten* (= Märkte für Konsumgüter) auf. In dieser Rolle wird der Haushalt auch als Konsument angesprochen. Andererseits

---

onsergebnissen befaßt!

bietet der Haushalt die in seinem Besitz stehenden *Produktionsfaktoren* wie Arbeit oder Kapital auf *Faktormärkten* (= Märkte für die Produktionsfaktoren) an.[4] Bei den hier zu treffenden Entscheidungen – Welche Güter frage ich nach? Wieviel Arbeit und Kapital biete ich an? – versucht der Haushalt – so die grundlegende Verhaltensannahme der Volkswirtschaftslehre – , seinen Wohlstand zu erhöhen, genauer: seinen *Nutzen zu maximieren.*

Die Unternehmungen hingegen sind jene Wirtschaftseinheiten, die die von den Haushalten angebotenen Faktorleistungen auf den Faktormärkten nachfragen und damit Güter und Dienstleistungen *produzieren*, die sie – in *Gewinnerzielungsabsicht (Gewinnmaximierung)* – den Haushalten auf den Gütermärkten zum Kauf anbieten. Diese wiederum kaufen die von den Unternehmungen angebotenen Güter nur, wenn sich dadurch ihr Nutzen erhöhen läßt.

Die wichtigsten wirtschaftlichen Handlungen bzw. Phänomene, die die Mikroökonomik untersucht, sind hiemit umrissen. Es sind dies:

- *Der Tausch auf Märkten und damit die Allokation von Gütern und Ressourcen*

- *Die Produktion der Unternehmung*

- *Die Konsumtion des Haushalts*

Dies läßt sich anschaulich im sogenannten *einfachen Wirtschaftskreislauf* darstellen. (Siehe Abb. 2.1) Dieser zeigt eine kraß vereinfachte Sicht des Geschehens in einer Volkswirtschaft. Diese ist in diesem Modell in zwei *Sektoren* gegliedert, in einen Unternehmungssektor – er umfaßt alle Unternehmungen – und einen Haushaltssektor – er umfaßt alle Haushalte. Der Unternehmungssektor produziert,

---

[4] Es wird also unterstellt, daß alle Produktionsmittel im Besitz der Haushalte sind und in der Verfügung der Unternehmungen stehen.

2. 'Marktwirtschaftliche Wohlfahrtsautomatik' 15

der Haushaltssektor konsumiert.[5] Der 'einfache' Wirtschaftskreislauf zeigt nun die wirtschaftlichen Zusammenhänge zwischen diesen beiden Sektoren, die über die Güter- und Faktormärkte laufen. Diese *Märkte* sind also das Bindeglied zwischen den Haushalten und den Unternehmungen.

Abbildung 2.1:
'Einfacher' Wirtschaftskreislauf

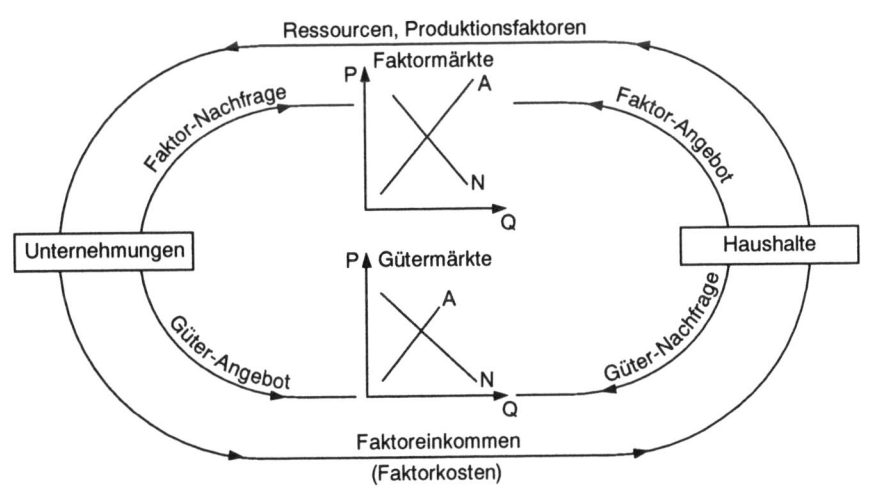

Unter einem *Markt* versteht man das *Zusammentreffen von Angebot und Nachfrage*, oder genauer jene *Institution, durch welche mögliche (potentielle) Käufer und Verkäufer von Gütern und Ressourcen in Tauschabsicht miteinander in Kontakt treten*. M.a.W.: Nutzenmaximierende Haushalte als Nachfrager von Gütern und Anbieter von Produktionsfaktoren auf der einen Seite und gewinnmaximierende Unternehmungen als Anbieter von Gütern und Nachfrager von Produktionsfaktoren auf der anderen Seite, beide mit ganz unterschiedlichen Zielvorstellungen, treffen hier aufeinander. Doch wie paßt das zusammen?

---

[5]Tatsächlich findet sich jedes Wirtschaftssubjekt in beiden Sektoren, also in *beiden Rollen*, als Haushalt *und* als Unternehmung wieder. Ständig konsumiert, produziert *und* investiert man (als Person!). *Investieren* bedeutet ganz allgemein die Schaffung von neuen Produktionsfaktoren.

Oder, allgemein formuliert: Wie ist es möglich, daß das Verhalten der einzelnen Entscheidungsträger, das sich prinzipiell am *eigenen* Vorteil orientiert, im wesentlichen also bestrebt ist, den *eigenen* Wohlstand zu mehren – im Falle der Unternehmung den Gewinn, im Falle des Haushalts den Nutzen – , nicht in ein gesellschaftliches Chaos, in Anarchie mündet?

Daß gesellschaftliche, also *alle* Mitglieder der Gesellschaft betreffende Wohlfahrt und individuelles Vorteilskalkül nicht miteinander konfligieren müssen, sondern – bei allgemeiner Anerkennung persönlicher Freiheit und Integrität – einander sogar bedingen, ist die zentrale Erkenntnis des Begründers der Volkswirtschaftslehre, des schottischen Philosophen und Ökonomen *Adam Smith (1723 - 1790)*, der dies im Jahre 1776 in seinem Buch *Wohlstand der Nationen*[6] mit der berühmten Metapher der *unsichtbaren Hand ('invisible hand')* beschreibt und wie folgt erklärt:

Die Individuen (die Haushalte und Unternehmungen) werden vom Eigeninteresse geleitet, ihre Ressourcen dort einzusetzen, wo sie das meiste erwirtschaften, also verdienen können. Um etwas zu verdienen, muß man etwas produzieren, was die Leute auch eintauschen, also kaufen wollen. Markttransaktionen sind Tauschgeschäfte und als solche zweiseitig und freiwillig! Daraus folgt: Indem die Individuen ihren eigenen Vorteil suchen, werden sie angehalten, automatisch jene Güter und Dienstleistungen zu produzieren, die die Konsumenten auch kaufen wollen. Die relevanten Informationen dafür liefert das Preissystem, indem es relative Knappheiten und Überschüsse durch entsprechend hohe oder niedrige Preise signalisiert. Die einzelnen Wirtschaftssubjekte werden also durch die Preissignale in ihrem (eigennützigen) Verhalten (ohne daß sie das wissen müßten!) in einer Weise geführt, daß dadurch die Gesamtwohlfahrt gefördert wird. Damit wird die Wohlfahrt insgesamt erhöht, obwohl keiner der Han-

---

[6] Adam Smith: Der Wohlstand der Nationen. Eine Untersuchung seiner Natur und seiner Ursachen. Hrsg. von H. C. Recktenwald, München 1974.

2. 'Marktwirtschaftliche Wohlfahrtsautomatik'

delnden dies bezweckt hat.

Dieses *Theorem der unsichtbaren Hand* von *Adam Smith* ist vielleicht die bedeutendste Erkenntnis der Volkswirtschaftslehre überhaupt. Sie genauer zu analysieren und zu verstehen, und damit die *Voraussetzungen*, die *Wirkungsweise* und die *Grenzen des marktwirtschaftlichen Prozesses* zu erkennen, ist Gegenstand dieses Buches. Die Volkswirtschaftslehre ist im wesentlichen bemüht, die *Bedingungen* genau zu erforschen bzw. zu formulieren, die notwendig sind, damit dieses Theorem Geltung beanspruchen kann, bzw. nach Lösungsmöglichkeiten zu suchen, wenn die Bedingungen für diese marktwirtschaftliche 'Wohlfahrtsautomatik' nicht vorliegen.

2.1.2 Konjunktur, Arbeitslosigkeit und Inflation: Makroökonomik

Kehren wir zurück zum oben (Abb. 2.1) dargestellten 'einfachen' Wirtschaftskreislauf. Das Konzept an sich ist klar und einfach. Doch ergeben sich bei genauerem Hinsehen einige wichtige und nicht mehr so einfach zu beantwortende Fragen, wie insbesondere jene nach den *Bedingungen*, die erfüllt sein müssen, damit der Wirtschaftskreislauf auch *geschlossen* ist und damit kontinuierlich aufrecht erhalten wird.

Es kann nämlich sein, daß es zu *'Abflüssen'*, und zwar in Form des *Sparens der Haushalte* kommt, ohne daß dieser 'Abfluß' durch einen entsprechenden *'Zufluß'* neutralisiert würde. Dies hatte Probleme zur Folge, denn: Wenn das, was von den Unternehmungen als *Faktoreinkommen* an die Haushalte bezahlt wird, *nicht zur Gänze* wieder auf den *Gütermärkten* als Nachfrage auftritt, dann können die Unternehmungen nicht ihre gesamte Produktion absetzen!

Im einfachen Wirtschaftskreislauf wäre nun die Bedingung für seine Aufrechterhaltung und damit für die *Aufrechterhaltung der Beschäftigung*, daß all das, was als Einkommen an die Haushalte fließt, auf Gütermärkten wieder für den Kauf der produzierten Güter ausgegeben wird. Nur dann ist der Kreislauf geschlossen. Damit ist in den Unternehmungen wieder genug Geld in der Kasse, um die Produktion erneut anzuwerfen und zu finanzieren. Der Kreislauf beginnt dann von neuem. Können hingegen nicht alle Produkte verkauft werden, weil die Haushalte einen Teil ihres Einkommens *sparen,* d.h. daß sie diese Einkommensteile auf Bankkonten legen[7], dann erlösen die Unternehmungen nicht genug, um die Produktion im gleichen Ausmaß fortzusetzen. Sie müßten dann Beschäftigte freisetzen, wenn die Löhne nicht gesenkt werden können (was realistischerweise wohl kaum der Fall ist). Diese Freisetzung von Beschäftigten ist mit weiteren negativen Folgen verbunden: So fällt das Einkommen der Haushalte, damit geht aber die Nachfrage nach den Produkten der Unternehmungen weiter zurück, was eine weitere Beschäftigungsreduktion zur Folge haben könnte ...

Das Sparen der Haushalte, also die nicht konsumtive Verwendung von Einkommen, könnte somit unter Umständen zu einem *gesamtwirtschaftlichen Nachfrageausfall* und damit zu einer (sich möglicherweise fortsetzenden) Reduzierung der Produktion und der Beschäftigung führen. Damit dies nicht geschieht, sollte die durch das Sparen der Haushalte entstehende *Nachfragelücke* durch die *Investitionen* der Unternehmungen wieder geschlossen werden. Das Einkommen, das durch das Sparen der Haushalte nicht nachfragewirksam verwendet wird, müßte, um den Kreislauf am Leben zu erhalten, von den Unternehmungen zur Finanzierung ihrer Investitionen herangezogen werden. Mit diesen Geldern treten also nun Unternehmungen auf den Gütermärkten als Nachfrager nach Investitionsgütern auf. Es kommt damit nicht zu einem Nachfrageausfall und auch nicht zur Freisetzung von Beschäftigten.[8]

---

[7] Und jedenfalls nicht im Sparstrumpf *horten!*

[8] Miteinbezogen ist hier auch die in der Realität häufig zu beobachtende Verschuldung von Haushalten. Während einige Haushalte sparen, verschulden sich andere, beispielsweise um ein Auto zu kaufen oder ein Eigenheim zu erwerben. Dies wirkt ausgleichend auf die Nachfrage nach Gütern. Streng genommen liegt

2. 'Marktwirtschaftliche Wohlfahrtsautomatik'

Die Erweiterung des einfachen Wirtschaftskreislaufs ergibt sich nunmehr durch die explizite Betrachtung des *Kapitalmarktes*, auf dem Sparen (S) der Haushalte und Investieren (I) der Unternehmungen als Angebot und Nachfrage nach Kapital zusammentreffen. Der *Zinssatz* (i) als *Preis für Kapital sollte* nun den Ausgleich zwischen Angebot und Nachfrage auf diesem Markt bewerkstelligen, er sollte sicherstellen, daß der 'Abfluß aus dem Wirtschaftskreislauf' durch das Sparen durch den 'Zufluß in den Wirtschaftskreislauf' durch das Investieren wieder ausgeglichen wird (siehe Abbildung 2.2).

Abbildung 2.2: Der Wirtschaftskreislauf mit expliziter Betrachtung des Kapitalmarktes

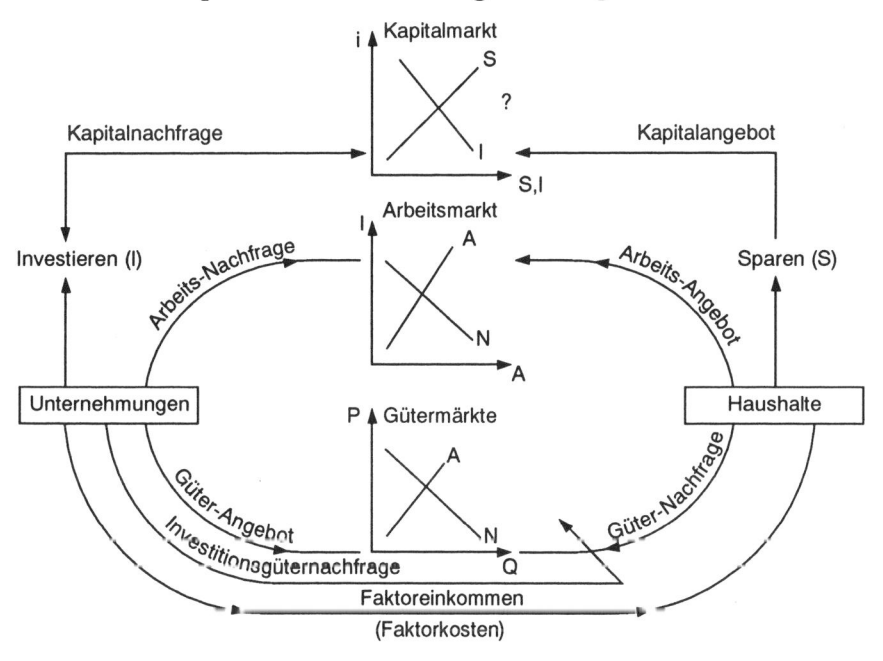

Die in diesem Zusammenhang auftretenden *makroökonomischen* Fragen sind nun,

---

im Fall des Hausbaus eines Haushalts eine *Investition* vor: Es handelt sich um eine *Erweiterung des gesamtwirtschaftlichen Kapitalbestandes*. In der Systematik der Volkswirtschaftslehre gelten Wirtschaftseinheiten, die investieren, stets als Unternehmungen.

- ob das Sparen der Haushalte tatsächlich auf ein gleich großes Investieren der Unternehmungen trifft, sodaß keine 'Lücke' zwischen Sparen und Investieren entsteht;

- ob der *Zinssatz* – als Prämie für das Sparen der Haushalte und als Kosten der Investition der Unternehmungen – diesen Ausgleich zwischen dem Sparen der Haushalte und dem Investieren der Unternehmungen 'schafft';

- ob ein *Gleichgewicht* am Kapitalmarkt zwischen Sparen und Investieren gleichzeitig *Vollbeschäftigung* am Arbeitsmarkt gewährleistet;

- welche Auswirkungen von einer Änderung des Spar- bzw. Investitionsverhaltens ausgehen und wie sich derartige Veränderungen in der Volkswirtschaft fortsetzen.

Schließlich gibt es in der Makroökonomik die schon erwähnten und eng miteinander verbundenen drei Fragen, nämlich jene

- nach den Gründen der *Inflation*, d.i. einer kontinuierlichen Preisniveauerhöhung oder Geldwertverschlechterung,

- nach den Auswirkungen von *Geldmengenänderungen* – einer *monetären* Größe – auf *reale* makroökonomische Aggregate wie gesamtwirtschaftliche Beschäftigung und Produktion,

- sowie die generelle Frage nach den Ursachen von Schwankungen der gesamtwirtschaftlichen Produktion und Beschäftigung bzw. den Ursachen von *Konjunkturzyklen*.

All diese Fragen bilden den Gegenstandsbereich der Makroökonomik, die sich mit dem Verhalten von und den Zusammenhängen zwischen volkswirtschaftlichen Aggregaten befaßt. Diese Fragen werden im zweiten Band der 'Modernen Volkswirtschaftslehre: *Durchblick durch die Makroökonomik*' behandelt werden.

3. Entscheidungslogik und Spielregeln

Übersicht 3.1:
'Zweck, Regeln und Personen des Spiels: Wirtschaften':

> **1. Die Triebkraft des Wirtschaftens:**
> Verbesserung der eigenen Situation

↓ ↓

> **2. Die generelle Entscheidungslogik:**
> Das Plus-Minus-Kalkül

↓ ↓

> **3. Die Spielregeln des Wirtschaftens: Freiwilligkeit und Wettbewerb**

3.1 Die Triebkraft des Wirtschaftens

Wirtschaften bedeutet, Entscheidungen über die Verwendung knapper Mittel zu treffen, für die verschiedene Verwendungsmöglichkeiten bestehen. Jeder ist mit wirtschaftlichen Entscheidungen konfrontiert, unabhängig davon, wie reich oder arm er/sie ist. Selbst für einen Multimillionär stellt sich das ökonomische Problem, wie er denn seine *knappe* Zeit verwenden soll. Soll er die Welt bereisen oder Bücher lesen, soll er trotz seiner materiellen Situation (s)eine Unternehmung leiten, Stiftungen ins Leben rufen, sich der Wissenschaft widmen oder einfach dem 'dolce vita' frönen. Für den Durchschnittsbürger stellen sich indes andere ökonomische Fragen, Fragen, bei denen es immer um die Verwendung knapper Mittel geht. Dies sind überwiegend einfache, tagtäglich zu beantwortende Fragen, wie beispielsweise: was wo einzukaufen, mit wem/was die Freizeit zu verbringen, aber auch wesentliche und schwierige Fragen, wie z. B.: welchen Beruf man wählen soll, oder ob eine Eigentumswohnung erstanden oder ein eigenes Haus gebaut werden soll?

Bei all diesen Entscheidungen stellt sich zunächst die grundsätzliche Frage, welches *Hauptmotiv* diesen Entscheidungen eigentlich zugrundeliegt. Die Ökonomen gehen nun von der Annahme aus, daß *beim Entscheiden im wesentlichen versucht wird, die eigene Situation zu verbessern.*

> **Die Triebkraft des individuellen Wirtschaftens ist das Bestreben, seine Situation zu verbessern.**

Stehen jemandem in einer bestimmten Situation somit mehrere Handlungsalternativen zur Wahl, so wird er *vernünftigerweise* jene auswählen, die seine individuellen Ziele am besten erreichen hilft.

Die individuellen Ziele sind natürlich von Person zu Person unterschiedlich. So mag der eine eine Karriere im klassischen Sinne anstreben, ein anderer Entwicklunghelfer, ein Dritter Mediziner werden wollen. Entsprechend dieser *individuell festgelegten* Ziele, die etwas über die persönlichen Neigungen und Vorlieben der Personen aussagen, werden die Handlungen ausfallen. Immer jedoch nehmen sie Bezug auf diese persönlichen Ziele, und der beständige Versuch, diese zu erreichen, kann eben ganz allgemein als Bemühen um eine Verbesserung der individuellen Situation umschrieben werden. Dies sieht der eine eben in der Position eines Vorstandsdirektors verwirklicht, der andere erfährt Genugtuung in der Arbeit als Entwicklungshelfer oder als Arzt.

Der Schlüssel zur Analyse und zum Verständnis ökonomischer Prozesse liegt also gerade in dieser ebenso einfachen wie plausiblen Grundannahme bezüglich des menschlichen Verhaltens, die besagt:

Ein Individuum ist grundsätzlich bestrebt, seine (durch Knappheiten irgendwelcher Art charakterisierte) Situation zu verbessern. Bei einer Entscheidung über die Auswahl möglicher Handlungsalternativen wird deshalb jeweils jene gewählt, die die bestmögliche Annäherung an ein gesetztes Ziel erlaubt. Die Triebkraft des Wirtschaftens ist demnach das Streben des Einzelnen, eine Verbesserung der eigenen Situation zu bewerkstelligen, und das heißt, die individuellen und individuell festgelegten Bedürfnisse möglichst umfassend zu befriedigen. Da man dieses Ziel nicht planlos und willkürlich, sondern regelmäßig überlegt und planvoll verfolgt, spricht man von einem rationalen Verhalten der Wirtschaftsakteure.[1]

> Dieses individuelle Vorteilsstreben zeigt sich nun besonders deutlich beim zentralen ökonomischen Phänomen des Tausches. Weil ein Tausch oder ein Tauschgeschäft eine zweiseitige und freiwillige Aktion ist, kann man davon ausgehen, daß in der Regel jemand in einen Tausch nur einwilligen wird, wenn er/sie sich dadurch verbessern kann bzw. sich davon eine Verbesserung verspricht.

Ob Millionär, Entwicklungshelfer, Arzt oder Durchschnittsbürger, alle *tauschen* tagtäglich unzählige Male, – ob Kaffeehaus- oder Restaurantbesuch, ob Tageszeitung, Lebensmitteleinkauf oder 'Arbeitsverkauf' (Tausch der eigenen Arbeitsleistung gegen Geld) – und demonstrieren gerade dadurch, daß sie ihre Situation verbessert haben! Hätten Sie sonst getauscht?

3.2 Die grundlegende Entscheidungslogik

Welcher *Logik* gehorcht nun das individuelle, auf die Verbesserung der eigenen Situation gerichtete Entscheidungs- bzw. Tauschverhalten?

Allgemein gesagt, werden beim Entscheiden über den Einsatz knapper Mittel, seien es Zeit oder Geld oder andere knappe Ressourcen, das *Plus*, das ist der mit der Entscheidung verbundene *Nutzen* bzw. *Ertrag*, und das *Minus*, die *Kosten*, der einzelnen Handlungsalternativen miteinander verglichen. Schließlich wird jene Alternative

---

[1] Diese Verhaltensannahme nennt man denn auch das *Rationalitätspostulat*.

ausgewählt, deren *erwarteter Gewinn (= Nutzen – Kosten = Nettonutzen)* am größten ist. Es wird also jene Handlungsalternative gewählt, bei der *die Differenz zwischen erwarteten Erträgen und Kosten am größten* ist! Solange Handungsalternativen mit positivem Nettonutzen zugänglich sind, werden diese natürlich wahrgenommen. Erst wenn alle Gewinnmöglichkeiten ausgeschöpft sind, d.h. mögliche Handlungsalternativen keinen zusätzlichen Nettonutzen mehr zulassen, also zusätzliche Nutzen und Kosten einer Handlung einander entsprechen, ist eine weitere Verbesserung der Situation nicht mehr möglich.[2]

Übersicht 3.2: Wie entscheidet man?

1. Ausgangssituation, gekennzeichnet durch (individuell) festgelegte Ziele und gegebene Rahmenbedingungen, d.i. die Menge der zugänglichen Alternativen mit jeweiligem Plus und Minus.

↓ ↓

2. Plus (Nutzen) und Minus (Kosten) der einzelnen Handlungsalternativen werden gegeneinander abgewogen.

↓ ↓

---

[2] Der Umfang der einem Individuum offenstehenden Handlungsoptionen ist nicht nur 'objektiv' gegeben, beispielsweise durch die angebotenen Konsumgüter oder Arbeitsplätze. Die 'Entdeckung' der zugänglichen Alternativen hängt nicht unwesentlich vom individuellen 'Entdeckungsdrang' des Handelnden ab. 'Ideen', die zur Erweiterung des individuellen Handlungsspielraums führen, sind nicht verboten!

3. Entscheidungslogik und Spielregeln

> 3. Reihung der Alternativen nach der Größe des 'Nettonutzens' (= Plus - Minus = 'Gewinn'). Dabei gilt grundsätzlich, daß der Nettonutzen ab einem bestimmten Aktivitätsniveau (beim wiederholten Setzen einer Handlung) kontinuierlich abnimmt.

↓↓

> 4. Es wird fortlaufend jene Alternative gewählt, deren Nettonutzen (= Plus - Minus) am größten ist.

↓↓

> 5. Dieses Vorgehen wird solange wiederholt, als noch ein positiver Nettonutzenzuwachs erzielbar ist.

Die *gewinn*maximierende (Ziel) Unternehmung nimmt z. B. eine Reihung der einzelnen Investitionsprojekte vor und realisiert zuerst jene Investitionsprojekte, die ihr am vorteilhaftesten erscheinen, d.h. jene, die unter Miteinbeziehung des Risikos den höchsten Gewinn versprechen. Für die möglichen Investitionsprojekte ebenso wie für das Ausmaß eines bestimmten Investitionsprojekts gilt regelmäßig, *daß die Erträge daraus mit zunehmenden Aktivitätsumfang fallen.*[3]

Ein *nutzenmaximierender* (generelles Ziel) Haushalt mag sich bei der Frage nach der besten Verwendung seiner Freizeit (spezielles Ziel) nach der Prüfung der einzelnen Alternativen (d.i. die Reihung nach subjektiven Nutzen und Kostenvorstellungen) für Tennisspielen entscheiden. Das wird ihm zunächst den größten Nutzen stiften. Je länger er jedoch Tennis spielt, desto geringer wird regelmäßig der

---
[3] Es gilt das *Gesetz der fallenden Grenzerträge.* Siehe dazu Kap. 4.2.3.

Nutzen zusätzlicher Spiele werden.[4] Je länger er Tennis spielt, desto größer werden seine subjektiven Kosten des Tennisspielens. Denn die (zusätzlichen) Tennisstunden sind nicht mehr für Schlaf, Spiel, Lesen oder sonstige Aktivitäten verfügbar. Deshalb wird nicht die ganze Freizeit Tennis spielend verbracht, sondern noch mit Ausruhen, Essen und anderen Aktivitäten.[5]

Die Kosten, das Minus, einer Handlung ergeben sich also dadurch, daß eine Entscheidung (Mittelverwendung) *für eine bestimmte Handlungsalternative alle anderen Alternativen (Mittelverwendungen) ausschließt*. Den *entgangenen Wert der besten Alternativverwendung* nennt man *Opportunitätskosten*. Im Fall der Unternehmung kann ein in ein bestimmtes Investitionsprojekt gesteckter Geldbetrag nicht mehr für etwas anderes verwendet werden. Der entgangene Ertrag aus dem besten alternativen Investitionsprojekt sind die Opportunitätskosten des gewählten Investitionsprojekts. Im Falle des Haushalts steht jene Zeit, die mit Tennisspielen zugebracht wird, nicht mehr für andere Aktivitäten zur Verfügung. Der höchste Nutzen, der dem Haushalt durch diese spezifische Tätigkeit entgeht, sind die Opportunitätskosten des Tennisspielens.

Die *Opportunitätskosten* sind eine logische Folge der Knappheit. Das *Opportunitätskostenkalkül* ist deshalb für *alle* Entscheidungen bestimmend. In einer Knappheitssituation bedeutet die Entscheidung für eine bestimmte Handlungsalternative (Mittelverwendung) stets den *Verzicht* auf andere Mittelverwendungen. Rationale Entscheidungen müssen diesen Umstand stets berücksichtigen.

> Unter Opportunitätskosten versteht man den entgangenen Wert der besten Alternativverwendung.

Dieses rational-planvolle Vorgehen in Knappheitssituationen, also

---
[4] Es gilt das *Gesetz des fallenden Grenznutzens*. Siehe dazu Kap. 4.1.1.
[5] Der Grenznutzen der einzelnen Aktivitäten wird durch diese Einteilung der Zeit tendenziell ausgeglichen. Siehe dazu Kap. 4.1.3.

3. Entscheidungslogik und Spielregeln

das Abwägen der Vorteile und Nachteile unterschiedlicher Handlungsvarianten und die Auswahl der besten Alternative, entspricht dem *ökonomischen Prinzip*, das besagt:

> **Ein bestimmtes Ziel soll mit dem geringsten Mitteleinsatz oder mit einem gegebenen Mitteleinsatz soll das bestmögliche Ziel erreicht werden.**

Angesichts der Knappheit ist dies durchaus ein vernünftiges Bestreben. Seine Verwirklichung bedeutet die Vermeidung von Verschwendung und stellt damit einen effizienten, d.h. *sparsamen* Einsatz knapper Mittel sicher.

Einfach formuliert, lautet die für das Verständnis ökonomischer Zusammenhänge fundamentale individuelle Entscheidungslogik, an der sich alle wirtschaftlichen Akteure im großen und ganzen orientieren:

> **Man setzt eine Handlung dann, wenn das Plus der Handlung, der erwartete Nutzen bzw. Ertrag der Handlung(sfolgen), das Minus der Handlung, die damit verbundenen Kosten, gemeint sind die Opportunitätskosten, übersteigt!**

Dies trifft beispielsweise auf jede Kaufhandlung (Verwendung von knappem Geld und knapper Zeit) zu: So kauft man sich ein Buch, um aus dem Besitz oder – noch besser – der Lektüre einen *Nutzen* zu ziehen. *Vor* der Kaufhandlung (= Tausch: Geld gegen Buch) werden dabei zwei Aspekte gegeneinander abgewogen:

1. *Was bringt's?* (Was nützt es?) Das ist das erwartete Plus der Entscheidung. Weil man darüber nicht genau, d.h. mit Sicherheit, Bescheid weiß, muß man *Erwartungen* bilden (und kann dabei immer wieder einmal irren!).

2. *Was kostet's?* Nun, regelmäßig nicht nur den Preis, den man dafür auf den Ladentisch legen muß, sondern auch die Zeit, die man aufwenden muß, um es zu kaufen! Durch den Kauf des Buches entstehen also *Geld- und Zeitkosten!* Das für das Buch hinzulegende Geld hätte sich auch anderweitig verwenden lassen. Der Nutzen, der dadurch entgeht, daß man *mit diesem Geldbetrag etwas anderes nicht mehr machen kann*, sowie der entgangene Nutzen durch die mit dem Buchkauf aufgewendete Zeit, sind die *Opportunitätskosten* der Entscheidung, das Buch zu kaufen.

Das Buch wurde erstanden, wenn man das Plus, den erwarteten Nutzen, höher oder zumindest gleich hoch eingeschätzt hat als diese Opportunitätskosten, das Minus dieser Transaktion.

Die *Lektüre* des Buches kostet Zeit. Für die stets knappe Zeit gibt es aber immer eine Fülle von alternativen Verwendungen, die alle mit einer ganz bestimmten Nutzenstiftung verbunden sind. Der Ertrag, der Nutzen der Lektüre muß also die Kosten der Lektüre (beispielsweise Verzicht auf Schlaf, Sport oder Spiel) überwiegen, sonst würde man sich nicht (gerade jetzt beispielsweise) dem Buch widmen.

Da man in der überwiegenden Mehrzahl der Fälle die *Handlungsfolgen*, also deren *erwartete* Erträge und Kosten, abschätzt und entsprechend handelt, verhält man sich *rational*. Freilich kann man sich bei der Einschätzung von Erträgen und Kosten auch irren und daher weniger erfreut aussteigen als erwartet. Das ist leider auch immer wieder der Fall. Was könnte man dagegen wohl unternehmen? Die ökonomische Theorie hilft allein schon durch das Thematisieren dieser Problematik, individuelles Entscheidungsverhalten zu verbessern, gibt aber auch eine Fülle von verfeinerten Entscheidungshilfen (Entscheidungsregeln) zur Hand.

3.3 Die Spielregeln

Das individuelle Bestreben, die eigene Situation zu verbessern – Ökonomen sprechen von *Nutzenmaximierung* im Falle des Haushalts und von *Gewinnmaximierung* im Falle der Unternehmung – ist nun freilich nicht als Imperativ der Rücksichtslosigkeit zu verstehen. Das individuelle Vorteilsstreben unterliegt stets bestimmter, ungeschriebener wie geschriebener Grenzen. Damit individuelles Vorteilsstreben nicht zum Nachteil, sondern sogar zum Vorteil *anderer* führt, damit die in der Metapher von der *unsichtbaren Hand* postulierten allgemeinen Wohlfahrtswirkungen auch tatsächlich eintreten, bedarf es ganz bestimmter Voraussetzungen, bewußter wie unbewußter *Disziplinierungen des individuellen Vorteilsstrebens.*

So darf zunächst keineswegs übersehen werden, daß bei dem Versuch, die eigene Situation zu verbessern, ganz bestimmte *Normen*, d.s. gesellschaftliche Regeln, also eine bestimmte *Umgangsform* mit den anderen, ein *Ethos*, eingehalten wird, ohne das ein geordnetes und friedliches Zusammenleben der Menschen in einer demokratisch-freiheitlichen Gesellschaft nicht funktionieren kann.

Grundlage dieses geordneten Zusammenlebens ist die *Achtung der Integrität und (Entscheidungs-)Freiheit sowie des Eigentums anderer*. Gerade dies ist ja auch die Basis der *eigenen* (Entscheidungs-)-Freiheit. Führen Entscheidungen zu Eingriffen in diesen individuellen Hoheitsbereich, so bedürfen sie stets der *Zustimmung des Betroffenen*. Das bedeutet, wirtschaftlich und vereinfacht betrachtet: Will man das Geld oder eine Leistung des anderen (um damit die eigene Situation zu verbessern), so darf dieser nicht dazu genötigt werden! Er muß *freiwillig* bereit sein, sein Geld oder seine Leistung herzugeben. Damit man das erreicht, muß man dem potentiellen Tauschpartner einen *Vorschlag*, ein Tauschgeschäft, unterbreiten, das dieser auch *freiwillig zu akzeptieren bereit ist.*

Unter welchen Bedingungen wird nun jemand *freiwillig* einem Vorschlag, einem *Tauschgeschäft 'Geld gegen Leistung'* zustimmen? Es leuchtet unmittelbar ein, daß das nur dann der Fall sein wird, *wenn sich dieser (Tauschpartner) durch den Abschluß des vorgeschlagenen Tauschgeschäfts ebenfalls verbessern* kann. Man muß ihm also einen entsprechend attraktiven Tauschvorschlag unterbreiten! Das eigene Angebot – das angepriesene Gut oder der angebotene Arbeitsplatz – muß also zumindest gleich gut oder besser als das der Konkurrenz sein.

Weil die Verbesserung der eigenen Lage in einer arbeitsteiligen Gesellschaft überwiegend nur durch die 'Kooperation' mit anderen, d.h. mit Hilfe von Tauschgeschäften, gelingen kann, muß man sich um diese Kooperation bemühen. Diese setzt bei Respektierung der persönlichen Integrität und Freiheit der einzelnen Personen, das *freiwillige Einverständnis* der Tauschpartner in bezug auf die vorgeschlagenen Transaktionen voraus. Dies bedeutet zugleich eine Verbesserung *beider Tauschpartner!* Ohne, daß der einzelne dies bezwecken würde, leistet er also einen Beitrag zu Erhöhung der Wohlfahrt anderer. Die individuelle, *private* Reichtumsanhäufung läuft also über einen *sozialen* Mechanismus.

Die überwiegende Mehrheit der Menschen hält sich an diesen zentralen Grundbaustein unserer Gesellschaft, an die Achtung der persönlichen Freiheit und des Eigentums der anderen. Die Menschen halten sich an diese 'Spielregeln', weil sie von der Richtigkeit dieser Regeln überzeugt sind. Sie befolgen sie aber auch deshalb, weil sie bei einer Verletzung dieser Regeln mit einer zwangsweisen 'Korrektur ihres Verhaltens' durch das *staatliche Rechts- und Ordnungssystem* rechnen müssen. Der Staat fungiert also durch sein *Gewaltmonopol* als *Sicherungsinstitution* individueller Freiheitsrechte. Der Staat ist damit über weite Bereiche nicht nur für das *Festsetzen*, sondern vor allem für das *Einhalten der Spielregeln* verantwortlich.

Verletzt ein Spieler diese Spielregeln, indem er sich beispielsweise an einen abgeschlossenen Vertrag nicht hält (er liefert beispielsweise nicht die zugesagte Qualität), so muß er damit rechnen, daß der Staat

3. Entscheidungslogik und Spielregeln

ihn dafür zur Verantwortung zieht und dem Geschädigten zu seinem Recht verhilft. Bringt sich jemand *unrecht*mäßig in den Besitz von Gütern anderer – etwa in Form eines Diebstahls, durch Wirtschaftskriminalität, durch Nötigung, durch Betrug oder bewußte Irreführung oder durch das Nichteinhalten einer zugesagten Leistung – so stellt der Staat dem Geschädigten 'kostenlos' sein *Gewaltmonopol*, Polizei und Gerichte, zur Verfügung, um wieder 'Recht und Ordnung' zu schaffen. Man verhält sich also auch deshalb korrekt, d.h. man achtet die Spielregeln einer liberalen Gesellschaft, weil man andernfalls die Ahndung seiner Missetaten durch diese staatlichen Organe zu fürchten hat.

Freilich kann das Bestreben, die eigene Situation zu verbessern, beispielsweise eine bestimmte Position in einer Unternehmung oder in der Gesellschaft einzunehmen, in bestimmten Fällen ein 'Weg über Leichen' sein, also 'ohne jegliche Rücksichtnahme' auf andere, voller List und Intrige. Dies ist auch immer wieder einmal anzutreffen. Doch scheint dies eher die Ausnahme zu sein. Denn bei der Wahl der Mittel zur Erreichung eines gesetzten Zieles scheiden die Handelnden in der Regel bestimmte unredliche Verhaltensweisen von vorneherein aus. Sie beachten also bestimmte *gesellschaftliche Normen*, deren Übertretung ihnen nicht zulässig erscheint.[6] Entschließt sich jemand dennoch zu einer unredlichen Vorgangsweise, so ist das wohl mit gewissen 'Kosten', wie beispielsweise der Mißachtung durch die Mitmenschen bzw. vor allem auch durch Mißbilligung der eigenen inneren Instanz (Gewissen) verbunden.

Würde sich die überwiegende Mehrheit der Gesellschaftsmitglieder nicht an die geschriebenen und ungeschriebenen *ethischen Gesetze des menschlichen Umgangs* halten, so würde ein solch rücksichts- und schrankenloses Verfolgen des Eigeninteresses in der Tat in eine Anar-

---

[6] Der ökonomischen Theorie wird in diesem Zusammenhang oft die 'Legitimierung' von unredlichem Verhalten vorgeworfen, weil sie das Übertreten von Normen bzw. gesetzlichen Vorschriften lediglich als 'Kosten' ansieht.

chie münden. Damit würde auch der Wohlstand dramatisch schrumpfen, da unter solchen Bedingungen immer mehr knappe Mittel für die Sicherung des eigenen Lebens und des eigenen Eigentums abgestellt werden müßten. Diese Mittel sind dann, entsprechend dem Opportunitätskostenprinzip, für andere Verwendungsrichtungen nicht mehr verfügbar! Die (möglicherweise ökonomisch begründete) Regel liegt deshalb in einem grundsätzlich respektierenden Umgang mit den Mitmenschen, im Einhalten bestimmter zivilisierter Umgangsformen, eben eines bestimmten *Ethos*.[7]

Der Versuch, zu Wohlstand, zu 'Geld zu kommen', verführt einige Menschen zweifellos dazu, sich gegen dieses Ethos bzw. gesetzwidrig zu verhalten, z. B. andere Menschen zu bestehlen. 'Reich' zu werden, beispielsweise durch einen Banküberfall, ist keineswegs die von Ökonomen angesprochene Variante der Wohlstandsschaffung, es ist nämlich gar keine! Gerade an diesem Beispiel zeigt sich, daß hier der 'Gewinn' des einen der 'Verlust' des anderen ist. Es handelt sich – wie bei einem Glücksspiel – um ein sogenanntes *Null-Summen-Spiel*. Die zentrale Erkenntnis der Ökonomie – paraphrasiert in der Metapher der unsichtbaren Hand – ist nun aber gerade, daß Wirtschaften *kein* Null-Summen-Spiel ist, sondern – wie gezeigt – bei Einhaltung bestimmter Regeln zu Wohlstandsgewinnen für *beide* Tauschpartner führt.

Dafür sorgt nicht zuletzt der *Wettbewerb* als *unabdingbares Disziplinierungselement des individuellen Vorteilsstrebens und unverzichtbares Kernelement einer marktwirtschaftlichen Gesellschaft!*

Denn man verhält sich schließlich gerade auch deshalb 'systemkonform', und das heißt *leistungsorientiert*, weil man durch den Wett-

---

[7] Die *Ethik* ist jener Teil der Philosophie, der sich mit dem *richtigen, guten Handeln* befaßt. Von einer *Ethik des Tausches* zu sprechen, ist im strengen Sinn des Begriffs nicht ganz korrekt. Denn ethisches Verhalten verlangt, eine bestimmte Tat zu setzen, weil sie *gut*, nicht weil sie *nützlich* ist. Die 'ethischen Normen einer Tauschgesellschaft' werden vermutlich deshalb befolgt, weil sie allen Gesellschaftsmitgliedern *nützen*.

3. Entscheidungslogik und Spielregeln

bewerb dazu 'gezwungen' wird. Die unabdingbare Voraussetzung dafür, daß es zu einem Prozeß der Wohlstandsschaffung für eine breite Mehrheit der Bevölkerung kommt, ist das *Bestehen von Wettbewerb*, von *Konkurrenz*, was man allgemein als den *ständigen Versuch, eine bessere Leistung als die des anderen zu bieten*, definieren könnte. Weil die Unternehmungen im Wettbewerb miteinander um das Budget der Haushalte stehen, *müssen* sie sich bemühen, eine zumindest konkurrenzfähige Leistung anzubieten. Gelingt ihnen das nicht, so scheiden sie im Wettbewerbsprozeß aus. Und das wollen sie tunlichst vermeiden. Sie werden aufgrund des Wettbewerbs *gezwungen*, eine bessere Leistung als die der Konkurrenz anzubieten. Nur dann können sie auch einen Gewinn machen. Es ist also der Wettbewerb, der individuelles Vorteilsstreben in ganz bestimmte Schranken weist, am effektivsten diszipliniert.

Auch hier ist natürlich wieder ein *fairer, ein bestimmtes Ethos beachtender Wettbewerb* und nicht unlautere und halsabschneiderische Konkurrenz gemeint. Nicht böswillige und verfälschende Zurücksetzung der Güter bzw. Qualitäten der Mitbewerber, sondern das Bemühen um eine bessere Leistung *sollten* das Mittel zum Zweck sein. Durch 'sollten' wird angedeutet, daß dem mitunter nicht so *ist* und daß im Falle des Übertretens bestimmter 'Wettbewerbsregeln' wiederum der Staat Ordnung herstellen muß.

Fairer Wettbewerb ist einer der wichtigsten *Disziplinierungsmechanismen des individuellen Vorteilsstrebens* überhaupt. Jeder einzelne ist ja bestrebt, seine eigene Leistung *möglichst teuer zu verkaufen*, die Leistungen anderer aber *möglichst günstig einzukaufen*. Nur der Wettbewerb sorgt dafür, daß man einerseits tatsächlich unter einer stets steigenden Auswahl von Gütern sehr günstig auswählen kann – letztlich müssen, wie noch zu zeigen ist, für ein Gut lediglich die Produktionskosten bezahlt werden –, während er andererseits dazu zwingt, die eigene Leistung zumindest auf Konkurrenzniveau zu halten. Andernfalls läuft man Gefahr, seine Kunden oder seinen Arbeitsplatz und damit sein Einkommen zu verlieren.

Die *Aussicht auf Gewinn* durch eine *bessere Leistung als die der Konkurrenz* ist das *Zuckerbrot*, der Wettbewerb die *Peitsche*, die die Menschen zu Höchstleistungen und Innovationen, also Verbesserungen im weitesten Sinne, anspornt. Beides, die Aussicht auf Gewinn und die Disziplinierung durch den Wettbewerb ist für ein marktwirtschaftliches System konstitutiv und zentrale Voraussetzung für eine maximale Erhöhung des Wohlstands für alle![8]

Übersicht 3.3: Die 'Spielregeln' des Wirtschaftens

Die 'Spielregeln' des Wirtschaftens sind gleichzeitig Disziplinierungsmechanismen des individuellen Vorteilsstrebens:

1. Respektierung der Freiheit und Integrität anderer: Freiwilligkeit des Tausches (grundlegende 'Ethik'),

2. bei Verletzungen: Ahndung durch staatliche Institutionen (Rechtssystem),

3. Akzeptanz der Regeln eines fairen Wettbewerbs.

---

[8] Wettbewerb ist keinesfalls ein Phänomen, das man nur im wirtschaftlichen Bereich antrifft. Es ist ein nahezu 'universales Überlebensprinzip', beispielsweise in der Pflanzenwelt als Licht- und Nahrungskonkurrenz bekannt.

4. Entscheidungsträger: Haushalt, Unternehmer und Unternehmung, Regierung und Bürokratie

Für das Analysieren und Verstehen individuellen ökonomischen Handelns wie ökonomischer Prozesse überhaupt ist die Annahme vom individuellen Vorteilsstreben ebenso zweckmäßig wie einfach und plausibel. Die ökonomische Analyse beliebiger Fragestellungen reduziert sich dadurch auf die Feststellung der 'beteiligten Spieler' und ihrer spezifischen Vorteils- bzw. Interessenlagen einerseits sowie der jeweiligen Rahmenbedingungen andererseits. Ausgehend von diesen *Annahmen (Prämissen)* bezüglich der 'beteiligten Spieler', ihres Verhaltens (Verhaltensannahmen) und der Rahmenbedingungen werden in ökonomischen Modellen *Schlußfolgerungen (Konklusionen)* abgeleitet.

Eine weitere Vereinfachung ergibt sich nun dadurch, daß die Abermillionen Entscheidungsträger in *wenige Grundtypen* eingeordnet werden können, nämlich in

1. die *Haushalte*, die Güter und Dienstleistungen konsumieren und ihre Ressourcen auf den Faktormärkten anbieten und dabei ihren *Nutzen* maximieren wollen;

2. die *Unternehmungen* als *Institutionen*, in denen die Produktion von Gütern und Dienstleistungen – und damit die *Schaffung von Einkommen für die Haushalte!* stattfindet, die Ressourcen nachfragen und Güter anbieten und dabei ihren *Gewinn* maximieren wollen;

3. die *Unternehmer*, die 'hinter' der Unternehmung stehen und die in Gewinnerzielungsabsicht *neue* Güter und Dienstleistungen und neue Technologien entwickeln, *neue* Unternehmungen aufbauen und die *treibende Kraft in der Marktwirtschaft* schlechthin darstellen;

4. die *Politiker* und die *Bürokraten,* die ja auch wirtschaftliche Entscheidungen, Entscheidungen über die Verwendung knapper Mittel (regelmäßig des Geldes anderer!), und zwar im äußerst bedeutenden Umfang treffen sowie im entscheidenden Maße für die Schaffung der *Rahmenbedingungen des Wirtschaftens,* beispielsweise für das Handels-, Steuer- und Arbeitsrecht sowie für die Regeln des Außenhandels verantwortlich sind. Sie verfolgen bei ihren Entscheidungen auch eigene Ziele, maximieren das 'Gemeinwohl' also durchaus *nicht!* Auf die im Zusammenhang mit Politikern und Bürokraten auftretenden Probleme wird insbesondere im letzten Kapitel näher eingegangen werden.

Worum sich in der Wirtschaft alles dreht bzw. drehen sollte, sind die Haushalte. Denn die Aufgabe der Unternehmungen besteht ja schließlich darin, das möglichst gut und möglichst billig zu produzieren, was die Haushalte haben möchten. Sie geben dem durch ihre Kaufentscheidung letztlich auch deutlich Ausdruck. Die Konsumenten sind der *Souverän* der Marktwirtschaft, man spricht von *Konsumentensouveränität.* Im folgenden wird auf das Entscheidungsverhalten der Haushalte und der Unternehmungen näher eingegangen.

4.1 Der Haushalt: Definition und Problemstellung

Als 'Haushalt' bezeichnet man all jene wirtschaftlichen Akteure, die auf Faktormärkten die in ihrem Besitz stehenden Ressourcen (Arbeit, Kapital, Grund und Boden) anbieten und das daraus erzielte Haushaltseinkommen für Konsumzwecke verausgaben[1], *also auf Gütermärkten Konsumgüter und Dienstleistungen nachfragen.*

Der so definierte Haushalt, dem *nutzenmaximierendes* Verhalten unterstellt wird, hat also im wesentlichen zwei Arten von Entscheidungen zu treffen.

---

[1] Das Sparen der Haushalte kann als *künftiger Konsum* angesehen werden.

4. Entscheidungsträger

- Einmal Entscheidungen darüber, wie er sein Einkommen, das er durch den Verkauf seiner Faktorleistungen an die Unternehmungen erzielt, ausgibt. Er verwendet sein Einkommen für eine Vielzahl unterschiedlicher Güter, und versucht dabei, seine Situation zu verbessern bzw. exakter, seinen *Nutzen zu maximieren*. Wie er bei der Beantwortung der Frage: 'Welche Konsumgütern und Dienstleistungen und wieviel davon soll man auf Gütermärkten nachfragen?' vorgeht, wird im folgenden skizziert werden.

- Zum anderen muß der Haushalt über das Angebot der in seinem Besitz stehenden Faktoren (Arbeit, Kapital, Grund und Boden) entscheiden, er muß *Faktorangebotsentscheidungen* treffen. Diese *Faktorangebotsentscheidungen* des Haushalts, also beispielsweise die Frage 'Wieviel Arbeit soll man anbieten?' sind nun keineswegs unabhängig von Ausgabenentscheidungen. Denn die Faktorangebotsentscheidung bestimmt ja das Einkommen und dieses begrenzt den Konsum. Beide Entscheidungen sind also *interdependent* und müssen vom Haushalt gleichzeitig, also *simultan*, getroffen werden.

Hier sei vereinfachend davon ausgegangen, daß der Haushalt bereits über ein feststehendes Einkommen/Budget verfügt, die Entscheidung über Quantität und Qualität des individuellen Faktoreinsatzes also schon gefallen ist. Es geht also nunmehr um die Beschreibung und Erklärung des Konsumverhaltens des Haushalts, von dem in weiterer Folge seine *Nachfrage* abgeleitet wird.

4.1.1 Entscheidungslogik des Haushalts

4.1.1.1 Gesamtnutzen und Grenznutzen

Wie verwendet der Haushalt nun sein Geld? Nach welchen Kriterien geht er beim 'Geldausgeben' vor? Wie bereits erwähnt, setzt man eine Handlung dann, wenn das Plus der Handlung, der erwartete

Nutzen der Handlung(sfolgen), das Minus der Handlung, die damit verbundenen Kosten, gemeint sind freilich die Opportunitätskosten, übersteigt.

Der Haushalt wirft sein Geld, für dessen Verwendung es unzählige, aber *verschieden hohen Nutzen stiftende Möglichkeiten* gibt, eben gerade nicht – und das ist jetzt wörtlich zu verstehen – zum Fenster hinaus, sondern gibt es dort aus, wo es den *größten Nutzen* stiftet. Damit ist der *individuelle Nutzen der Orientierungsmaßstab des Haushalts.*

Der Nutzen eines Gutes ist stets eine rein subjektive Größe, die von der individuellen Einstellung, dem Geschmack und den Vorlieben, also von den Präferenzen eines Haushalts abhängt. Darüber hinaus ist der Nutzen eines Gutes aber auch für einen einzelnen Haushalt keine feststehende Größe, sondern variiert mit der Menge dieses Gutes, die der Haushalt konsumiert. Der Nutzen ist eine Funktion der pro Zeiteinheit konsumierten Menge eines Gutes!

Der Haushalt ist bestrebt, aus einer gegebenen Situation das Beste zu machen, d.h. über sein Budget/Einkommen so zu verfügen, daß er sein *Nutzenmaximum* erreicht. Um zu verstehen, wie der Haushalt hiebei vorgeht, wie er versucht, sein Nutzenmaximum zu erreichen, muß man penibel zwischen dem *Gesamtnutzen*, den die *insgesamt zur Verfügung stehende Menge eines Gutes* stiftet, einerseits, und dem *Grenznutzen*, der mit der Konsumtion *einzelner Einheiten eines Gutes* verbunden ist, andererseits, unterscheiden.

Der Gesamtnutzen ist jener Nutzen, der durch die insgesamt konsumierte Menge eines Gutes (pro Zeiteinheit) gestiftet wird. Der Grenznutzen mißt hingegen die Veränderung des Gesamtnutzens durch die Hinzufügung oder Wegnahme einer weiteren (zusätzlichen, marginalen) Einheit eines Gutes. Der Grenznutzen bezieht sich also stets auf eine zusätzliche bzw. marginale Einheit eines Gutes (pro Zeiteinheit), wobei in aller Regel jeder einzelnen Einheit ein anderer

4. Entscheidungsträger

Grenznutzen zugeordnet ist.[2]

Der Nutzen, den ein bestimmter Haushalt durch den *gesamten* Schokoladekonsum (pro Zeiteinheit, beispielsweise pro Stunde) erfährt, ist also der *Gesamt*nutzen des Schokoladekonsums, der durch die *einzelnen Einheiten* (Stückchen) Schokolade gestiftete Nutzen, der *Grenz*nutzen des jeweiligen Schokoladestückchens. Dabei ist entscheidend, daß das letzte vom Haushalt konsumierte Schokoladestückchen regelmäßig einen anderen Grenznutzen haben wird als das erste.

Das deutet auf die der Nutzentheorie und damit der gesamten Haushalts- und Nachfragetheorie zugrundeliegende fundamentale Gesetzmäßigkeit, auf das *Gesetz des abnehmenden Grenznutzens*, das auch nach seinem 'Entdecker', dem Deutschen *Hermann Heinrich Gossen* (1810 - 1858), das *erste Gossen'sche Gesetz* genannt wird.[3]

Es besagt, daß der Grenznutzen, den ein Haushalt durch die Konsumtion einer zusätzlichen Einheit eines Gutes erfährt bei fortgesetzter Konsumtion dieses Gutes beständig abnimmt[4], *bis schließlich Sättigung eintritt (der Grenznutzen also Null wird). Der Grenznutzen*

---

[2] Formal wird diese funktionale Beziehung zwischen Nutzen und konsumierter Menge so angeschrieben:

$$N_Q = f(Q)$$

In Worten: Der Nutzen (N_Q) eines Gutes Q ist eine Funktion der konsumierten Menge dieses Gutes. Der *Grenznutzen* (GN), die *Veränderung des Gesamtnutzens durch eine zusätzliche Einheit des Gutes,* entspricht mathematisch der *ersten Ableitung* der Nutzenfunktion:

$$GN_Q \equiv \frac{\partial N_Q}{\partial Q}$$

Das Zeichen $\equiv$ bedeutet: 'ist definiert als'.

[3] Mit 'Gesetzen' bzw. 'Gesetzmäßigkeiten' meint man in der Ökonomik Kausalbeziehungen, die in der *überwiegenden Mehrzahl* der Fälle, im *Regelfall* also, Gültigkeit beanspruchen. Ökonomische Gesetze haben keine naturwissenschaftliche Dignität!

[4] Mathematisch bedeutet dies, daß die *zweite Ableitung* der Nutzenfunktion – sie gibt Antwort auf die Frage: 'Wie *verändert* sich der *Grenz*nutzen?' – kleiner

kann schließlich auch negativ werden, d.h. eine zusätzliche Einheit eines Gutes bringt keinen Nutzenzuwachs, sondern eine Verschlechterung des subjektiven Wohlbefindens mit sich (der Grenznutzen ist in diesem Bereich negativ).

Das tatsächliche Verhalten des Haushalts belegt diese Zusammenhänge tagtäglich. Der Grenznutzen einer 'Handlung', sei dies das Verspeisen bestimmter Lebensmittel, seien dies bestimmte Freizeitaktivitäten wie Sport, Lesen oder Filmkonsum, dieser Grenznutzen (pro Zeiteinheit) fällt regelmäßig mit zunehmendem Konsum eines bestimmten Gutes.

Abbildung 4.1: Gesamtnutzen und Grenznutzen des täglichen Bonbonkonsums:

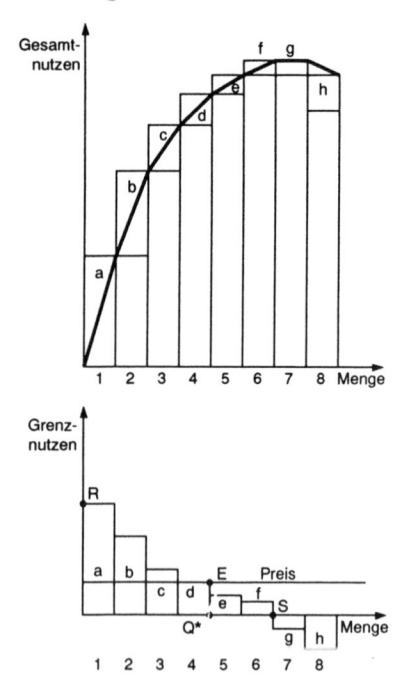

als Null ist:
$$\frac{\partial^2 N_Q}{\partial Q^2} < 0$$

4. Entscheidungsträger

Tabelle 4.1:
Gesamtnutzen und Grenznutzen des täglichen Bonbonkonsums:

Anzahl (Bonbons/Std)	Gesamtnutzen	Grenznutzen
0	0	0
1	7	7
2	12	5
3	15	3
4	17	2
5	18	1
6	18,5	0,5
7	18	-0,5
8	16	- 2

In Abbildung 4.1 ist der Zusammenhang zwischen Gesamt- bzw. Grenznutzen und konsumierter Menge graphisch deutlich gemacht. Die Daten sind dabei der Tabelle 4.1 entnommen. Der obere Teil der Abbildung 4.1 zeigt die Gesamtnutzenfunktion des Konsums eines Gutes (des stündlichen Bonbonverzehrs eines bestimmten Haushalts), der untere Teil die Grenznutzenfunktion. Diese zeigt an, wie sich der im oberen Teil der Abbildung dargestellte Gesamtnutzen des täglichen Bonbonkonsums bei einer kleinen Veränderung der konsumierten Einheiten (ein Bonbon mehr oder weniger) verhält. (In Abbildung 4.1 entsprechen die mit Kleinbuchstaben markierten 'Grenznutzenblöcke' im oberen und unteren Teil einander!)[5]

Dieses Beispiel demonstriert das erste Gossen'sche Gesetz, das Gesetz des mit steigender Konsumtion eines Gutes fallenden Grenznutzens. Es gilt nicht nur für den Schokoladekonsum des Haushalts, sondern regelmäßig für alle von ihm konsumierten Güter. Und dies hat für den Haushalt eine entscheidende Konsequenz. Will er

---

[5] Daraus kann man auch leicht erkennen, daß die *Fläche unter der Grenznutzenkurve den Gesamtnutzen* der jeweiligen Menge des Gutes angibt.

seinen Nutzen maximieren, so ist zunächst der Konsum vieler unterschiedlicher Güter angezeigt: Durch *Diversifikation im Konsum*, d.h. durch den Konsum einer Vielzahl unterschiedlicher Güter, erreicht der Haushalt offensichtlich ein höheres Befriedigungsniveau, einen höheren Nutzen, als durch Verausgabung seines Budgets für ein einzelnes Gut, dessen 'exzessiver' Genuß dann mit äußerst geringen Grenznutzen der zuletzt konsumierten Einheiten verbunden wäre. Man mache sich einmal die enorme Menge an unterschiedlichen Gütern, die man während eines Tages konsumiert, bewußt! Nichts belegt das erste Gossen'sche Gesetz besser als diese tagtäglich praktizierte Diversifikationsstrategie des Haushalts!

4.1.1.2 Ausgleich der gewichteten Grenznutzen*

Neben der grundsätzlichen Frage, *welche* Güter konsumiert werden sollen, muß der Haushalt darüber hinaus über die *optimalen Mengen* der jeweils konsumierten Güter entscheiden. Da sein Budget begrenzt ist und unterschiedliche Güter regelmäßig auch unterschiedliche Preise haben, muß, um das beschränkte Haushaltsbudget optimal auf verschiedene Güter zu verteilen, der *jeweilige Grenznutzen einer Einheit eines Gutes auf den Preis des Gutes bezogen werden*.[6] Der Haushalt wird Schritt für Schritt versuchen, pro aufgewendeter Geldeinheit den jeweils maximalen Nutzenbeitrag zu erzielen.

Der Haushalt wird dann stets jenes Gut auswählen, dessen Grenznutzen einer zusätzlichen Einheit, *bezogen auf den dafür zu bezahlenden Preis*, am größten ist, das damit den *größten Zielerreichungsbeitrag je aufgewendeter Geldeinheit* liefert.[7]

---

[6] Der Grenznutzen einer Einheit eines Gutes wird mit dem Kehrwert des Preises dieses Gutes gewichtet. Zur formalen Darstellung siehe Fußnote 8.

[7] Und dabei kommt wiederum die Plus-Minus-Regel zur Anwendung. Bei seinem Problem: 'Wieviel Bonbons sollen konsumiert werden, um das Nutzenmaximum zu erreichen?' wird das Plus eines zusätzlichen Bonbons, der *zugehörige Grenznutzen*, mit dem Minus, den *Opportunitätskosten* dieser Entscheidung, das ist der entgangene Nutzen der besten Alternative, in diesem Fall der Grenznutzen

4. Entscheidungsträger

Um das Nutzenmaximum zu erreichen, 'vergleicht' der Haushalt den Grenznutzen, den eine zusätzliche Einheit eines bestimmten Gutes stiftet, mit dem Preis dieses Gutes. Weil er für sein knappes Budget stets viele unterschiedliche Verwendungsmöglichkeiten hat, berechnet er den Grenznutzen <u>pro aufgewendeter Geldeinheit</u> und stellt das optimale Güterbündel so zusammen, daß das Verhältnis Grenznutzen/Preis für alle von ihm konsumierten Güter ausgeglichen ist. Man nennt dies das zweite Gossen'sche Gesetz.[8]

Läßt sich pro aufgewendeter Geldeinheit bei einer bestimmten Verwendung ein höherer Grenznutzen lukrieren, so wird der Haushalt diese Möglichkeit natürlich wahrnehmen, d.h. sein Budget entsprechend umschichten. Er tut dies solange, bis er durch eine Umschichtung seines Budgets keine Verbesserung mehr erzielen kann. Erst wenn alle weiteren Einheiten aller vom Haushalt konsumierten Güter dasselbe Verhältnis Grenznutzen/Preis zeigen, *der gewichtete Grenznutzen also für alle konsumierten Güter ausgeglichen ist*, erst dann hat er sein Nutzenmaximum erreicht, erst dann gibt es keine Verbesserungsmöglichkeiten mehr. Eine zusätzliche Einkommenseinheit (eine zusätzliche DM, ein zusätzlicher Schilling) erzielt damit in jeder Verwendungsrichtung denselben Nutzenbeitrag.

Dieses im Optimum erzielte Grenznutzen-Preis-Verhältnis ist nichts anderes als der *Grenznutzen pro Geldeinheit*, man spricht hier vom *Grenznutzen des Geldes* oder des *Einkommens*. Nimmt man nun an, daß der Nutzen in Geldeinheiten gemessen werden kann, der Grenznutzen der *maximalen Zahlungsbereitschaft des Haushalts für eine jeweilige Einheit eines Gutes* entspricht und daß der Grenznut-

---

anderer Güter 'bewertet' mit deren Preis, verglichen.

[8] Oder auch *equimarginal rule*. Dies deshalb, weil sich die Bedingung für das Haushaltsoptimum formal so darstellt (P_n sind die Güterpreise):

$$\frac{GN_i}{P_i} = \frac{GN_j}{P_j}$$

wobei i und j für beliebige, vom Haushalt konsumierte Güter stehen.

zen des Geldes/Einkommens konstant und eins ist[9], dann entspricht im Haushaltsoptimum der Grenznutzen der zuletzt konsumierten Einheit eines Gutes seinem Preis.[10]

Der nutzenmaximierende Haushalt vergleicht also stets das Plus, den Grenznutzen einer zusätzlich konsumierten Einheit eines Gutes mit dem Preis dieses Gutes, also beispielsweise den Grenznutzen eines zusätzlichen Bonbons mit dessen Preis. Ist dieser Grenznutzen größer als der Preis eines Bonbons, dann führt der Konsum eines zusätzlichen Bonbons zu einer Nutzenerhöhung des Haushalts, weshalb noch eine Einheit konsumiert wird. Ist der Grenznutzen jedoch kleiner als der Preis, dann wäre damit eine Nutzenminderung verbunden. Unter diesen Bedingungen sieht der Haushalt von einer zusätzlich konsumierten Einheit ab. Der optimale Konsum eines Gutes ist damit exakt durch jene Menge bestimmt, bei der der Grenznutzen der letzten Einheit gerade noch dem Preis des Gutes

---

[9] Die obige Darstellung hat sich um das Problem der Messung des Nutzens 'herumgeschwindelt' (in Tabelle 4.1 und in Abbildung 4.1 wurde nicht angegeben, *in welchen Einheiten* der Nutzen gemessen wird!). Die hier getroffenen Annahmen bezüglich der Nutzenmessung sind nicht unproblematisch und liegen der hier vorgetragenen Form der *kardinalen* Nutzentheorie zugrunde. In der *ordinalen* Nutzentheorie, auf die hier nicht eingegangen wird, wird auf die direkte Messung des Nutzens überhaupt verzichtet. Entscheidend ist, daß beide Ansätze im wesentlichen zum selben Ergebnis führen.

[10] Die oben abgeleitete Optimalitätsbedingung

$$\frac{GN_i}{P_i} = \frac{GN_j}{P_j}$$

(für zwei beliebige, vom Haushalt konsumierte Güter i und j) wird dann zu

$$\frac{GN_i}{P_i} = \frac{GN_j}{P_j} = GN_{EK} = 1$$

(GN_{EK} = Grenznutzen des Einkommens/Geldes) woraus sich unmittelbar

$$GN_i = P_i$$

ableiten läßt.

4. Entscheidungsträger

entspricht.[11] Dies ist im unteren Teil der Abbildung 4.1 im Punkt E, dem Schnittpunkt der Preislinie mit der Grenznutzenkurve der Fall.

Unter diesen Annahmen ist die individuelle Grenznutzenkurve gleichzeitig die *Nachfragekurve* des Haushalts für ein bestimmtes Gut, die den Zusammenhang zwischen Preis und nachgefragter Menge eines Haushalts abbildet (siehe den unteren Teil der Abb. 4.1). Sie hat aufgrund des *ersten Gossenschen Gesetzes*, des *Gesetzes vom abnehmenden Grenznutzen* fallenden Verlauf und zeigt damit, daß bei fallenden Preisen die von einem Haushalt nachgefragte Menge steigt und umgekehrt, daß bei steigenden Preisen die nachgefragte Menge des Haushalts fällt.

Dieser Zusammenhang, der für die meisten Güter zutrifft, ist schließlich für die Ableitung der *Marktnachfrage,* der Nachfrage aller Haushalte nach einem Gut, die durch Aufsummierung der individuellen Haushaltsnachfragen ermittelt werden kann, von grundsätzlicher Relevanz und liegt dem empirisch immer wieder bestätigten *Gesetz der Nachfrage* zugrunde:

> Das Gesetz der Nachfrage besagt, daß bei steigendem Preis eines Gutes regelmäßig die ingesamt nachgefragte Menge fällt und umgekehrt, daß bei fallendem Preis die insgesamt nachgefragte Menge in der Regel steigt.

---

[11] Also formal $GN_Q = P_Q$ gilt.

Übersicht 4.1:
Ziel und Entscheidungsverhalten des Haushalts

---

1. Ziel des Haushalts beim Güterkonsum: Verbesserung der eigenen Situation, d.h. Nutzenmaximierung unter gegebenen Rahmenbedingungen!

↓↓

2. Dabei gilt das fundamentale Gesetz vom abnehmenden Grenznutzen, das erste Gossen'sche Gesetz: Bei fortgesetzter Konsumtion eines Gutes nimmt der damit verbundene Nutzen zusätzlicher Einheiten, der Grenznutzen, beständig ab.

↓↓

3. Aufgrund dieses Gesetzes wird Diversifikation im Konsum zur Strategie der Nutzenmaximierung des Haushalts.

↓↓

4. Bei der Bestimmung der optimalen Mengen der vom Haushalt konsumierten Güter wird dabei kontinuierlich jenes Gut ausgewählt, dessen Grenznutzen einer zusätzlichen Einheit, bezogen auf den dafür zu bezahlenden Preis, am größten ist, das damit den größten Zielerreichungsbeitrag pro aufgewendeter Geldeinheit liefert.

↓↓

> 5. Das Haushaltsoptimum ist erst dann erreicht, wenn durch eine Reallokation der konsumierten Güter kein Nutzenzuwachs mehr erzielt werden kann, wenn also die mit den Preisen gewichteten Grenznutzen in allen Verwendungsrichtungen gleich groß (ausgeglichen) sind.

↓↓

> 6. Wird der Nutzen durch die maximale Zahlungsbereitschaft gemessen, d.h. unter der Annahme, daß der Grenznutzen des Geldes (in diesem Fall der Nutzenmaßstab) konstant und eins ist, gilt für die optimale konsumierte Menge eines Gutes das einfache Plus-Minus-Kalkül: Das Plus des Konsums einer zusätzlichen Einheit eines Gutes ist der Grenznutzen dieser zusätzlichen Einheit. Das Minus dieser Entscheidung ist dann der Preis des Gutes. Die optimale konsumierte Menge eines Gutes ist dann durch die Gleichheit von Grenznutzen und Preis bestimmt.

4.2 Unternehmung und Unternehmer: Definition und Problemstellung

Als 'Unternehmung' bezeichnet man all jene wirtschaftlichen Institutionen, die zunächst auf Faktormärkten als Nachfrager nach Produktionsfaktoren (Arbeit, Kapital, Grund und Boden), die von den Haushalten angeboten werden, auftreten, diese in der Unternehmung zu Produktionszwecken einsetzen/kombinieren und die solcherart produzierten Güter und Dienstleistungen den Haushalten über die

Gütermärkte anbieten. Dabei versuchen die Unternehmungen, einen Gewinn zu erwirtschaften bzw. den Gewinn zu maximieren.

In der Unternehmung findet die *Produktion* jener Güter und Dienstleistungen statt, die den Wohlstand der Haushalte ausmachen. Je günstiger und besser produziert werden kann, desto günstiger und besser ist die Versorgung der Haushalte mit Gütern und Dienstleistungen. Im in der Unternehmung ablaufenden *Prozeß der Produktion*, der Hervorbringung von Gütern durch die Kombination von Produktionsfaktoren, wird auch das *Einkommen der Haushalte* geschaffen. Damit wird die *zentrale Rolle* der Unternehmung und des 'dahinterstehenden' *Unternehmers* offenbar. Während die *Unternehmung* als 'Ort der Produktion' auf die konkrete *Ausführung* der Produktion und aller damit verbundenen Tätigkeiten gerichtet ist, steht der *Unternehmer* für die zugrundeliegende *kreative, leitende Idee*, für die Schaffung neuer Produkte und Technologien im weitesten Sinne, die dann in der Unternehmung *ausgeführt, realisiert* werden. Vom *unternehmerischen Entscheidungsverhalten*, von unternehmerischen Kenntnissen und Fähigkeiten, von den Einfällen, der Innovationskraft und der Problemlösungskapazität des Unternehmers hängen sowohl die Qualität und Quantität der zur Verfügung gestellten Güter und Dienstleistungen ab als auch die Zahl der beschäftigten Arbeitskräfte!

Der *Unternehmer* ist damit das zentrale und treibende Element der Marktwirtschaft, er ist der 'Schöpfer' von Unternehmungen, derjenige, der neue Produkte, Technologien und Managementtechniken im weitesten Sinne 'erfindet' und dies dann auch in der Form von Unternehmungen verwirklicht. Angespornt durch die *Aussicht auf Gewinne*, sucht er ständig nach Möglichkeiten, durch neue und bessere Produkte den Haushalten eine höhere Bedürfnisbefriedigung, den Unternehmungen Kosteneinsparungen zu bieten. Ist er bei diesem *Such- und Entdeckungsprozeß* tatsächlich erfolgreich *und* bei der Umsetzung seiner Ideen auch schlau genug, dann winkt eine Belohnung in Form satter Gewinne.

4. Entscheidungsträger

Bei der Untersuchung des Entscheidungsverhaltens des Unternehmers wie der Unternehmung geht es im Grunde um die entscheidenden Fragen:

Wie kommt man zu Gewinn? bzw. *Wie bewerkstelligt man die Gewinnmaximierung?*

Wie bereits im *Theorem der unsichtbaren Hand* angedeutet, läßt sich ein Gewinn dadurch erzielen, daß solche Güter und Dienstleistungen angeboten werden, die auf dem Markt einen besonders guten Anklang finden, d.h. für die sich Tauschpartner finden, die aufgrund der Qualität der angebotenen Güter auch entsprechende Preise zu zahlen bereit sind.

An der grundsätzlichen Plus-Minus-Entscheidungslogik ändert sich auch hier nichts: Eine Handlung wird dann gesetzt, wenn die erwarteten Erträge die erwarteten Kosten – die Opportunitätskosten des jeweiligen Mitteleinsatzes – übersteigen. Allerdings gibt es hier ganz unterschiedliche Problemstellungen, für die die Plus-Minus-Logik jeweils genauer zu spezifizieren ist. Je nach der Art des vorliegenden Problems muß das relevante Plus und das relevante Minus inhaltlich näher bestimmt werden. Diese Probleme und die damit verbundenen Entscheidungen reichen vom *Entwurf eines neuen Produkts* über die Art und Weise, *wie*, d.h. in welchem Umfang (in welcher Betriebsgröße) es produziert werden soll bis hin zur Frage, ob eine zusätzliche Einheit eines Gutes produziert und angeboten werden soll (Bestimmung der optimalen Outputmenge).

Die wichtigsten, in diesem Zusammenhang zu beantwortenden Fragen sind damit:

1. Welche grundlegenden Kriterien muß das zu erstellende Gut (Produkt) erfüllen, um auf dem Markt Aufnahme zu finden?

2. Welche grundlegenden Entscheidungen sind mit der praktischen Umsetzung einer *Produktidee*, also mit Produktion und Angebot eines Gutes verbunden?

Diese beiden Fragen werden in diesem Kapitel näher behandelt. Schließlich sind noch die folgenden Fragen von besonderer Relevanz, auf die in den nächsten Kapiteln näher eingegangen wird:

3. Auf welchen Märkten tritt die Unternehmung auf? Welche *Marktform* liegt vor, d.h. wie viele Anbieter und Nachfrager stehen einander auf diesem Markt gegenüber?

4. Welche möglichen Entwicklungen – insbesondere auch technologisch bedingte – dieses bzw. der damit verbundenen Märkte sind absehbar?

Übersicht 4.2:
Ziel und Entscheidungen von Unternehmer und Unternehmung

1. Ziel: Erwirtschaftung eines Gewinns bzw. Gewinnmaximierung

↓ ↓

2. Ausgangspunkt: Produktidee im weitesten Sinne, die zur Nutzenstiftung beim Haushalt bzw. Kostensenkung bei der Unternehmung führt.

↓ ↓

3. Grundsätzliche (langfristige) Entscheidung bezüglich der optimalen Organisation der Produktion: Problem der optimalen Betriebsgröße

↓ ↓

> 4. Unternehmungsspezifische (kurzfristige) Entscheidungslogik (bei feststehender Betriebsgröße): Suche nach der optimalen Outputmenge (= gewinnmaximales Angebot der Unternehmung).

4.2.1 Zentrale unternehmerische Fragestellungen

Die treibende, die initiative Kraft im marktwirtschaftlichen System ist der Unternehmer. Er bringt neue Produkte und neue Produktionsverfahren auf den Markt, wodurch mitunter 'alte', eingesessene Marktpositionen ins Wanken geraten können. Der bedeutende österreichische Nationalökonom *Joseph A. Schumpeter* (1883 – 1950) sprach in diesem Zusammenhang vom 'Prozeß der schöpferischen Zerstörung'.

Zu den Qualitäten eines erfolgreichen Unternehmers zählen vor allem eine ausgeprägte 'Tatfreude', eben der 'Unternehmungsgeist', und die hohe Bereitschaft, auch ein entsprechendes Risiko zu übernehmen.

Am Beginn des unternehmerischen Prozesses steht stets eine *Idee*. Was auch immer das angebotene Produkt sein mag, stets muß es *bestimmte Kriterien* erfüllen. Ein zentrales Kriterium ist das der (tatsächlichen oder vermeintlichen) *Nützlichkeit*. Stark vereinfacht formuliert, muß es dem Käufer einen Nutzen stiften, den er jedenfalls höher bewertet als den dafür zu entrichtenden Preis. (Auch für den Tauschpartner gilt ja stets das Plus-Minus-Kalkül!) Das jeweils in Frage stehende Gut muß also einen entsprechenden *Gebrauchswert* besitzen. Je höher dieser ist, desto besser. Im Falle eines Konsumgutes muß es beim Haushalt einen entsprechenden Nutzengewinn bewirken, im Falle eines Investitionsgutes mit einem maßgebenden pekuniären Vorteil, also mit einer Kosteneinsparung der Unternehmung verbunden sein. Stimmt Nutzengewinn bzw. Kosteneinsparung im

Verhältnis zum Preis des Produkts, wird gekauft, sonst nicht.

Neben dem Gebrauchswert muß das Gut mit einem *Tauschwert*, also mit einem *Preis* belegt werden können, sodaß nur derjenige, der zahlt, das Gut erwerben kann. Es muß das *Ausschließbarkeitskriterium* gegeben sein. Dieses stellt sicher, daß nur derjenige in den Genuß des Gutes kommt, der auch bereit ist, den geforderten Kaufpreis zu erlegen. Dies ist mitunter gar nicht so leicht zu gewährleisten. Ein Buch könnte beispielsweise auch in einer Bibliothek gelesen oder kopiert werden. Ähnliche Probleme treten bei Schallplatten, Musikcassetten und CDs auf. Man denke nur an Computerprogramme, an die enormen Beträge, die den Produzenten durch Raubkopien entgehen (und wie sie sich dagegen schützen).

Ist das Ausschließbarkeitskriterium auf ein Gut nicht anwendbar, dann wird es von privater Seite erst gar nicht produziert und über Märkte angeboten. Damit kommt eine mögliche Verbesserung der Güterversorgung gar nicht zustande.[12]

Entscheidend ist jedenfalls, daß der Unternehmer die Aussicht auf die Früchte seiner Bemühungen hat. Er muß also die richtige *Anreizstruktur* vorfinden. Die Anreizstruktur des marktwirtschaftlichen System basiert auf der Institution des *Privateigentums*, das mithilfe von *Eigentumsrechten* näher spezifiziert ist. Eigentumsrechte legen fest, was man mit einem Gut, sei dies ein Pullover oder eine Er-

---

[12]Ist das Ausschließbarkeitskriterium für ein Gut nicht anwendbar, so spricht man von einem *öffentlichen Gut*. Paradebeispiele öffentlicher Gutes sind 'äußere Sicherheit', die Landesverteidigung und innere Sicherheit. Weil niemand vom Gebrauch und damit vom Nutzen dieses Gutes ausgeschlossen werden kann, besteht von privater Seite aus kein Anreiz, dieses Gut zu produzieren. Also springt der Staat ein und stellt ein Heer auf! Er hat die Möglichkeit, das sogenannte *free-rider-Problem* durch die Auferlegung von *Zwangsabgaben*, von *Steuern*, zu 'entschärfen'. Das *free-rider-Problem* besteht darin, daß, gerade weil niemand vom Konsum eines öffentlichen Gutes ausgeschlossen werden kann, auch niemand eine Veranlassung dazu hätte, dafür etwas zu bezahlen und damit zur Finanzierung des Gutes auch etwas beizutragen (es ist ja nicht umsonst!), obwohl natürlich jeder, wenngleich im unterschiedlichen Umfang, das öffentliche Gut nutzt.

findung, tun darf und was nicht. So wird mit dem Instrument des *Patentschutzes* bzw. des *Urheberrechtes* versucht sicherzustellen, daß der Erfinder bzw. Autor die Früchte seiner Arbeit auch selbst ernten kann. Würde staatlicherseits kein solches *Eigentumsrecht* gewährt, so fehlte der entsprechende *Anreiz*, neue, bessere, nützlichere, kosten- und energiesparende Verfahren und Technologien oder einfach andere nutzenstiftende Güter zu entwickeln.

Eine gute Produktidee, Gebrauchswert und Ausschließbarkeit sind aber leider noch nicht genug für einen erfolgreichen Unternehmungsstart. Das Produkt muß auch einen *Markt*, ein ausreichendes *Absatzpotential* haben, was in erster Linie, abgesehen von der Nützlichkeit, vom *Preis* des Produktes abhängig ist. Für letzteren sind nun vor allem die *Produktionskosten* ausschlaggebend. Es leuchtet unmittelbar ein, daß diese von der *produzierten Stückzahl*, also vom Umfang der Produktion und damit der Größe des Betriebes entscheidend abhängig sind.

4.2.2 Aspekte der Betriebsgröße

Es geht nunmehr um die konkrete Realisierung der Produktion. Damit ist zunächst die Entscheidung betreffend der *Betriebsgröße* zu fällen. Die Betriebsgröße ist durch den bzw. die *fixen* Produktionsfaktor/en festgelegt. Solche lassen sich *kurzfristig* nicht beliebig variieren und sind dementsprechend mit *fixen*, d.h. *für die Periode unabänderlichen Kosten* verbunden. So bestimmen beispielsweise Produktionshalle und die Maschinenanlagen als fixe Faktoren den Umfang der Produktion in der kurzen Periode. Auf eine andere Betriebsgröße kann nur *langfristig* gewechselt werden. Das zeigt, daß die Wahl der Betriebsgröße eine *strategische Entscheidung* darstellt, die für eine bestimmte Zeit bindend ist. Sie muß daher besonders sorgfältig durchdacht werden.[13]

---

[13] *Strategische* Entscheidungen sind langfristig bindende Entscheidungen, *taktische* für die jeweilige Periode von Relevanz, *operative* betreffen das 'Tagesgeschäft'.

Es muß nun jene Betriebsgröße gefunden werden, die für die *erwartete Absatzmenge die geringsten Stückkosten* erlaubt. Unter Stückkosten versteht man die *Kosten pro erstellter Outputeinheit*, man spricht auch von *totalen Durchschnittskosten*.[14]

Je geringer die Stückkosten, desto besser wird ceteris paribus das Ergebnis der Unternehmung ausfallen, denn desto höher der Gewinn bzw. desto geringer der Verlust. Grundsätzlich bestehen zwei Möglichkeiten der Senkung der Stückkosten. Die eine ist die eben erwähnte Möglichkeit, ein Produkt, beispielsweise einen Pullover, ein Buch oder ein Auto, in sehr großen Stückzahlen zu fertigen. Bei der Wahl der Betriebsgröße bringen größere Produktionsanlagen (Fabriken) meist deutliche Vorteile. Wenn die Stückkosten mit der *Ausweitung der Betriebsgröße* fallen, spricht man von *Skaleneffekten, steigenden Skalenerträgen* oder *economies of scale*: Je größer die Produktionsanlagen, desto geringer die *Stückkosten*.[15] Der Grund hiefür liegt darin, daß sich in großen Betrieben die Arbeitsteilung weiter verfeinern und der Produktionsprozeß selbst stark automatisieren läßt und dadurch die Produktivität steigt. Steigende Produktivität bedeutet sinkende Stückkosten. Große Betriebe lukrieren aber auch Vorteile bei der Beschaffung (Einkauf großer Mengen zu günstigeren Konditionen) und Finanzierung (freier Zugang zu Kapitalmärkten).

Es zeigt sich allerdings auch, daß mit steigender Betriebsgröße der *innerbetriebliche Koordinierungs- und Verwaltungsaufwand* stark ansteigt. Große Unternehmungen sind nur sehr schwer überblickbar und – ähnlich Riesentankern – äußerst schwer zu manövrieren. Den Skaleneffekten in der Produktion (Plus) und den damit bewirkten

---

[14] Sie ergeben sich als Division der *Totalkosten TK* durch den erstellten Output: $TDK = \frac{TK}{Q}$ (TDK – totale Durchschnittskosten).

[15] Genau genommen liegen *economies of scale* nur dann vor, wenn *alle Inputs im gleichen Ausmaß* erhöht werden und diese *proportionale* Inputerhöhung zu einer überproportionalen Outputerhöhung führt. Werden *alle Input im unterschiedlichen Ausmaß* erhöht und steigt daraufhin der Output 'überproportional' an, so spricht man von *economies of size*.

4. Entscheidungsträger

sinkenden Stückkosten stehen also zunehmende Kosten der Koordination, Führung und Verwaltung, des sogenannten Overhead, (alles Minus) gegenüber. Deshalb wachsen Unternehmungen, freilich in Abhängigkeit von der jeweiligen Technologie, nicht ins Unendliche.

Grundsätzlich ergibt sich bei Großunternehmungen das Problem, wie die *relevante Information* beschaffen, übermittelt und zielgerecht, d.h. gewinnsteigernd verarbeitet werden kann. So verfügen die Reisenden eines Konzerns über ganz spezifische Informationen, sie haben den wichtigen Response der Kunden, ohne den die Marketing- bzw. die Produktionsabteilung die Produkte nicht entsprechend auf die Bedürfnisse der Käufer abstellen und weiterentwickeln kann. Ob der innerbetriebliche Informationsfluß funktioniert oder nicht, hängt von der *Anreizstruktur* ab, der die handelnden Personen ausgesetzt sind. Haben diese das Gefühl, ein kleines Rädchen in einer großen Maschine zu sein und profitieren sie nicht unmittelbar an den von ihnen gemachten Verbesserungsvorschlägen, so ist der Anreiz gering, solche Verbesserungsmöglichkeiten *preiszugeben* und damit auch umzusetzen. Gerade diese Anreizstruktur wird durch die Reorganisation großer Unternehmungen, beispielsweise in Form von Profit-Centers, entsprechend zu gestalten versucht. Die enormen Probleme, die Großbetriebe in der jüngsten Vergangenheit plagten, konnten also zum Teil dadurch gelöst werden, daß sich diese Unternehmungen eine interne Organisationsstruktur verpaßten, die für Klein- und Mittelbetriebe typisch ist. Gerade auch das zeigt, daß 'kleine' und wendige Unternehmungen durchaus große Chancen haben!

Die zweite Möglichkeit der Senkung der Stückkosten ist die *Fixkostendegression:* Je mehr Einheiten in einer der Größe nach feststehenden Unternehmung produziert werden, desto geringer fallen die *anteiligen Fixkosten* aus.[16] Man denke beispielsweise an die Herstellung ei-

---

[16] Die anteiligen Fixkosten aFK ergeben sich also als Division der Fixkosten FK durch den erstellten Output Q: $aFK = \frac{FK}{Q}$. Je größer Q, desto geringer die anteiligen Fixkosten.

ner Tageszeitung, die mit enormen Fixkosten (Redaktionsstab!) verbunden ist. Je größer also die Auflage, desto geringer die anteiligen Fixkosten. Und da die variablen Herstellungskosten hier vergleichsweise vernachlässigbar und konstant sind, fallen die *Stückkosten* mit zunehmendem Output dramatisch.

Um diese Fixkostendegressionen und die Skaleneffekte nutzen zu können, braucht man aber nicht nur *produktionsseitig* die Möglichkeit, große Stückzahlen günstiger herstellen zu können, sondern vor allem auch *absatzseitig* einen entsprechend *aufnahmefähigen Markt*. Je größer dieser Markt ist, desto besser kann man entweder die *Fixkostendegressionen bei gegebener Ausstattung bzw. Betriebsgröße* ausnutzen, oder desto eher *Skaleneffekte durch die Vergrößerung der Produktionsanlagen (Ausweitung der Betriebsgröße)* lukrieren. Diese Effekte eines großen Marktes, der es vielen Unternehmungen erst ermöglicht, Fixkostendegressionen und Skalenvorteile voll auszunützen, sind ein wesentliches Begründungselement des europäischen Binnenmarktkonzeptes.[17] Dadurch sollen europäischen Unternehmungen Wachstumsmöglichkeiten geboten werden, um schließlich auch international, auf dem Weltmarkt, erfolgreich konkurrieren zu können.[18]

4.2.3 Das unternehmungsspezifische Entscheidungskalkül*

Steht die Betriebsgröße fest, dann geht es um die *Bestimmung des optimalen Einsatzes der variablen Faktoren*. Der Einsatz variabler Faktoren führt zu varialben Kosten. Auch bei den hier zu treffenden Entscheidungen bleibt die grundsätzliche Plus-Minus-Entscheidungslogik

---

[17] Die Idee dazu stammt freilich von *Adam Smith*, der das Ausmaß der Arbeitsteilung, damit der Produktivität und des Wohlstandes durch die *Größe des Marktes* begrenzt sah!

[18] Der Vorteil des großen Marktes kommt freilich letztlich den Haushalten zugute, weil die Preise der Güter fallen und dadurch ihr *Realeinkommen*, d.h. der Umfang der ihnen zugänglichen Gütermenge, steigt.

4. Entscheidungsträger

aufrecht: Eine Handlung wird dann gesetzt, wenn das Plus der Handlung, das ist in diesem Falle der *Grenzerlös*, das Minus der Handlung, das sind die damit verbundenen *Grenzkosten*, übersteigt. Die *Grenzkosten* geben die *Veränderung der Gesamtkosten* an, wenn eine zusätzliche Einheit Output produziert wird. Demgegenüber zeigen die *Grenzerlöse* die *Veränderung des Umsatzes/Erlöses*, wenn diese zusätzliche Einheit auf dem Markt verkauft wird. Es leuchtet ein, daß die Entscheidung, eine zusätzliche Einheit zu produzieren und zu verkaufen nur dann sinnvoll ist, wenn sie *mehr bringt als sie kostet*, die *Grenzerlöse also größer als die Grenzkosten* sind.[19] Im folgenden soll auf die hier bestehenden Zusammenhänge näher eingegangen werden.

4.2.3.1 Die Grenzkosten und das Gesetz des fallenden Grenzertrages*

Unter *Grenzkosten* versteht man jene Kosten, die entstehen, wenn die Unternehmung *eine zusätzliche Einheit Output produziert*.

Hier gilt nun, daß *kurzfristig bei der Ausweitung der Produktion die Grenzkosten ab einem bestimmten Outputniveau in der Regel steigen werden*. Dies geht auf einen der wichtigsten *produktionstechnischen* Zusammenhänge zurück, auf das *Gesetz der fallenden Grenzerträge* oder das *klassische Ertragsgesetz*. Dieses beschreibt einen *produktionstechnischen Zusammenhang, also eine Produktionsfunktion, einen Zusammenhang zwischen dem Einsatz von Inputs und dem damit erzielten Output.*[20] Diese klassische Produktionsfunktion, das *Gesetz des fallenden Grenzertrages* besagt:

---

[19] Man nennt diese Entscheidungsregel *Outputregel* im Gegensatz zur *Inputregel*, die das Plus und das Minus eines zusätzlichen *Inputeinsatzes* vergleicht.

[20] Formal schaut das so aus:

$$Q = f(A, K, B)$$

Der Output Q ist eine Funktion des Einsatzes der Inputfaktoren Arbeit (A), Kapital (K) und Grund und Boden (B).

> Mit zunehmendem Einsatz eines Inputs bei gleichzeitiger Konstanz aller anderen Inputs steigt der Output (Ertrag) zunächst mit steigenden Grenzerträgen an, nimmt aber ab einem bestimmten Inputeinsatz nur noch mit fallenden Grenzerträgen zu, die schließlich sogar negativ werden können.

Unter *Grenzprodukt* bzw. *Grenzertrag* versteht man die *Veränderung des Outputs, hervorgerufen durch eine geringe Veränderung eines einzelnen variablen Inputfaktors, ceteris paribus,* d.h. unter sonst gleichbleibenden Umständen, also bei Konstanz aller anderen Einsatzfaktoren.[21]

Die Zusammenhänge werden verständlicher, wenn man sich Tabelle 4.2 näher ansieht. Dargestellt werden darin die Zusammenhänge zwischen dem Einsatz von Arbeitskräften (Input) und der Produktion von Stühlen (Output). Die erste Spalte zeigt jeweils die Anzahl der eingesetzten Arbeitskräfte (Input), die zweite, wieviel Stühle diese während eines Arbeitstages *insgesamt* herstellen, sie zeigt also den *Output*. Die dritte Spalte zeigt das Grenzprodukt *eines zusätzlichen* Arbeiters, also jene Outputmenge, die durch die Beschäftigung eines zusätzlichen Arbeiters hergestellt wird. Die vierte Spalte zeigt schließlich das *Durchschnittsprodukt,* das man erhält, wenn man die Anzahl der insgesamt produzierten Stühle durch die Anzahl der insgesamt eingesetzten Arbeiter dividiert, also: Output durch Input. Das Durchschnittsprodukt – man verwendet dafür den zentralen Begriff *Produktivität* – ist also definiert als *Output pro Inputeinheit.*[22]

---

[21] Formal entspricht das Grenzprodukt der *partiellen Ableitung der Produktionsfunktion nach einem Inputfaktor,* beispielsweise nach Arbeit A:

$$GP_A = \frac{\partial Q}{\partial A}$$

[22] Also als Division des Outputs durch die jeweilige Anzahl der dafür verwende-

4. Entscheidungsträger

Aus der Tabelle 4.2 ersieht man, daß die Grenzprodukte zunächst (die Grenzprodukte der ersten vier Arbeitskräfte) steigen. Dies geht darauf zurück, daß der durch zusätzliche Arbeiter mögliche *Faktormix*, die *Kombination der Produktionsfaktoren, insgesamt produktiver* wird. Durch eine zusätzlich eingestellte Arbeitskraft ist also eine *bessere Organisation der Arbeitsprozesse*, eine *weitergehende Spezialisierung und Verfeinerung der Arbeitsteilung*, und damit eine höhere *Produktivität* möglich.

Tabelle 4.2: Total-, Grenz- und Durchschnittsprodukt bei der Produktion von Stühlen

Faktoreinsatz	Totalprodukt	Grenzprodukt	Durchschnittsprodukt
Arbeitskräfte	Stühle/Tag	Stühle/Tag	Stühle/Tag
1	5	5	5
2	16	11	8
3	30	14	10
4	48	18	12
5	60	12	12
6	70	10	11,7
7	77	7	11
8	80	3	10
9	81	1	9
10	80	-1	8

Aus Tabelle 4.2 ist aber auch ersichtlich, daß die Grenzprodukte schließlich (ab dem fünften Arbeiter) fallen, ab dem zehnten sogar negativ werden. Dies ist darauf zurückzuführen, daß *in einem der Größe nach feststehenden Betrieb* ab einem bestimmten Einsatzniveau bei einem zusätzlichen Einsatz variabler Faktoren mit einer 'ge-

---

ten Inputs, im Beispiel:
$$DP_A = Q/A$$

genseitigen Behinderung' zu rechnen ist. Die *Spezialisierung und Arbeitsteilung* stößt also kurzfristig, bei Konstanz der Betriebsgröße, unweigerlich auf bestimmte Grenzen, was mit einer *fallenden Produktivität* verbunden ist.

Abbildung 4.2 zeigt eine graphische Darstellung dieser Produktionsfunktion. Der obere Teil der Graphik zeigt die 'Klassische Produktionsfunktion' oder das 'Klassische Ertragsgesetz', also die Veränderung des Outputs infolge der Variation *eines* Inputs bei gleichzeitiger Konstanthaltung *aller* übrigen Produktionsfaktoren. Die *abhängige* Variable, der Output Q, wird auf der Y-Achse, der Ordinate, abgetragen, die *unabhängige,* den Output *bestimmende* Variable *A* (Arbeitseinsatz) auf der X- Achse, der Abszisse.

Abbildung 4.2:

Die ertragsgesetzliche Produktionsfunktion

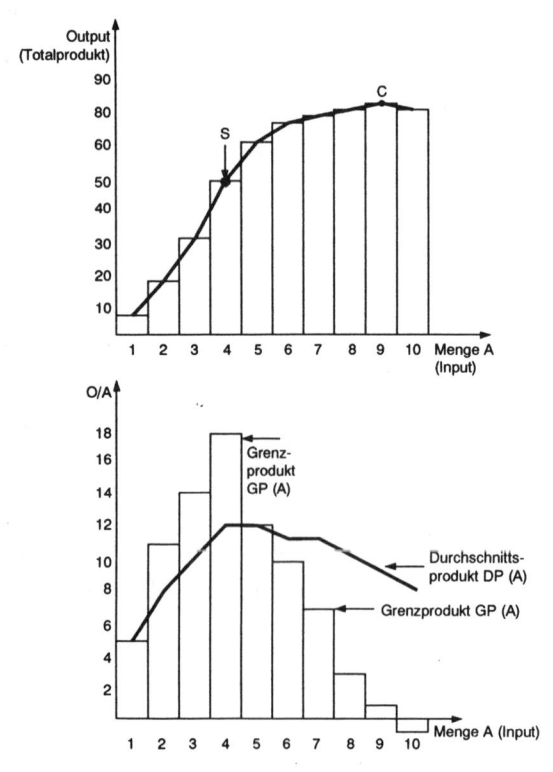

4. Entscheidungsträger

Dem klassischen Ertragsgesetz entspricht der 'S-förmige' Verlauf der Ertragskurve. Zunächst steigt der Output mit jeder zusätzlichen Inputeinheit stärker an: die *Grenzerträge* steigen. Dies ist ganz deutlich im unteren Teil der Graphik an der zunächst ansteigenden *Grenzertragskurve* GP_A abzulesen. (Zu beachten ist, daß hier auf der Ordinate Q/A abgetragen ist!) Bis zum Punkt S auf der Ertragsfunktion, der auch als *Schwelle des Ertragsgesetzes* bezeichnet wird, steigt der zusätzliche Output, der Grenzertrag, aufgrund einer zusätzlichen Inputeinheit an. Ab diesem Schwellenpunkt S (Punkt der fallenden Grenzerträge) sind die Grenzerträge zwar weiterhin positiv, nehmen nunmehr aber ab: Jeder zusätzliche Arbeiter fügt zwar zum Gesamtoutput noch einen *positiven* Grenzertrag hinzu, doch wird dieser nach und nach geringer.[23]

Die Produktionsfunktion hat den *Bereich der fallenden Grenzerträge* – die Grenzertragsfunktion im unteren Teil der Abbildung 4.2. fällt – erreicht.

Schließlich wird der Grenzertrag Null (Schnittpunkt der Grenzertragskurve mit der Abszisse). Eine zusätzliche Inputeinheit läßt die Höhe des Outputs unberührt (Punkt C der Gesamtertragsfunktion). Ein darüber hinausgehender Faktoreinsatz führt sogar zu einer Verminderung des Outputs. Der Grenzertrag wird *negativ!* (Die Grenzertragskurve befindet sich im negativen Bereich!)[24]

---

[23] Dem entspricht eine *negative zweite Ableitung* der Produktionsfunktion:

$$\frac{\partial^2 Q}{\partial A^2} < 0$$

[24] Wichtig ist der Zusammenhang zwischen Grenz- und Durchschnittsertrag: Ist der Grenzertrag einer zusätzlichen Inputeinheit kleiner als der Durchschnittsertrag, so fällt damit automatisch der Durchschnittsertrag. (Und damit selbstverständlich auch die Durchschnittsertragskurve! Siehe den unteren Teil der Graphik 4.2.) Ist hingegen der Grenzertrag größer als der Durchschnittsertrag, dann steigt der Durchschnittsertrag mit jeder zusätzlichen Einheit an. (Fällt eine Durchschnittsgröße, dann muß die Grenzgröße immer kleiner sein als die Durchschnittsgröße, steigt sie, so gilt das Gegenteil.)

> Der entscheidende Punkt ist nun, daß fallende Grenzerträge gleichzusetzen sind mit steigenden Grenzkosten. Steigende Grenzkosten führen, sobald sie die Durchschnittskosten übersteigen, auch zu steigenden Durchschnittskosten. Kurzfristig, d.h. bei gegebener Betriebsgröße, müssen bei zunehmender Produktion die Stückkosten schließlich steigen.

Die Produktion zusätzlicher Einheiten wird also ab einem bestimmten Inputeinsatz, im Beispiel ab dem sechsten Arbeiter, ständig *teurer*.[25]

Man kann sich das Faktum der steigenden Grenzkosten freilich auch anders klarmachen. Im gegenständlichen Beispiel einer Stühle herstellenden Tischlerei ist *kurzfristig* die Betriebsgröße vorgegeben, d.h. die Tischlerei verfügt über eine fixe Ausstattung an Produktionsmitteln (primär Produktionshalle und Maschinen) und kann nur

---

[25] Formal stellt sich der Zusammenhang zwischen fallendem Grenzprodukt (GP) und steigenden Grenzkosten (GK) so dar (das Symbol Δ steht für eine Differenz/Veränderung):

$$GK \equiv \frac{\Delta TK}{\Delta Q} \equiv \frac{P_A \Delta A}{\Delta Q} \equiv \frac{P_A}{\Delta Q/\Delta A} \equiv \frac{P_A}{GP_A}$$

also:

$$GK \equiv \frac{P_A}{GP_A}$$

Hier ist entscheidend, daß der Preis für den Faktor Arbeit P_A für die Unternehmung als Datum hinzunehmen und konstant ist. Unter dieser Bedingung gilt, daß steigende Grenzkosten mit fallenden Grenzerträgen (in unserem Beispiel des Faktors Arbeit) korrespondieren und umgekehrt. Die Gleichung $GK \equiv \frac{P_A}{GP_A}$ läßt sich auch so anschreiben: $GK \equiv P_A \frac{1}{GP_A}$, wobei der letzte Term der Kehrwert der Grenzproduktivität und damit die *Faktorintensität* ist, die aussagt, wieviele Einheiten eines bestimmten Inputs notwendig sind, um *eine Einheit* Output herzustellen. Multipliziert man die Anzahl dieser Inputeinheiten, die notwendig sind, um eine Outputeinheit herzustellen, mit dem Preis dieser Inputs, dann ergibt das die Grenzkosten einer zusätzlichen Outputeinheit, eben die Grenzkosten!

4. Entscheidungsträger

den Einsatz der variablen Produktionsfaktoren, primär der menschlichen Arbeit, wählen. Aufgrund einer unerwartet guten Auftragslage überlegt die Unternehmensleitung, zusätzliche Schichten einzulegen, d.h. den Einsatz des variablen Produktionsfaktors Arbeit zu erhöhen. Die Arbeiter werden jedoch nur dann bereit sein, zusätzliche Stunden (Überstunden bzw. Zusatzschichten) zu arbeiten, wenn sie dafür auch *mehr* bezahlt bekommen. Das bedeutet aber nichts anderes als *steigende Stückkosten für zusätzliche Outputeinheiten.*[26]

Der Umstand, daß die Ausweitung der Produktion kurzfristig (d.h. bei gegebener Betriebsgröße) zu *steigenden Stückkosten* führt, bedeutet, daß eine *Wettbewerbsunternehmung*, eine Unternehmung, die auf den Marktpreis ihrer Produkte keinen Einfluß hat, nur dann bereit sein wird, mehr zu produzieren, wenn für ihre Produkte ein höherer Preis bezahlt wird. Dies führt zur *Angebotsregel der Wettbewerbsunternehmung*:

> Die von der Unternehmung angebotene Menge wird umso größer sein, je höher der Preis ist, der am Markt für das Produkt bezahlt wird. Steigt der Preis, dann steigt auch die angebotene Menge.

4.2.3.2 Die Grenzerlöse*

Dem mit der Entscheidung, eine zusätzliche Einheit zu produzieren, verbundenen Minus, den Grenzkosten, ist nun das entsprechende Plus, die Grenzerlöse, gegenüberzustellen. Unter *Grenzerlösen* versteht man die *Veränderung des Umsatzes (Erlöses) einer Unterneh-*

---

[26] In der Gleichung

$$GK = \frac{P_A}{GP_A}$$

bleibt nun zwar die Produktivität konstant, (eine zusätzliche Schicht erbringt *denselben* Output wie eine normale Schicht), doch ist der Preis für den Faktor Arbeit P_A gestiegen. Auch damit ergeben sich also steigende Grenz- und Durchschnittskosten. Außerdem ist die Möglichkeit zusätzlicher Schichten nach oben begrenzt.

mung, wenn diese eine zusätzliche Einheit auf dem Markt anbietet und auch verkaufen kann.[27]

Grundsätzlich sind zwei Varianten des Grenzerlöses denkbar:

1. Der Grenzerlös entspricht dem auf dem Markt geltenden Preis, dem *herrschenden Marktpreis P* des von der Unternehmung hergestellten und verkauften Gutes. Durch das zusätzliche Angebot der Unternehmung ändert sich dieser Marktpreis nicht. Das heißt also, daß Entscheidungen *einer* Unternehmung bezüglich ihres Angebots *keinen* Einfluß auf den Marktpreis ausüben. Eine solche Unternehmung hat damit keinerlei *Marktmacht*, man spricht von einer *Wettbewerbsunternehmung*.[28] Eine solche Unternehmung 'nimmt' den Preis vom Markt her als gegeben an, sie ist *Preisnehmer*. So hat ein einzelner Bauer keinerlei Einfluß auf den Marktpreis für Getreide, ebensowenig wie ein einzelner Sparer oder Kreditnehmer (Anbieter und Nachfrager von Kapital) einen Einfluß auf den Zinssatz (= Preis für Kapital) ausübt. Unter solchen Marktbedingungen ist die *Umsatzveränderung*, der Grenzerlös, mit dem herrschenden Marktpreis ident. Für eine zusätzlich verkaufte Einheit erhält man exakt den Marktpreis! (Siehe Abbildung. 4.3a)

2. Der Grenzerlös ist *geringer als der Marktpreis*. Die Unternehmung kann in diesem Fall *eine zusätzliche Einheit nur dann auf dem Markt verkaufen, wenn sie den Preis senkt*. Das bedeutet nun aber einen *geringeren Preis für die gesamte Absatzmenge* der Unternehmung! Damit ist die Auswirkung einer zusätzlich verkauften Einheit auf den Erlös (Umsatz) der Unternehmung, der Grenzerlös, ohne genauere Kenntnis der

---

[27]Der Grenzerlös ist nicht mit dem Grenzertrag bzw. Grenzprodukt zu verwechseln! Der Grenzerlös ist eine *Wertgröße*, der Grenzertrag bzw. das Grenzprodukt jedoch eine physische Größe, eine *Mengengröße*!

[28]Bzw. bei Vorliegen weiterer Bedingungen von einer Unternehmung der *vollständigen Konkurrenz*. Siehe dazu Kap. 7.2.

4. Entscheidungsträger

Nachfrage(-kurve) ungewiß. Sicher ist nur, daß der Anbieter einer *fallenden* Nachfragekurve gegenübersteht und damit eine gewisse 'Marktmacht' besitzt. Er kann damit *durch die Wahl der anzubietenden Menge den Marktpreis* innerhalb bestimmter Grenzen bestimmen. Eine solche Nachfragekurve mit zugehöriger Grenzerlöskurve ist in Abbildung 4.3b dargestellt. Beim Preis P_0 erlöst der Anbieter insgesamt den Betrag Q x P_0 (= Preis mal Menge). Wenn der Anbieter nun seinen Output und damit sein Angebot um eine Einheit erhöht, also $Q+1$ Einheiten verkaufen will, dann kann er dies nur zum *geringeren* Preis P tun. D.h. aber, daß die *gesamte* Outputmenge $Q+1$ nur mehr zu dem jetzt *geringeren* Preis P abgesetzt werden kann!

Der Grenzerlös (GE) setzt sich hier aus *zwei Komponenten* zusammen: Aus dem Rechteck R_1: Durch die zusätzlich verkaufte Menge (+ 1 Einheit) wurde *mengenmäßig* Umsatz *gewonnen*, *und* aus dem Rechteck R_2: Durch die zusätzliche Menge wurde *an Preis verloren*, und zwar *für alle vorher zum Preis von P_0 verkauften Einheiten!* Diese *beiden Komponenten* sind nun gegeneinander aufzurechnen, um zum Grenzerlös zu kommen.[29]

---

[29] Formal kann man das wie folgt anschreiben:

$$GE = P + Q\frac{\Delta P}{\Delta Q}$$

Diese Formel beinhaltet in knapper Form das oben Gesagte. Der Grenzerlös setzt sich aus zwei Komponenten zusammen: P steht für die positive Komponente: Denn die zusätzliche Einheit konnte ja zum Preis von P verkauft werden (P x 1 entspricht ja Höhe mal Breite und damit der Fläche des Rechtecks R_1!). $Q\frac{\Delta P}{\Delta Q}$ entspricht der negativen Komponente: $\frac{\Delta P}{\Delta Q}$ zeigt die Veränderung des Preises hervorgerufen durch die Erhöhung des Outputs um eine Einheit: Diese Veränderung ist jedenfalls negativ, der Preis sinkt ja, wenn mehr angeboten wird. (Für eine lineare Nachfragekurve gilt, daß der Differenzenquotient $\frac{\Delta P}{\Delta Q}$ dem Differentialquotienten $\frac{dP}{dQ}$, damit der Steigung der Nachfragekurve entspricht.) Von diesem Sinken des Preises sind nun aber *alle* (alten) Q Einheiten betroffen. Der Verlust ist also das Produkt $Q\frac{\Delta P}{\Delta Q}$. (Hier handelt es sich exakt um Breite mal Höhe, also

Abbildung 4.3:
Konstante und fallende Grenzerlöse

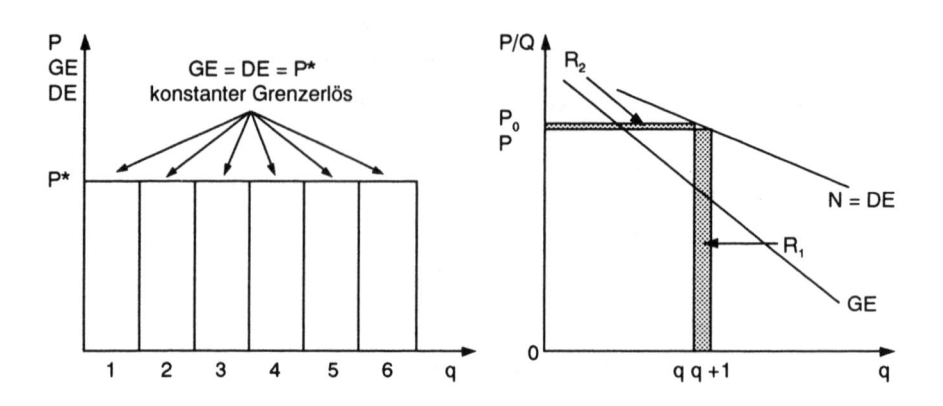

4.2.3.3 Die optimale Angebotsmenge der Unternehmung*

Während die Grenzerlöse aus dem zusätzlichen Verkauf einer Einheit eines Gutes (das Plus dieser Entscheidung) also entweder konstant bleiben (dem Marktpreis entsprechen) oder (schließlich) fallen, die Grenzkosten (das Minus dieser Entscheidung) aber schließlich steigen werden, ist das 'Zusammentreffen beider vorprogrammiert'. Solange das Plus, der Grenzerlös, noch größer ist als das Minus, die Grenzkosten, solange lohnt es, eine zusätzliche Einheit zu produzieren und anzubieten. Sind die Grenzkosten schließlich größer als die Grenzerlöse, so wäre mit dieser Entscheidung, eine zusätzliche Einheit zu produzieren, ein Verlust verbunden. Keine Unternehmung will verlustbringende Aktionen setzen, sondern sie will ihren Gewinn maximieren. Bedingung dafür ist, ein Outputniveau – es sei mit Q^* bezeichnet – zu wählen, bei dem gilt, daß die (konstanten oder fallenden) Grenzerlöse den (steigenden) Grenzkosten entsprechen.

---

die Fläche von Rechteck R_2, dessen Breite Q, dessen Höhe $\frac{\Delta P}{\Delta Q}$ ist.)

4. Entscheidungsträger

Dies ist der *erste Schritt* auf dem Weg zur Gewinnmaximierung bei der Produktion. Ob bei der Menge Q* tatsächlich ein Gewinn erzielt wird, zeigt sich erst dann, wenn in einem *zweiten Schritt* die *Durchschnittserlöse* von Q*, die dem Marktpreis entsprechen, mit den *totalen Durchschnittskosten (= Stückkosten)* und den *variablen Durchschnittskosten* von Q* verglichen werden.[30] Vier Möglichkeiten sind denkbar:

1. Sind die *Durchschnittserlöse* größer als die *Durchschnittskosten*, dann bleibt nach Abzug aller Kosten (= Output x Durchschnittskosten) von den Erlösen (= Output x Preis) auch tatsächlich ein *Gewinn im ökonomischen Sinn* übrig.

2. Sind die *Durchschnittserlöse* gleich den *Durchschnittskosten*, dann bleibt nach Abzug aller Kosten (= Output x Durchschnittskosten) von den Erlösen (= Output x Preis) nichts übrig. Man steigt 'pari' aus, also *ohne* Gewinn, aber auch *ohne* Verlust. Der *ökonomische* Gewinn ist hier zwar Null, doch bedeutet das, daß für alle in der Unternehmung eingesetzten Faktoren die Opportunitätskosten, also das, was sie in der *besten Alternativverwendung* gebracht hätten, verdient werden können. Die Opportunitätskosten beinhalten sowohl einen Unternehmerlohn wie auch die Zinsen für das in der Unternehmung eingesetzte Eigenkapital, beinhalten also einen 'normalen Gewinn' im umgangssprachlichen Verständnis.

3. Sind die *Durchschnittserlöse* kleiner als die *totalen, aber größer als die variablen Durchschnittskosten*, dann erwirtschaftet man

---

[30] Die *variablen Durchschnittskosten* VDK beinhalten keine anteiligen Fixkosten, sie ergeben sich durch Division der totalen *variablen* Kosten VK durch den Output Q: $VDK = \frac{VK}{Q}$. Die schon definierten *totalen Durchschnittskosten* TDK oder auch *Stückkosten* beinhalten dagegen auch die anteiligen Fixkosten, ergeben sich also durch Division der *Totalkosten* ($TK = FK + VK$) durch den Output: $TDK = aFK + \frac{VK}{Q}$.

zumindest einen *positiven Deckungsbeitrag*. Das ist die Differenz zwischen *Durchschnittserlös (= Preis) und variablen Durchschnittskosten*. Da diese Differenz positiv ist, wird bei der Menge Q* mit jeder produzierten und verkauften Einheit ein bestimmter Betrag erwirtschaftet, der zur *Deckung der Fixkosten* herangezogen werden kann. Da die Fixkosten kurzfristig nicht eliminiert werden können, bedeutet die Entscheidung, Q* zu produzieren, in diesem Fall die *Minimierung des Verlustes*. Die Produktion kann freilich nur kurzfristig fortgesetzt werden, da nicht genug Erlöse erwirtschaftet werden, um beim Ausscheiden der fixen Anlagen diese ersetzen zu können. *Langfristig* gesehen muß die Unternehmung ceteris paribus in diesem Fall also ausscheiden.

4. Sind die *Durchschnittserlöse* kleiner als die *variablen Durchschnittskosten*, dann bedeutet dies einen *negativen Deckungsbeitrag*. Würde man in diesem Falle produzieren, so käme es zu einem Verlust, der die fixen Kosten übersteigt, da nicht einmal die variablen Durchschnittskosten gedeckt werden können. Es ist hier sinnvoll, die Produktion überhaupt einzustellen.

Die hier beschriebene Logik ist in Übersicht 4.3 noch einmal schematisch zusammengefaßt. Auch graphisch lassen sich diese Zusammenhänge anschaulich darstellen. In Abbildung 4.4 ist die kurzfristige Situation einer *Wettbewerbsunternehmung* mit ihren – nunmehr 'geglätteten' – Durchschnitts- und Grenzkostenverläufen und unterschiedlichen Marktpreisen, die sie vom Markt als unveränderliches Datum 'erhält', dargestellt. Zwei wichtige Punkte sind zu beachten:

1. Der *shut-down point:* Er entspricht dem *Minimum der variablen Durchschnittskosten* (Punkt A). Sinkt der Preis unter diese Marke, dann soll die Produktion eingestellt werden, weil keine positiven Deckungsbeiträge mehr erwirtschaftet werden können. Damit heißt es: *Zusperren, shut down!*

4. Entscheidungsträger

2. Der *break-even point:* Er entspricht dem *Minimum der totalen Durchschnittskosten* (Punkt *B*). Steigt der Marktpreis auf dieses Niveau an, so können erstmals alle Produktionskosten gedeckt werden. Steigt der Marktpreis darüber hinaus, werden *ökonomische Gewinne* geschrieben!

Abbildung 4.4: 'Shut-down' und 'Break-Even'-Punkte:
Die kurzfristige Angebotskurve
der Wettbewerbsunternehmung

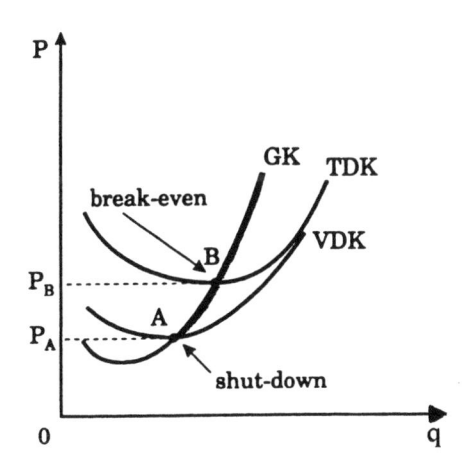

Aus dieser Entscheidungslogik läßt sich die *Angebotskurve der Wettbewerbsunternehmung* ableiten: Sie entspricht der *Grenzkostenkurve ab dem Minimum der variablen Durchschnittskosten.* (In Abbildung 4.4 ist sie fett eingezeichnet.)

Dies gilt für die *kurze* Periode, in der wichtige Produktionsfaktoren nicht verändert werden können, die Betriebsgröße feststeht und damit nur die variablen Faktoren an geänderte Rahmenbedingungen (Preisänderungen auf den Produkt- und Faktormärkten) angepaßt werden können. *Langfristig* gibt es keine fixen Faktoren, weshalb sich auch die Entscheidungslogik ändert.

Langfristig besteht nicht nur für die einzelne Unternehmung die Restriktion fixer Kosten nicht mehr, *langfristig ist bei freiem Marktzutritt* auch das *Ein- und Aussteigen* von Unternehmungen möglich.[31]

Während kurzfristig die Unternehmung auf dem Markt bleiben soll, auch wenn lediglich die variablen Durchschnittskosten im Marktpreis Deckung finden, ist dies langfristig nicht möglich. Auf die Dauer kann die Unternehmung diese Situation nicht durchstehen, da sie ja nicht die gesamten Produktionskosten deckt. Sie verfügt nicht über genügend Erlöse, um nach Ablauf der Nutzungsdauer die fixen Faktoren ersetzen zu können. Langfristig müssen alle Kosten (die totalen Durchschnittskosten) im Preis ihre Deckung finden, andernfalls muß die Unternehmung aus dem Markt ausscheiden.

Langfristig hat die Unternehmung in einer Situation mit positiven Deckungsbeiträgen, die aber nicht ausreichen, um den Ersatz der Anlagen zu finanzieren, die Alternative, entweder aus dem Markt auszusteigen, also die Produktion einzustellen oder auf eine andere Betriebsgröße mit geringeren Fixkosten umzusteigen. Auch spielen hier Erwartungen hinsichtlich der zukünftigen Marktpreise auf Produkt- und Faktormärkten eine große Rolle. Die ökonomische Analyse von Angebot und Nachfrage kann hier zur fundierten Erwartungsbildung einiges beitragen.[32]

---

[31] Siehe zur Reaktion des *Marktangebots* im Zeitablauf Kap. 6.7.
[32] Siehe dazu Kap. 6.

Übersicht 4.3:
Entscheidungslogik zur Bestimmung der optimalen = gewinnmaximalen Outputmenge der Unternehmung

1. Bestimmung des Outputniveaus Q*, bei dem gilt: (konstante oder fallende) Grenzerlöse = (steigende) Grenzkosten.

↓↓

2. Sind die Durchschnittserlöse bei Q* größer als die totalen Durchschnittskosten (= Stückkosten), dann wird ein Gewinn erzielt und maximiert. Die Produktion ist profitabel und wird ceteris paribus fortgesetzt.

↓↓

3. Sind die Durchschnittserlöse kleiner als die totalen Durchschnittskosten, aber größer als die variablen Durchschnittskosten, wird ein positiver Deckungsbeitrag erzielt. Kurzfristig soll die Menge Q* produziert werden. Dadurch wird der Verlust minimiert. Wird kein Preisanstieg erwartet, so muß langfristig entweder die Produktion eingestellt oder es muß auf eine Betriebsgröße mit geringeren Stückkosten gewechselt werden.

↓↓

4. Sind die Durchschnittserlöse sogar kleiner als die variablen Durchschnittskosten, so würde durch die Produktion von Q* ein negativer Deckungsbeitrag erzielt. In diesem Fall sollte nichts produziert werden.

5. Die Schlüsselfaktoren: Unternehmer und Wettbewerb: 'Zuckerbrot und Peitsche'

Übersicht 5.1: Kapitelübersicht:
Monopol: Entstehung - Segen - Fluch?

| 1. Was ist ein Monopol? |

↓ ↓

| 2. Wie kommt man zu einem Monpol? |

↓ ↓

| 3. Was bedeutet eine Monopolstellung? |

↓ ↓

| 4. Die Wachstumsdynamik der Marktwirtschaft |

5.1 Was ist und was bedeutet ein Monopol?

Jeder Handelnde, ob als Haushalt oder als Unternehmung, ist im Grunde bestrebt, seine eigene Situation zu verbessern. Die dabei befolgte einfache Plus-Minus-Logik wurde sowohl für den Fall des *Güter*konsums des Haushalts wie der *Güter*produktion der Unternehmung im grundsätzlichen erläutert. Doch woher kommen die Güter selbst eigentlich? 'Hinter' jeder Unternehmung, in der der Prozeß der Güterproduktion vonstatten geht, steht der *Unternehmer*. Er ist die treibende Kraft in der Marktwirtschaft, ständig auf der Suche nach neuen und besseren Gütern und Dienstleistungen, die die Konsumenten entsprechend hoch einschätzen und damit auch den 'verlangten' Preis *freiwillig zu bezahlen bereit* sind.

Die *Aussicht auf Gewinn* durch die Bereitstellung von solchen Gütern und Dienstleistungen, die den Bedürfnissen der Kunden, seien dies Haushalte, seien dies Unternehmungen entgegenkommen, ist in marktwirtschaftlichen Systemen der *zentrale Anreiz* für den einzelnen, sich über mögliche neue, verbesserte Güter und Dienstleistungen sowie Problemlösungsmöglichkeiten jeglicher Art intensiv Gedanken zu machen. Das Resultat sind neue Güter und Dienstleistungen, verbesserte und sparsamere Technologien, ja sogar neue Ressourcen, damit ein umfangreicheres und billigeres Angebot, also eine kontinuierliche Entschärfung des Knappheitsproblems. Der Wettbewerb, das ständige Bemühen, eine bessere Leistung zu erbringen als der Mitbewerber, macht durch die *Aussicht auf Gewinn* findig und kann damit zurecht als ein *Entdeckungsverfahren*, ein *Entdeckungswettbewerb* interpretiert werden, im Zuge dessen eine gute Idee schließlich allen Gesellschaftsmitgliedern zugute kommt.

Die Antriebskraft dieses 'fortlaufenden Entdeckungsprozesses' ist die Aussicht auf einen Gewinn, d.h. – in die ökonomische Terminologie übersetzt – die Aussicht auf eine zumindest *temporäre Monopolrente*.

Eine Monopolrente ist eine *über die Opportunitätskosten hinausgehende Entlohnung*, ein *Gewinn im ökonomischen Sinne*. Diese Monopolrente kann nun entweder aus einer 'künstlichen' Verknappung des Angebots resultieren, was einen hohen Preis erlaubt, oder aus einem *Vorsprung* gegenüber anderen Konkurrenten, einer überdurchschnittlichen Leistung, sei es in Form besonderer Produktqualitäten, sei es in Form kostengünstigerer Technologien. Um in den Genuß dieser Art von Monopolrente kommen zu können, bedarf es also einer besonderen Leistung, einer überdurchschnittlichen Anstrengung bzw. Begabung, eben einer 'guten Idee' *und* ihrer erfolgreichen Umsetzung.

Die *erfolgreiche Entwicklung und Markteinführung eines neuen Produktes*, beispielsweise eines Kopiergerätes, eines Funktelefons oder eines Faxgerätes, von Lieferbeton oder Fertigteilhäusern, von neuen Produktionsverfahren oder Computerprogrammen, eines gesunden und erquickenden Schlaf garantierenden Bettes oder besserer Arzneimittel begründet den *Vorsprung* vor der Konkurrenz. Die Entwicklung neuer Produkte kann zum Entstehen völlig neuer Märkte führen, auf denen man damit – vorerst – der *einzige Anbieter, also Monopolist*, ist. Mit dieser Produktidee, mit seiner Neuerung, ist man der Konkurrenz voraus, der *einzige Anbieter* eines bestimmten Produktes, auf einem neuen Markt und damit ein *Monopolist*.

Im strengen Sinn des Konzeptes liegt ein Monopol dann vor, *wenn auf einem Markt oder in einer gesamten Branche ein einziger Anbieter sehr vielen Nachfragern und damit der gesamten Marktnachfrage gegenübersteht*. Wie bereits angedeutet, kann und muß man *zweierlei* Monopole unterscheiden:

1. Ein Monopol aufgrund einer 'künstlichen' Verknappung des Angebots. Hier gelingt es einem Anbieter, durch *Marktzutrittsbeschränkungen* unterschiedlichster Art unliebsame Konkurrenz von seinem Markt fernzuhalten. Die Monopolstellung resultiert hier aus der *Einschränkung von Wettbewerb!*

2. Das 'andere' Monopol hingegen beruht auf einer *besonderen Leistung*, einem deutlichen Vorsprung gegenüber der Konkurrenz. Dieses Monopol ist damit das *Ergebnis des Wettbewerbsprozesses*, und zwar das besonders *erfolgreiche Bewähren im Wettbewerb!*

Während ersteres der Wohlfahrt der Gesellschaft abträglich ist, weil durch eine *gezielte Beschränkung der angebotenen Menge* zum Nachteil der Nachfrager ein hoher Preis verlangt werden kann, ist letzteres für den marktwirtschaftlichen Wachstumsprozeß unverzichtbar.

Grundsätzlich hat der Monopolist die Möglichkeit, den Preis seines Produktes innerhalb gewisser Grenzen zu bestimmen, 'zu setzen', d. h. *durch die Wahl seiner Angebotsmenge* festzulegen, denn er steht ja einer *fallenden* Nachfragekurve gegenüber.[1] Gerade dies zeigt aber, daß die 'Preissetzungsmacht' des Monopolisten durch die für sein

---
[1] Siehe dazu genauer Punkt 5.3.

5. Unternehmer und Wettbewerb

Produkt bestehenden *Substitutionsmöglichkeiten im weitesten Sinne* regelmäßig eingeschränkt wird. Substitutionsmöglichkeiten bestehen dann, wenn das vom Monopolisten angebotene Gut durch andere Güter ersetzt werden kann. Auch ein Monopolist wird also regelmäßig durch die *Existenz und Verfügbarkeit von Substitutionsgütern,* die im weitesten Sinne ein bestimmtes Bedürfnis befriedigen können, in seinem Verhalten diszipliniert.

Ein Monopol stellt nur dann eine wirkliche 'Gefahr', im Sinne einer ungebührlichen Ausbeutung des 'Publikums', dar, wenn es im ausschließlichen Besitz von Gütern des lebensnotwendigen Bedarfs wäre, wenn es beispielsweise die gesamte Milch- oder Brotproduktion eines Landes kontrollieren könnte, also exklusiv Produkte anbietet, für die es kaum bzw. nur äußerst bedingt Substitutionsgüter, also Ersatzmöglichkeiten, gibt.[2] Ein Strommonopolist in einer Großstadt (oder eines ganzen Landes) hat eine große, aber nicht unbeschränkte Preissetzungsmacht. Diese Macht läßt sich aber noch erhöhen, wenn er gleichzeitig über das Gasmonopol (also über das Substitutionsprodukt Gas) verfügt. Dann kommt man wohl kaum an ihm vorbei. Auch ein kleines Einzelhandelsgeschäft in einem sehr abgelegenen Tal ist ein Monopolist. Verlangt er jedoch 'zu viel' für seine Produkte, dann werden es sich seine Kunden überlegen, von *Substitutionsmöglichkeiten* Gebrauch zu machen, d.h. sie werden eher bereit sein, die Mühe einer längeren Einkaufsfahrt in einen anderen Ort auf sich zu nehmen.

5.2 Warum Monopole existieren

5.2.1 Findigkeit und Tatkraft

Der Anbieter eines neuen, kalorienarmen und energiegeladenen Erfrischungsgetränks ist in gewisser Weise Monopolist. Weil das ange-

---

[2] Güter, die dasselbe Bedürfnis befriedigen, nennt man Substitutionsgüter, als Beispiel: Butter und Margarine. Im Gegensatz dazu stiften *Komplementärgüter,* nur bei gemeinsamen Gebrauch Nutzen, wie beispielsweise Auto und Treibstoff!

botene Produkt jedoch das allgemeine Bedürfnis nach Durststillung, also Erfrischung und Belebung, befriedigt und es dafür eine Fülle von Bedürfnisbefriedigungsmöglichkeiten gibt, kann dieser 'Monpolist' keineswegs tun, 'was er will'. Denn auch er braucht Tauschpartner, Kunden, die zu dem von ihm festgesetzten Preis kaufen, also *freiwillig* tauschen!

Dieses Beispiel zeigt anschaulich: Der 'Energy-Drink'-Markt wurde durch einen innovativen Unternehmer, einen *Pionierunternehmer* 'eröffnet'. Durch die Entwicklung dieses Produkts ist er der *erste* und – vorläufig – *einzige* Anbieter am 'Energy-Drink'-Markt, er ist Monopolist. Er hat also einen *Vorsprung* gegenüber potentiellen Mitkonkurrenten.

Die Entwicklung seines Produktes verdankt er einer *Idee* (seiner 'Formel' für den Energy-Drink). Die Idee selbst ist mit großer Wahrscheinlichkeit das Ergebnis des Wettbewerbsprozesses, Folge des Bestrebens, einen Gewinn zu machen, was nur durch eine bessere Leistung als die der Konkurrenz möglich ist. Nicht nur für die Idee, noch mehr bedarf es für die mühevolle, *kostspielige und risikobehaftete Umsetzung der Idee in ein entsprechendes Produkt und seine Vermarktung* eines Anreizes. Dies ist der *Gewinn*, der bei erfolgreicher Markteinführung winkt.

Dieser Gewinn des Monopolisten ruft nun aber die Konkurrenz auf den Plan. Sie ist bestrebt, die erfolgreiche Idee zu kopieren und gerät dabei in Versuchung, wohl die Idee des Pionierunternehmers zu nutzen, dafür aber nichts zu bezahlen. Trifft nun das zusätzliche Angebot auf den Markt, fällt – unter sonst gleichbleibenden Umständen (ceteris paribus) – der Preis und damit auch der Gewinn des *Pionierunternehmers*. Für ihn, der die Kosten und das Risiko der Produktentwicklung und Markteinführung übernommen hat, kann die Zeit, während der er seine Monopolrente abschöpfen kann, also zu kurz werden. Er macht damit nicht genug Gewinn, um ihn entsprechend seiner Findigkeit, seiner Risikobereitschaft und der von ihm getra-

5. Unternehmer und Wettbewerb 77

genen Kosten zu entschädigen bzw. zu 'belohnen'. Deshalb braucht es in solchen Situationen einen ganz besonderen Schutz, *einen Schutz geistigen Eigentums,* der durch das *Urheber-, Markenschutz- und Patentrecht* von Seiten des Staates bzw. der Staatengemeinschaft 'zur Verfügung gestellt' und nötigenfalls auch durchgesetzt wird. Mittels des Patentschutzes und des Urheberrechtes soll sichergestellt werden, daß nur derjenige eine Erfindung nutzen darf, der dem Erfinder bzw. Berechtigten dafür auch den geforderten Preis bezahlt. Hier werden mit gutem Grunde 'Monopolpositionen' und damit 'Monopolgewinne' in Aussicht gestellt, im Falle des Patentrechtes allerdings nur temporär (17 Jahre), um alle potentiellen Erfinder bzw. gewinnorientierten Finanziers entsprechend zu *motivieren.*

Die Einführung eines entsprechend durchsetzbaren Patent- und Urheberschutzrechtes war eine zentrale Voraussetzung für den einzigartigen Wohlfahrtsprozeß der nach freiheitlich-marktwirtschaftlichen Grundsätzen orientierten Welt, für die Entwicklung all der vielen Produkte, die man heute mit Selbstverständlichkeit nutzt, ohne die dahinterstehende Logik zu bedenken. Die Beispiele hiefür sind zahllos. Sie reichen vom Energy-Drink und Müsliriegel, dringend benötigten Arznei-, Schmerz- und Abführmitteln über selbstschließende Kühlschranktüren bis zur Unterhaltungsindustrie (Hard- und Software), um nur einige zu nennen. Auch verdankt man die Entstehung neuer literarischer Gattungen dem Urheberschutzsystem. So entwickelte sich beispielsweise die Kurzgeschichte erst, als entsprechende Urheberrechte eingeführt wurden, und auch die Musikbranche wäre ohne diesbezüglich gesicherte Rechte nicht vorstellbar.

Diese grundlegende Logik und die dazu vorliegenden zahlreichen Beispiele zeigen beeindruckend, welche zentrale Bedeutung der *rechtlichen Infrastuktur für ein funktionierendes Wettbewerbssystem* zukommt. Ohne eine diesbezügliche rechtliche Grundlage, die für die *Spielregeln* und deren *ordnungsgemäße Einhaltung* verantwortlich ist, ist der marktwirtschaftliche Wohlstandsprozeß nicht vorstellbar.

Diese rechtlichen Spielregeln betreffen in erster Linie die Definition bzw. Abgrenzung von *Eigentumsrechten*. Diese legen fest, was man mit einer 'Sache' tun darf und was nicht. Eigentumsrechte legen die *Ausschließbarkeit* und *Übertragbarkeit* von Gütern fest, d.h. daß man ein Gut dann nutzen darf, wenn dafür die Einwilligung des Eigentümers vorliegt, die regelmäßig durch die Bezahlung des geforderten Preises erwirkt werden kann. Was beim Kauf eines Pullovers keinerlei Schwierigkeiten bedeutet, nämlich daß die Übertragung des Gutes nur bei Bezahlung des geforderten Kaufpreises erfolgt, kann bei der *Nutzung von Ideen* – beispielsweise der Nutzung des *Produktionsverfahrens* zur Herstellung des Pullovers – zum Problem werden. Deshalb bedarf es im Bereich 'geistiger Güter', wie Produktionsverfahren, Rezepte, chemischer Formeln und auch von 'Musikstücken' einer entsprechenden Sicherung des Eigentümers, die ihn den Eigentümern von Autos, Häusern, Geld, Pullovern und all den anderen, relativ leicht ausschließbaren Gütern gleichstellt.

> Patente, Markenschutz- und Urheberrechte sind Eigentumsrechte auf eigene Ideen! Sie sollen Ideen vor nicht autorisiertem Gebrauch schützen und verschaffen so eine Art 'Monopolstellung' (für einen bestimmten Zeitraum). Sie stellen damit den zentralen Anreiz dar, verstärkt nach Verbesserungsmöglichkeiten, nach besseren Gütern und Technologien zu suchen! Die Verbesserung und damit die Wohlstandserhöhung wird damit nicht mehr dem Zufall überlassen, sondern 'systematisiert', systemimmanent.

Zwar übernimmt diese entscheidende *Motivationsfunktion* im marktwirtschaftlichen System im allgemeinen der Gewinn bzw. die Aussicht darauf, wenn es gelingt, (neue) Produkte anzubieten, die dem Abnehmer entsprechenden Nutzen stiften. Denn:

5. Unternehmer und Wettbewerb

> Hätte ein Unternehmer nicht die Aussicht, (zumindest) temporär in den Genuß einer 'Monopolrente' zu gelangen, also einen über die Opportunitätskosten hinausgehenden ökonomischen Gewinn zu erwirtschaften, dann hätte er keinerlei Anreiz, überhaupt unternehmerisch tätig zu werden, indem er neue, bessere oder billigere Produkte anbietet und damit die Güterversorgung für die Gesellschaft insgesamt – ohne dies eigentlich zu bezwecken – verbessert.

Denn eine gute Idee (was freilich auch eine neue Managementtechnik sein kann) läuft stets Gefahr, von potentiellen Konkurrenten kopiert, also nachgemacht zu werden. Dies nimmt jedoch regelmäßig eine bestimmte Zeit in Anspruch, während der *Pionierunternehmer* 'seine Monopolrente abschöpft'. Bieten dann, im Laufe der Zeit, mehrere Unternehmungen ähnliche Produkte an, dringen also in den Markt des Pionierunternehmers ein, dann wird dessen Nachfrage reduziert und damit sein Gewinn früher oder später wieder verschwinden. Allerdings sollte im Zuge dieses Prozesses sichergestellt sein, daß die *Idee* des Erfinders oder Pionierunternehmers *nicht ohne dessen Einwilligung* verwendet wird, was eben mithilfe von Patent-, Urheber- und Markenschutzrecht gewährleistet werden soll.

Zu bedenken ist schließlich auch, daß bei der Entwicklung neuer Verfahren, Produktionstechniken und Produkte – beispielsweise neuer Medikamente – heute regelmäßig enorme Investitionskosten anfallen, wobei der Erfolg von derlei Bemühungen stets *unsicher*, also mit einem *hohen Risiko* behaftet ist. Bestünde kein mittels Patentrecht durchsetzbarer Schutz gegenüber nicht autorisiertem Gebrauch dieser Erfindungen, so würden diese Forschungs- und Entwicklungsaktivitäten unterbleiben, weil mögliche Erträgnisse daraus *von allen kostenlos genutzt* werden könnten. Es fehlt dann der Anreiz, neue Produkte und Produktionsverfahren zu entwickeln. Der technische Fortschritt und damit auch die Verbesserung der allgemeinen Wohlfahrt kämen zum Stillstand.[3]

5.2.2 Wettbewerbsbeschränkungen

Voraussetzung für einen überdurchschnittlichen Gewinn sind also überdurchschnittliche Fähigkeiten, Findigkeit und Tatkraft. All dies wird dann mobilisiert, wenn auch die Aussicht besteht, die Früchte der eigenen Anstrengung selbst zu ernten. Genau das soll durch das Patent- oder Urheberrecht erreicht werden. Dies erscheint verständlich und gerechtfertigt: Die Früchte erntet man in diesem Fall ja nicht unverdient, man hat die Idee, trägt das Risiko und die Kosten ihrer Umsetzung. Man muß sich also entsprechend anstrengen!

Es liegt freilich nahe, solche Anstrengungen zu vermeiden und nach einer anderen Möglichkeit, Gewinn zu machen, zu suchen. Diese andere Möglichkeit besteht nun darin, sich durch eine *künstliche Beschränkung des Angebots*, also durch *Wettbewerbsbeschränkungen unterschiedlichster Art* – und auch hier zeigt sich eine unglaubliche Findigkeit – in eine (Art) *Monopolstellung* zu bringen. Aktivitäten, die darauf gerichtet sind, den Wettbewerb irgendwie auszuschalten und

---

[3] Patente schützen in erster Linie bestimmte Produktionsverfahren, also ein bestimmtes *Wissen*, das, ist es einmal irgendwo eingesetzt und bekannt geworden, oft sehr leicht kopiert, abgeschaut und nachgemacht werden kann, *ohne daß dafür jedoch bezahlt worden wäre*. Diese Art von Wissen – beispielsweise der *Inhalt* eines Buches, eine chemische Formel, ein Computerprogramm – ist an sich ein *öffentliches* Gut, ein Gut, das in Produktion und/oder Konsum *nicht rivalisiert*: Jeder könnte eine Idee, beispielsweise ein bestimmtes Computerprogramm benutzen, *ohne daß* dadurch die Nutzung dieser Idee durch andere behindert würde. Genau dies begründet die Tatsache, daß *Grundlagenforschung* regelmäßig vom Staat übernommen wird. Diesbezügliche Erkenntnisse, für die sich kaum Eigentumsrechte definieren lassen bzw. für die solche Rechtszuweisungen nicht sinnvoll erscheinen, kommen allen zugute, damit sollen auch die Kosten dieser Aktivitäten von allen (dem Staat) getragen werden.

das Angebot zu beschränken, nennt man *Rent-Seeking*.[4] Dies ist keineswegs gerechtfertigt, da die Monopolsituation in diesem Fall ja nicht auf einer überdurchschnittlichen produktiven Leistung und damit auf einer gesellschaftlichen Wohlfahrtserhöhung beruht, sondern gerade im Gegenteil, in der erfolgreichen Verhinderung derselben.

Rent-Seeking-Aktivitäten involvieren nun überwiegend Regierungen und Bürokraten, die durch entsprechende *legislative und/oder administrative Eingriffe* solche Beschränkungen des Wettbewerbs überhaupt erst ermöglichen.[5] Sehr oft sind diese Maßnahmen nicht unmittelbar als Wettbewerbshemmnisse und Marktzutrittsbeschränkungen zu erkennen. Was bei *Zöllen* und *nicht-tarifären Handelshemmnissen* unmittelbar einsichtig ist, nämlich daß dadurch der Marktzugang von bestimmten Konkurrenten zugunsten einer bestimmten *gesellschaftlichen Gruppe* eingeschränkt wird, ist bei Produkt- oder Produktionsnormen, Berufsgattungen und Qualifikationsnachweisen sowie 'Tätigkeits'- bzw. Angebotsgenehmigungen unterschiedlichster Art nicht auf den ersten Blick erkenntlich. Ärzte werden den Tätigkeitsbereich von Krankenschwestern, Architekten jenen von Baumeistern, ein bestimmtes Gewerbe das eines anderen *einzuschränken versuchen,* um damit für sich attraktive Knappheiten zu schaffen, ohne daß dazu eigentlich eine Notwendigkeit bestünde. Viele dieser gesetzlichen und administrativen Regelungen können zwar auch auf eine solide Begründung, wie die Sicherstellung einer entsprechenden Befähigung für das Anbieten einer bestimmten Leistung, zurückgreifen. Unbestreitbar bleibt jedoch, daß sowohl Ärzte, Apotheker, Notare und viele andere Berufsgruppen damit das Angebot künstlich verknappen und damit höhere Preise für ihre Güter erzielen.

Es werden also mithilfe gesetzlicher und administrativer Wett-

---

[4] Unter Rente versteht man in der ökonomischen Theorie die Entlohnung eines Produktionsfaktors aufgrund von *Knappheiten,* seien diese natürlich (wie Grund und Boden) oder künstlich (durch die gezielte Beschränkung des Angebots).

[5] Siehe dazu insbesondere auch Kap. 10.1.

bewerbsbeschränkungen künstlich Knappheiten geschaffen, die es den Anbietern ermöglichen, überdurchschnittliche Profite zu erzielen. Diese beruhen nun aber nicht mehr auf entsprechend überdurchschnittlichen Leistungen, sondern auf der Einschränkung des Angebots.

Monopole im traditionellen Sinne, wie beispielsweise Salz-, Zucker- und Glückspielmonopole bestehen – interessanterweise – überwiegend aufgrund staatlicher, gesetzlicher Maßnahmen, die den Wettbewerb auf diesen Märkten verbieten! Ein wesentlicher Grund für die Existenz von Monopolen ist also, daß der Staat selbst durch gesetzliche Einschränkungen und Handelsbeschränkungen Monopole und monopolartige Stellungen gewährt oder selbst besitzt.[6]

5.2.3 Spezifische Knappheiten

Ein Monopol kann sich schließlich auch durch den *ausschließlichen Besitz einer sehr kostbaren Ressource* ergeben. Dies muß nicht notwendigerweise ein bestimmter, stark nachgefragter natürlicher Rohstoff sein. Viel öfter handelt es sich dabei um ganz *außergewöhnliche Kenntnisse und Fähigkeiten*, für die eine entsprechende Nachfrage besteht. Man denke hier beispielsweise an bekannte Künstler, bestimmte Schauspieler, weltberühmte Dirigenten, Weltklassesportler oder Spitzenmanager. All diese Personen verfügen über außergewöhnliche Talente, die sie gewinnbringend umzusetzen verstehen. Ihr Gut ist – relativ zur Nachfrage – so einzigartig und knapp, daß sich dafür mitunter exorbitante Summen erlösen lassen.

---

[6] Dies ist deshalb besonders verwunderlich, weil bei staatlichem Eingriff zumeist selbstredend unterstellt wird, daß dieser zum 'Wohle der Allgemeinheit' erfolgt. Hier geht es aber paradoxerweise gerade nicht um den Schutz *vor* dem Monopolisten, sondern um den Schutz *des* Monopolisten durch den Staat!

5.2.4 'Natürliche' Monopole

Schließlich liegt der bedeutendste Grund für die Existenz von Monopolen in spezifischen *technologischen* Bedingungen, weshalb man eigentlich von einem *technischen* Monopol sprechen sollte. Solche 'natürlichen' bzw. technischen Monopole ergeben sich aufgrund *steigender Skalenerträge (economies of scale): Mit steigendem Outputniveau steigt hier die Produktivität an, es fallen damit die Stückkosten*, und zwar über den *gesamten* Marktbereich.

Ein natürliches Monopol bildet sich von selbst dann heraus, wenn *eine einzige Unternehmung allein für den gesamten Markt* billiger als alle Konkurrenten produzieren kann. Ein natürliches Monopol kann also die *gesamte Marktnachfrage am günstigsten* erstellen, günstiger jedenfalls, als wenn mehrere Anbieter diese Aufgabe gemeinsam übernehmen würden.

Abbildung 5.1: 'Natürliches' Monopol

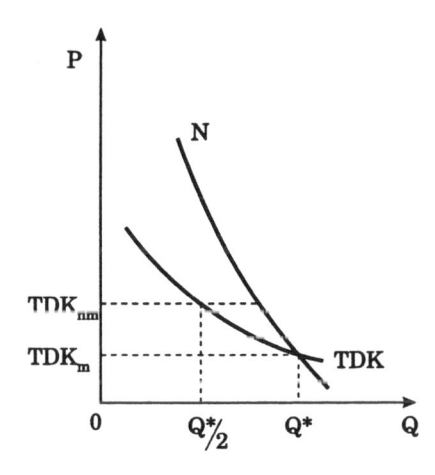

Die gängigsten Beispiele dafür sind die Wasser- und Elektrizitätsversorgung bzw. -übertragung. Ein natürliches Monopol produziert die gesamte Marktnachfrage im Bereich *fallender Durchschnittskosten*. Eine solche Situation ist in Abbildung 5.1 dargestellt. Würden sich zwei Unternehmungen diesen Markt teilen, dann wären die Kosten für diesen Output doppelt so hoch. Und dies wäre ökonomisch ganz offensichtlich unsinnig! Es fällt auf, daß diese Unternehmungen wie die Strom- und Wasserversorgung zumeist von öffentlichen Körperschaften geführt werden. Der Grund dafür ist naheliegend: Der natürliche Monopolist unterliegt einer nicht geringen Versuchung, seine Monopolsituation, die ihm ja aufgrund seiner Kostenstruktur kaum jemand wird streitig machen können, entsprechend auszunützen, d.h. 'ungerechtfertigt' hohe, d.s. markant über den Durchschnittskosten (Stückkosten) liegende Preise zu verrechnen.

Allerdings ist auch bei staatlich geführten natürlichen Monopolen das Problem 'gerechtfertigter' Preise keineswegs gelöst. Denn wie werden die Preise dieser Produkte bestimmt? Als 'gerechtfertigt' wird in solchen Fällen zumeist ein Preis angesehen, der die Durchschnittskosten (Stückkosten) deckt. Die Monopolunternehmung muß dazu Unterlagen vorlegen. Zu beachten ist jedoch, daß gerade durch diese Preisfindungsregel die Unternehmung einen starken Anreiz hat, ihre Durchschnittskosten zu *erhöhen!* Sie können ja automatisch in den Preisen weiterverrechnet werden. Es ist daher nicht verwunderlich, wenn in diesen Unternehmungen das Lohn- und Gehaltsniveau und das Ausmaß zusätzlicher Sozialleistungen markant über dem Durchschnitt der Volkswirtschaft liegt.

Die von Ökonomen in jüngster Zeit dazu vorgeschlagene Lösung dieses Monopolproblems ist überraschend einfach: Sie läuft auf die Trennung von 'Netzwerkmonopol' und 'Produktion an sich' hinaus. In der Tat bestehen die Voraussetzungen für ein natürliches Monopol ja zumeist nur im Bereich des 'Netzes', d.h. im Verteilungssystem für ein bestimmtes Gut, wie Wasser, Strom oder Gas. Im Netzbereich bleibt es also bei einem Anbieter in einer bestimmten Region, der allerdings seine 'Verteilungsleistungen' allen zu behördlich festgelegten Preisen zugänglich machen muß. Für die Produktion dieser Güter gelten aber zumeist durchaus übliche Kostenverläufe, d.h. letztlich doch wieder steigende Grenz- und Durchschnittskosten. Damit wird Wettbewerb unter den Anbietern möglich – die Nachfrager haben die Wahl unterschiedlicher Bezugsquellen und werden bei Gleichartigkeit (Homogenität) der Güter das billigste Gebot auswählen. Damit müssen die Preise letztlich auf das Kostenniveau kompetitiver Anbieter sinken.

Übersicht 5.1: Warum es Monopole gibt:

Monopole existieren:

- weil staatliche Eingriffe den Wettbewerb auf bestimmten Märkten nicht zulassen,

- aufgrund von Patent-, Urheber- und Markenschutzbestimmungen,

- weil jemand im exklusiven Besitz bestimmter Ressourcen oder Fähigkeiten ist und

- weil aufgrund natürlicher Kostenvorteile nur eine einzige Unternehmung in der Lage ist, die Marktnachfrage am kostengünstigsten zu decken.

5.3 Der Monopolgewinn*

Das Spezifikum des Monopolisten ist, daß er der Marktnachfragekurve gegenübersteht und nicht wie eine Wettbewerbsunternehmung (eine Unternehmung der vollständigen Konkurrenz) zum gegebenen Marktpreis beliebige Mengen absetzen kann. Die Nachfragekurve des Monopolisten zeigt, welche Menge sich zu welchem Preis absetzen läßt, weshalb sie auch *Preis-Absatz-Kurve* heißt.

Der Monopolist verfügt, wie erwähnt, über eine *Preissetzungsmacht:* Durch das Festlegen seiner Outputmenge bestimmt er den Marktpreis, er ist damit *Preissetzer!* Der Anbieter in einem Wettbewerbsmarkt (der *vollständigen Konkurrenz*) ist hingegen *Mengenanpasser*.[7] Im Fall der *vollständigen Konkurrenz* ist die von der einzelnen Unternehmung *angebotene Menge also eine Funktion des Preises*, beim Monopol ist der Preis, der sich am Markt ergeben wird, hingegen eine *Funktion der vom Monopolisten angebotenen Menge*. Der Monopolist hat also keine Angebotskurve.[8]

Abbildung 5.2:
Das Gewinnmaximum des Monopols

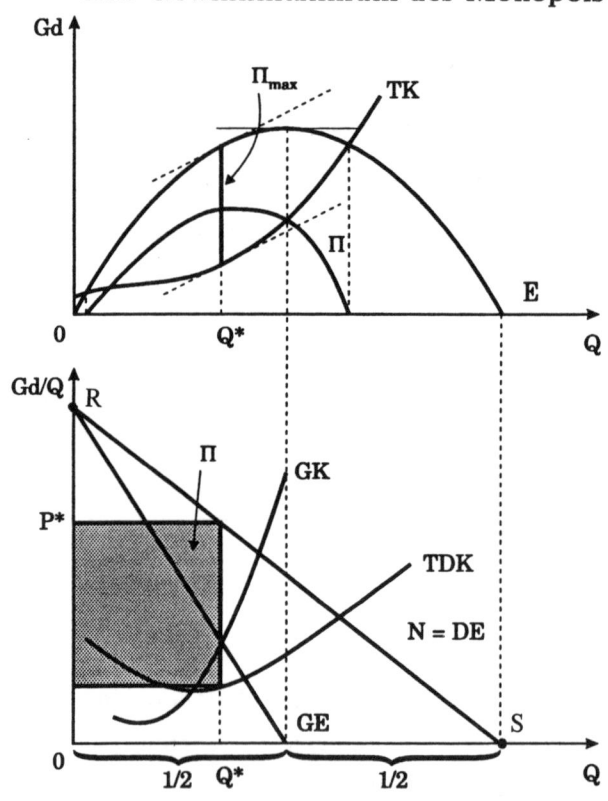

---

[7]Bei dieser *Marktform* sind so viele Anbieter und Nachfrager auf dem Markt, daß sie den dort sich bildenden Preis als individuell nicht veränderbares Datum hinnehmen müssen. Sie haben damit nur die Möglichkeit, ihre Mengen anzupassen.

[8]Eine solche wurde für die Wettbewerbsunternehmung in Kap. 4.2 abgeleitet.

5. Unternehmer und Wettbewerb

Da der Monopolist nun der *Marktnachfrage* gegenübersteht, ist sein Grenzerlös an jedem Punkt der (fallenden) Nachfragekurve ein anderer. Graphisch kann das für den Fall einer linearen Nachfragekurve anschaulich gezeigt werden. Im unteren Teil der Abbildung 5.2 ist die Nachfragekurve N mit der dazugehörigen Grenzerlöskurve eingezeichnet, im oberen Teil der Graphik die dazugehörige Umsatz- bzw. Erlösfunktion $E = P \times Q$ (Erlös ist Preis mal Menge).[8] Weil oberhalb des *Reservationspreises* keine Einheit verkauft werden kann, gibt es bei diesem Preis auch keinen Erlös (Nachfrage und Erlös sind Null, der Grenzerlös der Reservationspreis). Auf der anderen Seite ist die *Sättigungsmenge* (definitionsgemäß) nur zu einem Preis von Null absetzbar, was wiederum einen Erlös von Null ergibt. Zwischen diesen beiden Punkten aber 'erhebt' sich die Erlösfunktion, die dort ihr Maximum erreicht, wo die Tangente an die Erlöskurve zur Waagrechten wird, also die Ableitung der Erlösfunktion, der *Grenzerlös*, Null ist. Im Maximum der Erlöskurve (oberer Teil der Abbildung) schneidet also die Grenzerlöskurve, die ja den Anstieg der Erlöskurve in jedem Punkt angibt, die Abszisse (unterer Teil der Abbildung 5.2).

Die hier bestehenden Zusammenhänge werden formal besonders klar (für eine lineare Nachfragefunktion). Der Preis ist im Monopol eine Funktion der vom Monopolisten angebotenen Menge, daher läßt sich die Nachfragefunktion

$$N = N(P)$$

so anschreiben:

$$P = a - bQ \qquad a, b > 0$$

Mit dieser Angabe kann man die Preis-Absatz-Kurve zeichnen. a markiert dabei den *Reservationspreis,* das ist jener Preis, bei dem die nachgefragte Menge gerade Null ist (Ordinatenabschnitt bei Menge

---

[8] Auf der Ordinate werden hier die Geldeinheiten (Gd) abgetragen!

Null), b die Steigung der Preis-Absatz-Kurve (die man auch durch die erste Ableitung der Nachfragefunktion erhält: $\frac{\partial P}{\partial Q}$).

Der Erlös ergibt sich als Produkt von Preis und Menge, also

$$\begin{aligned} E &= P \times Q \\ &= (a - bQ)Q \\ &= aQ - bQ^2 \end{aligned}$$

und die Ableitung dieser Erlösfunktion nach Q ergibt die Grenzerlösfunktion GE, also

$$\begin{aligned} GE &= \frac{\partial(aQ - bQ^2)}{\partial Q} \\ &= a - 2bQ \end{aligned}$$

Das zeigt, daß der Ordinatenabschnitt der Grenzerlöskurve gleich dem der Preis-Absatz-Kurve, die Steigung der Grenzerlöskurve aber – im linearen Fall – immer *doppelt* so groß wie die der Preis-Absatz-Kurve ist.[9]

Die Erlösfunktion hat den im oberen Teil der Abbildung 5.2 dargestellten Verlauf. Man sieht, daß der Erlös mit zunehmendem Angebot zunächst steigt, dann sein Maximum erreicht (dort ist der Grenzerlös Null) und schließlich wieder fällt. Das Erlösmaximum ist nun aber nicht auch das Gewinnmaximum des Monopolisten![10]

Die Gesamtkostenkurve und die daraus abgeleiteten Grenz- und Durchschnittskostenkurven des Monopolisten unterscheiden sich –

---

[9] Daß die Grenzerlöskurve hier stets unter der Nachfragekurve liegen muß, wird bei der Diskussion der Grenzerlöse (siehe Kap. 4.2.3.2) genauer besprochen.

[10] Nur für den Fall, daß die Grenzkosten des Monopolisten Null sind, bedeutet Umsatzmaximierung gleichzeitig auch Gewinnmaximierung. Solange die Grenzerlöse positiv sind, steigt der Umsatz, und nur wenn mit dieser Umsatzsteigerung *keine* Kosten verbunden, mithin die *Grenzkosten Null* sind, steigt damit auch der Gewinn!

5. Unternehmer und Wettbewerb

mit Ausnahme des natürlichen Monopolisten – nicht von den üblichen Kostenverläufen. Für den Monopolisten ergibt sich die Gewinnmaximierungsbedingung, wie sie für jede andere Unternehmung auch gilt: Das gewinnmaximale Outputniveau ist dort erreicht, wo die steigenden Grenzkosten einer zusätzlichen Outputeinheit den fallenden Grenzerlösen einer zusätzlichen Outputeinheit entsprechen. In formaler Schreibweise

$$GK = GE$$

Graphisch bedeutet dies im unteren Teil der Abbildung 5.2 den Schnittpunkt der (steigenden) Grenzkostenkurve mit der (fallenden) Grenzerlöskurve, im oberen Teil die *Identität der Anstiege* der Erlös- und der Gesamtkostenkurven. Dies entspricht dem Maximum der im oberen Teil der Abbildung eingezeichneten Gewinnfunktion (graphisch hergeleitet durch die vertikale Distanz zwischen Erlösen und Kosten!).

Zwar bestimmt die Gleichheit von Grenzkosten und Grenzerlösen das gewinnmaximierende Outputniveau des Monopolisten, die Höhe des maximalen Gewinns selbst läßt sich jedoch erst durch eine Gegenüberstellung von *Durchschnittserlösen und Durchschnittskosten* beim optimalen Outputniveau errechnen. Vom *Durchschnittserlös*, das ist der Preis P^*, der durch die gewinnmaximale Menge Q^* bestimmt ist, müssen die *Durchschnittskosten* TDK_{Q^*} (totale Durchschnittskosten = Stückkosten), die an der Durchschnittskostenkurve abgelesen werden können, abgezogen werden. Diese Differenz ist der *Stückgewinn*, der noch mit der Outputmenge zu multiplizieren ist.

Formal ergibt sich damit der Gewinn des Monopolisten wie folgt:

$$\Pi = (P^* - TDK_{Q^*})Q^*$$

Graphisch kann man den Gewinn als Fläche des schraffierten Rechtecks (Höhe $(P^* - TDK_{Q^*})$ mal Breite Q^*) im unteren Teil der Abbildung 5.2 ausmachen.

Der abgeleitete Monopolgewinn ist in der Tat eine 'schöne Sache', er ist der Anreiz, die Verlockung, die findig macht. Daß er – wenn es richtig zugeht – nur eine Zeitlang einkassiert werden kann, ist das Resultat des Wettbewerbs, der nunmehr einsetzen wird. Was dann passieren kann, soll nun diskutiert werden.[11]

5.4 'Monopolistische Konkurrenz'

Bringt jemand ein neues Produkt auf den Markt – er wird damit gewissermaßen zu einem Monopolisten – und ist er auch erfolgreich, dann wird er – vorausgesetzt es bestehen *keine ungerechtfertigten Marktzutrittsbeschränkungen* – bald, eher früher denn später, ein Monopolist gewesen sein. Der 'Werdegang' vieler Produkte belegt dies beeindruckend, seien dies Computer, Handies, Schier, Snow- oder Skateboards, Surfbretter oder Squashrackets u.v.a.m.

Stets ist der gleiche Prozeß feststellbar: Ein oder wenige *innovative Unternehmer* 'machen den Markt auf', verdienen eine Zeitlang (sehr) gut, doch dauert es nicht lange, bis viele Mitkonkurrenten sich ebenfalls aus diesem neuen Markt ihren Teil 'herausschneiden' wollen.

Freilich tritt nicht jeder Mitbewerber mit exakt demselben Produkt auf. Jeder versucht nach Möglichkeit, sein Produkt von den Produkten seiner Mitkonkurrenten zu unterscheiden, zu *differenzieren! Produktdifferenzierung* ist hier die von den einzelnen Anbietern verfolgte Strategie. Die Anbieter versuchen, durch eine Vielzahl von differenzierenden Merkmalen ihr Produkt möglichst deutlich von der Konkurrenz abzuheben, um damit bei der Preisgestaltung einen gewissen Spielraum zu gewinnen, mit anderen Worten, eine fallende Nachfragekurve für ihr Produkt zu schaffen.

Jeder ist damit im engsten Sinne des Wortes zwar ein *Monopolist*, aber nur in bezug auf sein *eigenes, differenziertes* Produkt. Dieses konkurriert mit anderen, mehr oder weniger ähnlichen Produkten um

---

[11] Eine genauere Untersuchung der *sozialen Kosten* eines *statisch verstandenen Monopols* folgt im Kapitel 7.

5. Unternehmer und Wettbewerb

die 'Gunst der Haushalte'. Diese Form der Anbieterkonkurrenz bei *nicht homogenen*, also gut unterscheidbaren (*heterogenen*) Produkten und vielen Anbietern nennt man *monopolistische Konkurrenz*. Die Beispiele hiefür sind äußerst zahlreich: Kaufhäuser, Boutiquen, Restaurants, Pizzerias, Gemüseläden sind zumeist ebenso monopolistische Konkurrenten wie die Anbieter von Süßigkeiten, Drinks, Bekleidungsartikel und Möbel und von einer Unmenge anderer Güter.

Mit dem Auftreten von vielen monopolistischen Konkurrenten *steigt das Angebot* einer bestimmten Gütergruppe stark an, was unter sonst gleichbleibenden Umständen einen *Preisverfall* dieser Produkte bedeuten muß. Es wird damit kein Gewinn mehr in dieser Branche zu machen sein. Sogar das Eintreten von Verlusten wird sehr wahrscheinlich. Können Anbieter die Kosten der Produktion nicht mehr decken, dann müssen sie zusperren, d.h. aus dem Markt austreten. Für die verbleibenden Anbieter vergrößert sich dadurch wieder die Nachfrage. Keine Zutrittsbeschränkung bedeutet also auch, daß der Austritt einzelner Anbieter aus dieser Branche ebenfalls jederzeit möglich ist.

Langfristig gesehen, im 'langfristigen Gleichgewicht', einem Zustand, in dem alle möglichen Anpassungsreaktionen an die gegebenen Verhältnisse ausgeschöpft wurden, ist dann nichts mehr zu verlieren, aber auch nichts mehr zu gewinnen. Die Opportunitätskosten der in der Produktion dieser Güter steckenden Ressourcen können gerade noch verdient werden. Dies bedeutet, daß der Durchschnittserlös (der Preis) den Durchschnittskosten gerade entspricht, alle in der Unternehmung eingesetzten Faktoren zu deren Opportunitätskosten entlohnt werden, aber *kein Gewinn im ökonomischen Sinne* – wie beim 'echten' Monopol – erzielt wird.[12] Dies darf keinesfalls als ein 'schlechtes' Ergebnis interpretiert werden. Denn das heißt ja, daß mit den eingesetzten Ressourcen das verdient wird, was in der nächstbesten Verwendungsrichtung verdient werden könnte. Es finden in

---

[12] Siehe dazu genauer den nächsten Abschnitt 5.4.1 und Abbildung 5.3.

den Erlösen also ein Unternehmerlohn ebenso wie die Zinsen für das Eigenkapital Deckung. Und nirgendwo gibt es bessere Verdienstchancen. Damit besteht kein Signal zum Markteintritt und keine Veranlassung für bestehende Unternehmungen zum Marktaustritt. Und alles bleibt, wie es ist: *langfristiges Gleichgewicht.*

5.4.1 Anmerkungen zum langfristigen Gleichgewicht bei monopolistischer Konkurrenz*

Der einzelne monopolistische Konkurrent hält sich genauso an die gewinnmaximierende Entscheidungsregel wie jeder andere Unternehmer auch: Er sucht jenes Outputniveau, bei dem der (fallende) Grenzerlös den (steigenden) Grenzkosten entspricht (siehe Abbildung 5.3.)

Abbildung 5.3:
Langfristiges Gleichgewicht bei monopolistischer Konkurrenz

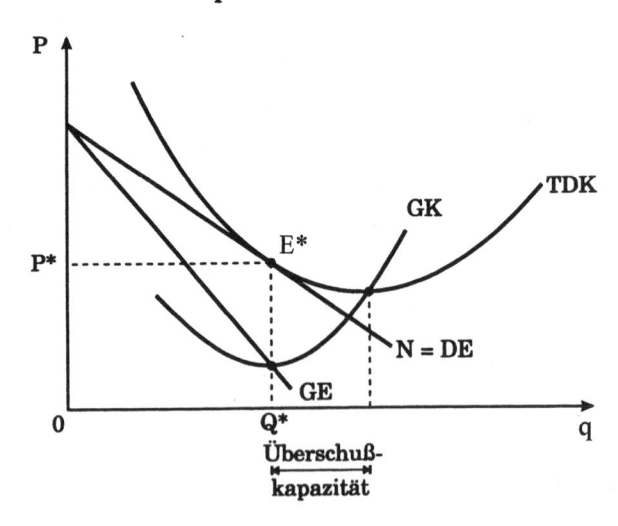

Dieser *erste Schritt* sagt noch nichts über die Höhe des Gewinns bzw. – auch das ist ja möglich – des (in diesem Falle minimierten) Verlustes aus. Erst eine Gegenüberstellung von Durchschnittserlösen und Durchschnittskosten bringt hier Klarheit. Und da zeigt sich nun

5. Unternehmer und Wettbewerb

im *langfristigen Gleichgewicht* der monopolistischen Konkurrenz, daß im 'Gewinnmaximum' die (individuelle) Nachfragekurve sich als Tangente an die Durchschnittskostenkurve legt. Dies entspricht dem Punkt E* in Abbildung 5.3. Denn nur so kann die Bedingung eines langfristig verschwindenden ökonomischen Gewinns gewährleistet werden.

Dieses Gleichgewicht bei monopolistischer Konkurrenz hat nun die bemerkenswerte Eigenschaft, daß die einzelnen Anbieter *nicht* im Minimum ihrer langfristigen Durchschnittskosten operieren. 'Rein' ökonomisch gesehen, erscheint dies nicht sinnvoll, weil nicht effizient. Jede Unternehmung der monopolistischen Konkurrenz hat noch Produktionskapazitäten frei, es herrscht *Überschußkapazität*.[13] Angesichts der großen praktischen Bedeutung dieser Marktstruktur kann man also sagen, daß die freilich auch hier am Werk befindlichen Marktkräfte *nicht* zu einer effizienten Nutzung der Ressourcen führen, weil nicht im Minimum der Durchschnittskosten produziert wird.[14]

Ein besonders einprägsames Beispiel für diese Marktform sind die einzelnen Tankstellen (nicht die Ölkonzerne). Es gibt 'jede Menge' Tankstellen, die zwar an sich alle das gleiche Produkt anbieten, sich aber doch irgendwie voneinander unterscheiden. Jeder einzelne Tankstellenbetreiber ist also ein monopolistischer Konkurrent und bietet sein Produkt in leicht differenzierter Form an: Die Lage der Tankstelle ist ein differenzierendes Merkmal, weiters Selbstbedienung oder Tankwartservice, zusätzlich angebotene Serviceleistungen und auch Handelswaren, aber beispielsweise auch die Freundlichkeit der Bedienung. 'Rein' ökonomisch gesehen gibt es zu viele Tankstellen. Bei einer besseren Organisation 'bräuchte' man vielleicht nur die Hälfte

---

[13] *Kapazität* ist definiert als das Produktionspotential bis zum Minimum der Durchschnittskosten. Bis zu diesem Punkt kann mit *fallenden* Durchschnittskosten (Stückkosten) produziert werden.

[14] Wie das im Modell der vollständigen Konkurrenz, das üblicherweise als Referenzmaßstab für reale Märkte herangezogen wird, der Fall ist. Siehe dazu Kap. 7.2.

der bestehenden Tankstellen, was mit deutlichen Kosteneinsparungen verbunden wäre. Allerdings auch mit einer starken Einschränkung der Vielfalt und Bequemlichkeit des Angebots, also mit einer starken Reduktion der *Wahlmöglichkeiten* der Haushalte.

Es gibt nun nicht nur 'zu viele' Tankstellen, sondern auch 'zu viele' Kaufhäuser, Boutiquen, Restaurants, Pizzerias, Gemüseläden, 'zu viele' Anbieter von Schokoladesorten, Soft-Drinks und Appartments und von vielen anderen Gütern. Für sie alle gilt zwar, daß sie *nicht kostenminimal*, d.h. zum *Minimum der langfristigen Durchschnittskostenkurve* hergestellt werden, doch ist das eben der 'Preis für die Produktvielfalt', der Preis für ein buntes und abwechslungsreiches Angebot! Oder anders herum: Die *Opportunitätskosten* einer Modellwelt, in der viel, viel weniger Produkte, dafür aber günstiger zur Auswahl stünden, wäre der Verzicht auf die bunte Vielfalt, die uns derzeit geboten wird.[15] Jede Alternative hat – wie immer – ihr Plus und ihr Minus, also Vor- *und* Nachteile!

5.5 Die Wachstumsdynamik der Marktwirtschaft

Ob ein Monopol bei differenzierter Betrachtung als 'Fluch' oder als 'Segen' angesehen werden kann, hängt jeweils von der konkreten Erscheinungsform des Monopols ab. Ist es durch eine exzeptionelle Leistung und damit einen allgemeinen Wohlfahrtsbeitrag begründet, ist eine temporäre Monopolstellung gerechtfertigt, ja sogar unverzichtbar. Handelt es sich hingegen um ein 'natürliches' Monopol oder um eines, das aufgrund 'künstlicher' Verknappung besteht, sind daraus resultierende Monopolrenten und Ineffizienzen abzulehnen und zu bekämpfen.

Die weit verbreitete verallgemeinernd negative Beurteilung des Monopols resultiert aus einer Überbetonung der *statischen*, also

---

[15] Ganz abgesehen davon, ist völlig unklar, wie, mit welchen wirtschaftspolitischen Mitteln eine Modellwelt wie die der vollständigen Konkurrenz überhaupt bewerkstelligt werden sollte!

5. Unternehmer und Wettbewerb

auf einen bestimmten *Zeitpunkt* gerichteten Betrachtungsweise und unterschätzt damit die für die Wohlstandsentwicklung bedeutendere *dynamische* Dimension. In der dynamischen Sichtweise werden statische Ineffizienzen zudem geradezu zu einem Auslöser für ihre Überwindung!

> **Man darf die für eine dynamische Wirtschaftsentwicklung entscheidende Anreizfunktion einer temporären Monopolstellung, die Profite im ökonomischen Sinne bedeutet, keinesfalls übersehen! Die Aussicht auf eine temporäre Monopolstellung 'initiiert' die entscheidenden unternehmerischen Aktivitäten und führt in weiterer Folge zu einer Erhöhung der Wohlfahrt der Haushalte, indem die Auswahlmöglichkeiten steigen und die Preise der Güter (real) fallen.**

Etwas vereinfacht, könnte man folgenden 'Zyklus' wirtschaftlichen Geschehens im marktwirtschaftlichen System erkennen:

- Am Beginn steht in gewisser Weise ein Monopol: Ein Unternehmer präsentiert ein neues Produkt, was immer das auch sein mag, ein neues Konsum- oder Investitionsgut, vielleicht sogar eine neue Ressource, die traditionelle Ressourcen oder Energieträger 'überflüssig' macht! Er wird damit zum Monopolisten, schafft sich einen neuen Markt für sein Produkt, auf dem er vorerst der einzige Anbieter bleibt. Es handelt sich dabei um einen *'schöpferischen Akt'*, um einen Prozeß der *Entdeckung der Welt*: Ein *neues* Produkt bedeutet *immer* eine Bereicherung der Wahlmöglichkeiten der Haushalte, die letztlich entscheiden, ob dieses Produkt ankommt oder nicht.

  Mit dieser 'Schöpfung' können alte Marktstrukturen, Angebots- und Nachfragebeziehungen 'zerstört' werden, die Konkurrenz (aller Unternehmungen um das Budget der Haushalte) wird aber jedenfalls neu belebt.[16]

Deshalb kann man sagen: Das Monopol, im Sinne von zumindest temporären Monopolrenten, ist unerläßlich für das wirtschaftliche Weiterkommen, d.h. für das Wirtschaftswachstum.

- Findet das vom Monopolisten angebotene Produkt eine breite Akzeptanz bei den Haushalten, dann gibt es viel zu verdienen. Jetzt hängt es entscheidend von den *Marktzutrittsbedingungen* ab, was passiert. Zutrittsbeschränkungen können in bestimmten Fällen ökonomisch sinnvoll – Motivationsfunktion des Patent-, Marken- und Urheberrechtsschutzes – und gerechtfertigt sein – Schutz vor unerlaubter Benützung der eigenen Ideen – oder aber in ungerechtfertigter Weise Monopole schützen.

- Unterstellt man *'freien' Marktzutritt* bei grundsätzlicher Wahrung der Eigentumsrechte, so werden im geschilderten Szenarium neue Unternehmungen auf diesen Markt drängen und ähnliche (differenzierte) Produkte anbieten: Es entsteht die Marktform der *monopolistischen Konkurrenz*. Durch das gestiegene Angebot fällt der Preis dieser Produkte, damit aber auch der Gewinn des 'Entdeckers' und seiner Imitatoren. Im *langfristigen Gleichgewicht* verdienen alle in diesem Markt eingesetzten Ressourcen 'lediglich' ihre Opportunitätskosten.[17]

---

[16] Der schon erwähnte österreichische Nationalökonom *Joseph A. Schumpeter* bezeichnete solche für die Wachstumsdynamik des Kapitalismus verantwortlichen innovativen Unternehmer als *Pionierunternehmer* und ihre Tätigkeit als eine *schöpferische Zerstörung*.

[17] Ein *langfristiges Gleichgewicht* ist eine modellhafte Vorstellung, die die *Tendenz* bzw. das *Ergebnis* eines Prozesses anzeigt. Da in der Realität ständig 'schöpferische Zerstörungen' stattfinden, ist der tatsächliche Eintritt solcher langfristigen Gleichgewichtszustände im Sinne eines zum Abschluß gekommenen Prozesses äußerst unwahrscheinlich, die langfristigen durchschnittlichen Verdienstchancen in dieser Branche beschreibt es dennoch zutreffend.

5. Unternehmer und Wettbewerb

- Bevor es aber noch soweit ist, kann es aufgrund der nunmehr intensiven Konkurrenz der Anbieter auch zu empfindlichen Verlusten einzelner Unternehmungen kommen, die damit die Branche, in der jetzt kaum noch etwas oder nichts mehr zu holen ist, verlassen müssen.[18]

- Die verbleibenden Unternehmungen unterliegen durch den Wettbewerb einem großen *Rationalisierungsdruck.* Jetzt kommt es entscheidend auf die Technologie an! Die Frage ist, *in welchem Verhältnis die Kapazität der optimalen Betriebsgröße zur Marktnachfrage insgesamt steht bzw. wie sich dieses Verhältnis absehbar entwickeln wird.*

Grundsätzlich sind dann drei Möglichkeiten denkbar:

1. Die Kapazität der optimalen Betriebsgröße gestattet die Existenz *vieler* Unternehmungen mit mehr oder weniger stark differenziertem Output (z.B. Pizzerias, Kaffeehäuser, Reisebüros und viele kleine Einzelhandelsbetriebe). Es bleibt bei der Marktform der *monopolistischen Konkurrenz.*

2. Die Kapazität der optimalen Betriebsgröße gestattet die Existenz *nur weniger* Unternehmungen (beispielsweise Schi- oder Tennisracketproduzenten, Banken und Fluglinien). Dann wird sich die Marktform des *Oligopols* herausbilden: Wenige Anbieter kämpfen um Marktanteile bzw. 'teilen' sich den Markt untereinander auf.[19] Ein gutes Beispiel hiefür sind Banken

---

[18] Nicht zu vergessen bei diesem Prozeß ist freilich die Nachfrageseite: Solange die Nachfrage stark genug wächst, wie beispielsweise in der Computer-Software-Banche, kann trotz Eintritt neuer Konkurrenten für alle ausreichend Marktpotential vorhanden sein.

[19] Damit wird die Beachtung der *Reaktion der Konkurrenten auf eine Aktion eines Oligopolisten* unabdingbar. Situationen, in denen ein Anbieter die Reaktion seiner Mitanbieter explizit mitberücksichtigen muß, nennt man *strategische Situationen.* Hier ergibt sich ein weites Betätigungsfeld für die *Spieltheorie,* die derartige strategische Situationen modelliert.

bzw. Fluglinien. Wenige, aber zumeist sehr große Institute/Unternehmungen 'teilen sich den Markt'. Wenn ein Anbieter mit besseren Konditionen auf den Markt tritt, um damit neue Marktanteile zu gewinnen, kann er *nicht* davon ausgehen, daß dies von seinen Konkurrenten *reaktionslos* hingenommen wird. Auch sie werden ihre Konditionen entsprechend verbessern müssen, wollen sie ihren Marktanteil behaupten bzw. wieder zurückgewinnen. Wenn das Spiel so weitergeht, bedeutet das für alle Oligopolisten saftige Gewinneinbußen, mitunter schmerzliche Verluste.

Da die Oligopolisten sehr schnell bemerken, daß sie sich mit einem solchen Wettbewerbsverhalten selbst am meisten schaden (zur Freude der Konsumenten), und es bei wenigen Beteiligten leicht ist, eine Vereinbarung zu treffen (die *Transaktionskosten* der Organisation einer solchen Zusammenkunft sind sehr gering), ist die Wahrscheinlichkeit sehr hoch, daß es tatsächlich zu Absprachen zur Entschärfung des Wettbewerbs bzw. über eine für die Konsumenten nachteilig hohe Preissetzung (*Kartellvereinbarungen*) kommt. Trifft das zu, so spricht man von einem *kollusiven Oligopol*. Im Extremfall verhalten sich dann die Oligopolisten wie ein Monopolist, weil sie damit das für sie *gemeinsam* beste Ergebnis erzielen können. Allerdings besteht bei einem solchen Arrangement für den *einzelnen* Oligopolisten eine große Versuchung, zum hohen Preis zusätzliche, nicht genehmigte Mengen zu verkaufen. Wird dieser Versuchung von den meisten Oligopolisten nachgegeben, dann fallen die Preise schließlich doch. Gerade auf oligopolistisch strukturierten Märkten beobachtet man oft einen besonders harten Wettbewerb – man denke nur an den der Fluglinien –, der zur Freude der Konsumenten mit Preissenkungen und Qualitätsverbesserung verbunden ist.

5. Unternehmer und Wettbewerb

3. Die Kapazität der optimalen Betriebsgröße gestattet lediglich ein einziges Unternehmen: Es entwickelt sich das *natürliche Monopol*.

Oligopol und natürliches Monopol sind in der Realität durchaus nicht selten anzutreffende Marktformen und verlangen nach rigoroser staatlicher Aufsicht bzw. Kontrolle. Wie diese staatliche Kontrolle ausschauen soll, darüber gehen die Meinungen auseinander. Der staatliche Eingriff kann unterschiedlicher Art sein. Er kann einmal darin bestehen, Unternehmungszusammenschlüsse, die zu einem dominierenden Marktanteil führen, überhaupt zu verhindern, bzw. andererseits darin, die Märkte der wenigen Anbieter *offenzuhalten*, also jegliche Art von Marktzutrittsbeschränkungen zu eliminieren. Sind die Märkte offen, besteht also die *Gefahr des Eintritts potentieller Konkurrenten*, dann erwartet man, daß die 'Monopolisten' und Oligopolisten in ihrer Preisgestaltung sehr vorsichtig sein werden, wollen sie nicht selbst den Marktzutritt neuer Konkurrenten *provozieren*. Verlangen sie nämlich hohe Preise, so geben sie das *Signal* für den Eintritt von neuen Konkurrenten bzw. initiieren umso schneller *Substitutionsprozesse*, die schließlich einmal Erfolg haben werden. Damit schrumpft aber die Nachfrage nach dem eigenen Produkt und dessen Preis fällt.

Allein die mögliche Gefährdung durch potentielle Mit-Wettbewerber sollte also die bestehenden Unternehmungen in ihrem Verhalten disziplinieren, d.h. dazu veranlassen, die Preise nicht wesentlich über die tatsächlichen Kosten zu setzen. Deshalb ist das *'Offenhalten der Märkte'* die Pflicht der Wirtschaftspolitik.

> Märkte, bei denen der Zutritt neuer (potentieller) Konkurrenten, aber auch der Austritt von Unternehmungen ohne größere Schwierigkeiten, also ohne nennenswerte Kosten, möglich ist, nennt man contestable markets. Ist dies der Fall, dann wird erwartet, daß das langfristige Marktergebnis unabhängig von der Anzahl der Konkurrenten keine Gewinne im ökonomischen Sinn erlaubt, daß also nicht mehr als die Opportunitätskosten aller eingesetzten Ressourcen gedeckt werden können. Denn sobald in dieser Branche ökonomische Gewinne erwirtschaftet werden, tauchen neue Unternehmungen auf diesem Markt auf – es bestehen ja keine Zutrittsbeschränkungen –, erhöhen das Angebot und bringen durch den damit verbundenen Preisverfall die Gewinne wieder zum Verschwinden. Erhöhtes Angebot und geringere Preise bedeuten aber jedenfalls eine Steigerung der Wohlfahrt der Haushalte.

Um diese Wohlfahrtseffekte zu realisieren, geht es also nicht so sehr um das konkrete Ausmaß der Konkurrenz bestehender Unternehmungen *in* einem Markt, sondern um die Möglichkeit des Wettbewerbs existierender *und potentieller* Unternehmungen *um* einen Markt. Allein schon die Gefahr potentieller Mitbewerber *diszipliniert* die existierenden Unternehmungen!

Die 'Herstellung' von *contestable markets*, also die Aufrechterhaltung der Offenheit monopolistisch oder oligopolistisch strukturierter Märkte, ist eine *zentrale Aufgabe der staatlichen Wirtschaftspolitik*.

5. Unternehmer und Wettbewerb

> Wohlstandsfördernder Wettbewerb entsteht aus dem Zusammenspiel von Innovation und Imitation, aus der Entstehung und anschließenden Diffusion temporärer Monopolrenten. Es ist die Aufgabe der Wirtschaftspolitik, die diesbezüglichen Spielregeln festzulegen, d.h. sowohl die Anreize zur Bildung von Monopolrenten (Patent-, Urheberschutz- und Markenrecht), als auch zur Diffusion von Monopolrenten durch das grundsätzliche Offenhalten der Märkte sicherzustellen.

In den Fällen, in denen der Zutritt zu Märkten in irgendeiner Weise gröberen Beschränkungen unterliegt, besteht demnach ein wohlbegründeter wirtschaftspolitischer Handlungsbedarf des Staates. Er hat für Wettbewerb zu sorgen, d.h. Märkte offen zu halten, beispielsweise durch den Abbau von Zöllen und sonstigen Handelsbeschränkungen. Denn *individuelles* Vorteilsstreben, und das zielt nun einmal – ökonomisch gesprochen – auf eine Monopolstellung ab, ist nur bei Wettbewerb zu rechtfertigen, denn nur dann führt es – wie in *Adam Smiths Theorem der unsichtbaren Hand* postuliert – auch zu einer *allgemeinen* Wohlstandserhöhung.

All diese Überlegungen zeigen, daß der innovative Unternehmer *die zentrale Figur* im marktwirtschaftlichen Wachstumsprozeß darstellt. Angespornt durch die Aussicht auf Gewinn sucht er ständig nach neuen, besseren Produkten einerseits und kostengünstigeren Technologien andererseits. Kostengünstigere Technologien bedeuten höhere Produktivität und damit einen Vorsprung gegenüber anderen Anbietern, denn nur dadurch können die Unternehmer die Preise für ihre Produkte senken. Dies freut die Haushalte: Bei sinkenden Preisen erhöht sich ihr Wohlstand, ihr *Realeinkommen* steigt, sie können sich nun mehr Güter leisten. Sie können aber auch mehr sparen![20] Gestiegene Produktivität aufgrund technischer Neuerungen bedeutet aber auch, daß ceteris paribus weniger Arbeitskräfte benötigt, einige also freigesetzt werden. Das freut die Haushalte, die ja auch Anbieter von Arbeitsleistungen sind, gar nicht. Auch hier erweist sich der innovative Pionierunternehmer als unverzichtbar. Denn er setzt ja nicht nur produktivere Technologien ein, sondern generiert auch neue Bedürfnisbefriedigungsmöglichkeiten durch attraktive *neue* Güter, die von den nunmehr reicheren Haushalten (gestiegenes Realeinkommen!) gekauft werden. In der Produktion dieser neuen Güter finden auch jene Arbeitskräfte Beschäftigung, die durch den technologischen Fortschritt freigesetzt wurden.

Übersicht 5.2:
Die marktwirtschaftliche Wachstumsdynamik
und der innovative Unternehmer

1. Die Aussicht auf Gewinn bewirkt technologische Neuerungen, die zu einer Erhöhung der Produktivität führen.

↓↓

2. Das bedeutet (real) fallende Preise der Güter und damit ceteris paribus eine Erhöhung der Realeinkommen der Haushalte.

↓↓

---

[20] Das erhöhte Sparen der Haushalte ebenso wie die Gewinne der Unternehmungen begünstigen über die damit bewirkte Reduktion des Zinssatzes (= Kosten des Kapitals) das Investieren der Unternehmungen. Damit ergibt sich ein weiterer expansiver Impuls!

> **3.** Die Haushalte können sich nun mehr Güter leisten, aber auch mehr Sparen (was ceteris paribus zu einem Sinken der Zinsen führt und damit die Investitionstätigkeit stimuliert).

↓↓

> **4.** Die Erhöhung der Produktivität bedeutet aber freilich auch die Freisetzung von Arbeitskräften.

↓↓

> **5.** Damit diese Arbeitskräfte wieder Beschäftigung finden, bedarf es erneut innovativer Pionierunternehmer, die attraktive neue Güter in Gewinnerzielungsabsicht produzieren und anbieten. Sie schaffen damit einerseits neue Beschäftigungsmöglichkeiten, andererseits ein breiteres Güterangebot für die Haushalte.

↓↓

> Die Marktwirtschaft stellt also ein Anreizsystem dar, das ständige technologische Verbesserungen sowie die kontinuierliche Entwicklung neuer Güter bewirkt.

Die damit verbundenen Wohlfahrtseffekte durch das Steigen der Realeinkommen der Haushalte schaffen einerseits die *nachfrageseitige* Voraussetzung für das Entstehen neuer Märkte, andererseits erlauben sie eine *erhöhte Kapitalakkumulation,* also einen Anstieg der Investitionen. Die dadurch ermöglichte Ausweitung der Produktion wird in der Regel mit *Lerneffekten* verbunden sein: Je mehr produziert wird, desto mehr Erfahrungen können im Produktionsprozeß gewonnen werden, die sich wiederum kostensenkend auswirken.

> **Unter Lerneffekten versteht man das Fallen der Stückkosten als Folge des kumulierten Outputs: Je mehr produziert wird, desto mehr wird gelernt.** Diese vom Umfang der vergangenen Produktion abhängigen Erfahrungen schlagen sich regelmäßig in Senkungen der Stückkosten nieder.

Der Wettbewerb sorgt dann wieder dafür, daß diese Stückkostensenkungen letztlich den Haushalten über geringere Preise zugute kommen.

5.6. Resümee

Faßt man das Monopol nicht in einer zu engen und damit realitätsfernen Weise als eine statische, ein für allemal feststehende Marktform, sondern als die *Möglichkeit temporärer Monopolrenten* auf –, dann zeigt sich, daß ein so verstandenes Monopol 'Segen' (Plus) in Form von allgemeinen Wohlstandsgewinnen bringt, aber auch zu einem Problem (Minus) werden kann:

- Zum 'Segen': Die Marktwirtschaft ist ohne das 'Zuckerbrot' (zumindest) temporär einkassierbarer Monopolrenten einerseits *und* die Peitsche der darum sich entwickelnden Konkurrenz andererseits *nicht* denkbar. Beide Phänomene bedingen einander: Die kurzfristige Monopolstellung und ihre ständige Gefährdung bzw. 'Vernichtung' durch den aufkommenden Wettbewerb.

  Eine beständige und umfassende Verbesserung der Güterversorgung basiert im wesentlichen auf diesem *Anreiz, der Aussicht auf eine Monopolrente* und dem dann folgenden *Disziplinierungsmechanismus der Konkurrenz*.

5. Unternehmer und Wettbewerb

Essentiell ist in diesem Zusammenhang die *Offenheit der Märkte. Neue* Produkte müssen – bei Wahrung auch des geistigen Eigentums von Erfindern – *ohne wesentliche administrative, technologische, materielle und immaterielle Schwierigkeiten* auf den Markt kommen und damit in vielen Fällen gleichzeitig alte Marktpositionen gefährden, vielleicht sogar 'vernichten' können.

- Zum 'Fluch': Technologische Bedingungen und Konkurrenzdruck zwingen die Unternehmungen zur Rationalisierung, und das bedeutet auch Unternehmungszusammenschlüsse. Aus vielen Konkurrenten werden wenige, ganz wenige (Oligopol) oder gar nur mehr einer (natürliches Monopol). Aus Effizienzgründen ist diese Entwicklung durchaus zu begrüßen (die Stückkosten der Produktion sinken, weil in sehr großen Einheiten produziert werden kann). Gleichzeitig wächst jedoch aufgrund mangelnder Konkurrenz die Gefahr, die Preise übergebührlich über die Durchschnittskosten zu setzen, was bedeutet, daß die Vorteile der Großproduktion nicht entsprechend an die Konsumenten weitergegeben werden.

Sind die Märkte aber prinzipiell offen, dann ist es sehr schwierig, ein 'echter' Monopolist zu bleiben. Dieses 'Offensein' der Märkte kann bisweilen wirtschaftspolitisch schwer zu bewerkstelligen sein. In nicht wenigen Fällen stellen beispielsweise immense Kapitalerfordernisse (fast) unüberwindliche Eintrittsbarrieren dar. Deshalb kommt zum dringlichen wirtschaftspolitischen Imperativ des 'Offenhaltens' der Märkte (beispielsweise kein Zollschutz!) noch die Forderung nach einer starken staatlichen *Überwachungsinstitution* für oligopolistisch und 'natürlich-monopolistisch' strukturierte Märkte hinzu.

Allerdings zeigt ein Blick in die Praxis, daß mitunter jene Institutionen, d.s. die Regierungen bzw. Bürokraten, anstatt vor Monopolen und übermäßigen Machtzusammenballungen auf Märkten zu schützen, geradezu selbst die Bedingungen für die Existenz von Monopolen schaffen bzw. existierenden Monopolen sogar oft durch Zölle und andere (Außen-)Handelsbeschränkungen Schutz gewähren. *Rent-Seeking*-Aktivitäten zielen letztlich darauf ab, eine vom Staat (Politikern und Bürokraten) gewährte Monopolstellung zu erlangen und – einmal erobert – auch zu behalten.[22] Jene Mittel, die zur Erlangung und zur Aufrechterhaltung von solchen staatlich abgesicherten Monopolstellungen verwendet werden, bringen natürlich *keine* Verbesserung der Güterversorgung – wie etwa bei normalen Wettbewerbsprozessen – mit sich, sondern sind (im Kampf bzw. im Wettbewerb um die Monopolstellung) für produktive Einsätze verloren.

5.7 Einige Anmerkungen zum Oligopol*

Von der *Marktform des Oligopols* spricht man dann, wenn eine *geringe Anzahl von Anbietern* entweder ein *homogenes* Produkt (z.B. Papier, Zement, Saatgut, Flugreisen ...) oder *differenzierte* Produkte (z.B. Bier, Autos, Zigaretten, Suppen etc.) anbieten, wobei gerade aufgrund der wenigen Anbieter ein sehr *hoher Grad an Interdependenz* unter ihnen besteht. Ein weiteres entscheidendes Charakteristikum eines Oligopolmarktes ist die *Schwierigkeit des Marktzutritts* – es handelt sich oft um große Unternehmungen aufgrund von steigenden Skalenerträgen (auch in der Sales Promotion). Eine oligopolistische Angebotsstruktur ergibt sich also oft aufgrund des Verhältnisses der optimalen Betriebsgröße zur Marktgröße insgesamt.

Durch die geringe Anzahl von Anbietern gibt es auf einem Oligopolmarkt identifizierbare Gegner/Spieler, deren Aktionen sofort erkannt werden, weil sie die Situation der anderen unmittelbar betreffen. Daher führen *Aktionen* eines Oligopolisten in der Regel sofort zu *Reaktionen* der anderen Oligopolisten.

---

[22] Vgl. dazu insbesondere Kap. 10.1.

5. Unternehmer und Wettbewerb

Art sowie Resultat des oligopolistischen Wettbewerbsprozesses sind deshalb unsicher, weil es zumeist eine Fülle von Aktions- und Reaktionsmöglichkeiten der Oligopolisten gibt.

Grundsätzlich haben die Oligopolisten aufgrund der geringen Transaktionskosten der gegenseitigen Kontaktaufnahme, der großen Gewinnmöglichkeiten bei Absprachen sowie aufgrund der Tatsache, daß Übertreter dieser Abmachungen in der Regel sofort identifiziert werden können, die *Möglichkeit und auch den Anreiz*, den Wettbewerb unter ihnen auszuschalten. Sie bilden also ein *Kartell* – was freilich verboten ist – und verhalten sich im für sie besten Fall wie ein Monopolist. Sie können dadurch die Unsicherheit reduzieren und den gemeinsamen Gewinn maximieren.

Indem sie sich wie ein Monopolist verhalten, also die angebotene Menge *reduzieren, erhöht* sich der Marktpreis entsprechend der Marktnachfragekurve zum Nachteil der Nachfrager. Allerdings setzt dies voraus, daß sich die Oligopolisten auch an die Abmachungen halten. Dies ist für sie deshalb besonders schwer, weil in dieser Situation für den *einzelnen* Oligopolisten der Anreiz sehr groß ist, mehr als die vereinbarte (d.i. die ihm zugewiesene) Menge zu verkaufen. Dieser Verlockung wird nun sehr oft nachgegeben (es besteht ja auch die Möglichkeit, 'heimlicher' Preisnachlässe), was zum Fallen des Preises und zu Gewinnreduktionen der Oligopolisten im Vergleich zu der für sie optimalen Monopollösung führt. Es gilt: Je größer die Anzahl der Oligopolisten, desto schwieriger das Zustandekommen des Kartells und desto wahrscheinlicher sein Zerfall.

Ein schönes Beispiel dafür liefert das OPEC-Kartell. Hier werden 'Zielpreise' gesetzt, die aber nur dann gehalten werden können, wenn insgesamt nur eine bestimmte Menge Rohöl angeboten wird. Jeder Oligopolist muß also zunächst seine Quote akzeptieren und sie dann auch einhalten. Wie die Praxis zeigt, ist beides besonders schwer. Zur Freude der Nachfrager wird damit insgesamt mehr angeboten, was zu einem Fallen der Preise führt.

Zur Modellierung der in einer Oligopolsituation bestehenden *strategischen* Abhängigkeiten wird die *Spieltheorie* herangezogen. Dazu ein Beispiel: Für die zwei Oligopolisten ($i = 1, 2$) – man spricht hier von einem *Duopol* ('Zwei-Personen Spiel') – gibt es zwei Handlungsstrategien, eine kooperative Strategie (A) – sie verhalten sich dann wie ein Monopolist und erzielen einen höheren Gewinn – und eine nicht-kooperative Strategie (B) – sie stehen dann im Wettbewerb und haben damit einen geringeren Gewinn. Die entsprechenden Ergebnisse (Gewinne) sind in der nachfolgenden *Auszahlungsmatrix* dargestellt:

Gewinne der Duopolisten i = 1, 2
für unterschiedliche Strategien A und B
(Auszahlungen in Geldeinheiten)

	A_2	B_2
A_1	(20 000, 20 000)	(5 000, 30 000)
B_1	(30 000, 5 000)	(10 000, 10 000)

Die Frage, die sich für die beiden Duopolisten stellt, ist, wie man sich in Abhängigkeit von der gewählten Strategie des anderen optimal verhalten soll? Hat Duopolist 2 Strategie A gewählt (Spalte A_2), so ist es für den Duopolisten 1 besser, die Strategie B zu wählen. Denn dann erzielt er einen größeren Gewinn (30 000 statt 20 000 Geldeinheiten). Hat Duopolist 2 jedoch die Strategie B gewählt (Spalte B_2), so ist es für den Duopolisten 1 *ebenfalls besser*, die Strategie B zu wählen. Denn dann erwirtschaftet er einen größeren Gewinn

5. Unternehmer und Wettbewerb

(10 000 statt 5 000 Geldeinheiten). Resultat: Egal, wie sich Duopolist 2 verhält, für Duopolist 1 ist es *immer besser*, die Strategie B zu wählen. Analoges gilt für den Duopolisten 1, wenn Duopolist 2 zuerst wählt. Es gibt also eine *dominante* Strategie, d.i. eine, die unabhängig von der Strategie des Gegenspielers immer die beste ist, und diese ist im Beispiel für beide Spieler die Strategie B.

Wird dieses Spiel also einmal durchgeführt, dann gibt es ein *Nash-Gleichgewicht* [23] nämlich B_1, B_2, das allerdings für beide Oligopolisten zusammengenommen nicht optimal ist. Die *dominante* Strategie liegt hier nicht in der Kooperation. Dies stellt beide Duopolisten schlechter, als wenn sie die kooperative Strategie A wählen würden.[24]

Allerdings ändert sich die Lage bei *wiederholtem* Spiel, wenn die letzte Spielrunde nicht mit Sicherheit bekannt ist. Dann muß in jedem Zeitpunkt neu entschieden werden, ob kooperiert wird oder nicht. Die Duopolisten lernen aus dem Marktergebnis und können einer angebotenen Kooperationsstrategie zum eigenen Vorteil zustimmen. In dieser Situation steigt also die Wahrscheinlichkeit für eine Kooperationslösung stark an.

Aufgrund der wahrgenommenen Interdependenzen im Oligopol – die Oligopolisten lernen aus ihrem Verhalten – ergibt sich oft *automatisch* ein *kollusives* Verhalten, also eine Zusammenarbeit, *ohne daß explizite* Absprachen getroffen werden.

Die Praxis oligopolistischer Märkte zeigt jedoch, daß sie in der Regel keineswegs wettbewerbslos sind – man denke bloß an 'Schlacht' der Airlines! Der Wettbewerb wird dabei entweder über die *Variation der Produktqualität*, also *Produktdifferenzierung* oder über *Preiskämpfe* ausgetragen. Das Marktergebnis kann durchaus 'optimal' im Sinne der bestmöglichen Versorgung der Haushalte sein, d.h. letztlich kann der Marktpreis den Grenzkosten entsprechen. Warum sollten zwei

---

[23] Unter einem Nash-Gleichgewicht versteht man eine Situation, in der es für keinen Spieler – bei gegebener Strategie des Gegenspielers – einen Grund für eine Veränderung seiner Strategie gibt.

[24] Eine solche Situation nennt man in der Spieltheorie ein *Gefangenen-Dilemma*.

Unternehmungen, die ein homogenes Gut anbieten, dessen Preis, der anfänglich über den Grenzkosten liegt, nicht senken, um Marktanteile zu gewinnen? Senkt nun eine Unternehmung den Preis geringfügig unter den der anderen Unternehmung, dann würde sie den ganzen Markt gewinnen. Die andere Unternehmung antwortet darauf mit einer weiteren Preissenkung. Dieses Spiel setzt sich solange fort, bis beide Oligopolisten den Preis auf die Grenzkosten gesenkt haben.[25]

---

[25] Dies ist die Aussage des *Bertrand-Modells*.

6. Angebot und Nachfrage: Information und Koordination

6.1 Koordination der arbeitsteiligen Produktion über Märkte

Die Produktivität und damit das verfügbare Güter- und Dienstleistungsvolumen kann – wie bereits festgestellt wurde – durch Arbeitsteilung und Spezialisierung enorm erhöht werden. Das dann auftretende Problem ist das der *Koordination arbeitsteiliger Produktion*.

Diese Koordinationsaufgabe erfüllen im marktwirtschaftlichen System *zwei* ganz unterschiedliche *Institutionen*. Zum einen die Unternehmung, in der bei der Produktion von Gütern und Dienstleistungen die jeweils zu verrichtende Arbeit geplant, eingeteilt und verschiedenen Personen zugeteilt wird, in der ein Arbeitnehmer unter der Aufsicht seiner Vorgesetzten steht und mehr oder weniger genaue *Anweisungen* erhält, was wie zu tun ist. Man spricht von *unternehmensinterner* Arbeitsteilung. Es existiert hier eine *hierarchisch aufgebaute Organisation*, in der (hoffentlich) die besten Köpfe mit der Leitung, Planung und Koordination des Produktionsprozesses befaßt sind. Um die richtigen Entscheidungen treffen zu können, bedarf es neben fachlicher Kompetenz vor allem auch ausreichender *Informationen*, die zunächst einmal aufwendig beschafft und weiterverarbeitet werden müssen. Die Informationsbeschaffung bindet kostbare (knappe) Ressourcen, vor allem Zeit. Zum anderen bedarf es auch einer Organisation, die sicherstellt, daß die von *von oben, zentral* erteilten Anweisungen ('Befehle') auch entsprechend ausgeführt werden. Es ist nämlich keineswegs ohne weiteres sichergestellt, daß der Adressat der Anweisung das tut, was von ihm verlangt wird, insbesondere dann, wenn dies für ihn mit Mühen verbunden ist. Deshalb müssen die Beschäftigten regelmäßig beaufsichtigt werden. Es müssen also wiederum (knappe) Ressourcen zur *Überwachung* abgestellt werden. Auch diese Ressourcen sind ebenso wie jene für die Informationsbeschaffung und - verarbeitung für Produktionszwecke natürlich nicht mehr verfügbar. In der als 'sichtbare Hand' bezeichenbaren *Koordinationsform* 'Unternehmung' wird also die bewußte menschliche Organisation der Arbeitsteilung und die Planung des Produktionsprozesses sichtbar wie auch die damit verbundenen (und keineswegs geringen) Kosten.[1]

Die *zweite Form* der Koordination der arbeitsteiligen Produktion erfolgt nun nicht über eine hierarchische, *zentralistische* Organisation, über Anweisungen von oben, sondern durch die *dezentral* funktionierende Marktwirtschaft selbst, über *Preise*. Diese *bilden sich auf den Märkten als Ergebnis von Angebot und Nachfrage* und zeigen den Wirtschaftsakteuren an, welche wirtschaftliche Aktivität erwünscht ist und welche nicht. *Dezentral* ist diese Form der Koordination deshalb, weil sich die jeweiligen Preise einerseits auf räumlich differenzierten Märkten (verstreut über die ganze Volks- bzw. Weltwirtschaft) durch die *dezentralen Entscheidungen* der Wirtschaftssubjekte ergeben, andererseits die Wirtschaftssubjekte in Kenntnis dieser Preise und anderer nur *dezentral vorliegender Informationen* (wie beispielsweise ihrer Ressourcenausstattung) *selbst, also wiederum dezentral,* ihre Ressourcenverwendungsentscheidungen treffen.[2]

Die *Preise* übernehmen im marktwirtschaftlichen System die unverzichtbare Funktion der Koordination der heute weltweit ablaufenden (!) arbeitsteiligen Produktion. Preise sind es, die die wirtschaftlichen Aktivitäten der einzelnen wirtschaftenden Einheiten, der Haus-

---

[1] Die *Existenz* von Unternehmungen läßt sich auf den Umstand zurückführen, daß die Abwicklung von Transaktionen *in* Unternehmungen günstiger kommt als über Märkte. Es wird *einmal* Arbeitskraft eingekauft, die dann – unter der Weisung von Vorgesetzten – in der Unternehmung jederzeit zur Verfügung steht und für viele verschiedene Aufgaben eingesetzt werden kann. Der Bezug dieser Dienstleistungen über Märkte kann aufgrund der mangelnden Spezifizierbarkeit der Leistung nicht bzw. nur sehr schwer möglich sein, wäre aber jedesmal mit Transaktionskosten verbunden. Unternehmungen bestehen also, weil dadurch *Transaktionskosten* gesenkt werden können.

[2] Siehe dazu genauer Kap. 9.1.

6. Angebot und Nachfrage

halte und der Unternehmungen, in gesellschaftlich erwünschte Bahnen lenken. Sie verhindern damit, daß knappe Ressourcen für die Produktion von Gütern verwendet werden, die nicht erwünscht sind und daher keinen Nutzen stiften.

> **Preise stellen wichtige, hoch komprimierte Informationen dar, sie signalisieren relative Knappheiten und lenken damit die knappen Ressourcen in jene Verwendungsrichtungen, in denen sie, signalisiert durch die jeweilige Nachfrage der Haushalte, am dringendsten benötigt werden. Hier zeigt sich deutlich: Gewirtschaftet wird, um menschliche Bedürfnisse bestmöglich zu befriedigen.**

Es ist der Preismechanismus, der Mechanismus von Angebot und Nachfrage, der das ökonomische Grundproblem in all seinen tausenderlei Ausprägungen – vom täglichen Brot bis zum Camcorder – durch die Bildung eines Preises konkretisiert, damit signalisiert, was knapp ist und was nicht, und anzeigt, *was* in welchen Mengen *produziert werden soll*.

> **Preise bilden sich auf Märkten. Sie sind immer das Ergebnis zweier entscheidender Einflußfaktoren: des Angebots und der Nachfrage. Ökonomisches Denken ist daher im wesentlichen immer ein Denken in den Kategorien von Angebot und Nachfrage!**

Deshalb werden im folgenden

- die Konzepte Angebot und Nachfrage vorgestellt,
- das zur *Preisbildung führende Zusammenwirken* von Angebot und Nachfrage und

- das zentrale marktwirtschaftliche Moment des *Wettbewerbs* sowie die

- daraus abzuleitenden Ergebnisse und Folgewirkungen analysiert.

Damit ergibt sich ein klares Bild über die Funktionsweise von Marktwirtschaften.[3]

6.2 Die Marktnachfrage

Die Nachfrage nach Gütern und Dienstleistungen hängt auf der Ebene des einzelnen Konsumenten von den individuellen Vorlieben, Geschmäckern, Wünschen, kurz: von dem, was er *will,* sowie von dem, was er sich leisten *kann,* ab. Von den unendlich vielen Gütern, die tagtäglich angeboten werden, gefallen einem Konsumenten nur wenige. Daraus läßt sich schließen: Der Geschmack, die Vorlieben – man spricht hier von den *Präferenzen der Haushalte* – bestimmen wesentlich seine *Kaufbereitschaft.* Doch dies allein reicht (leider) für eine *kaufkräftige* Nachfrage nicht aus! Zur individuellen Kaufbereitschaft muß sich stets die *Fähigkeit* gesellen, das in Frage kommende Gut auch bezahlen zu *können:* Eine entsprechende finanzielle Ausstattung also, die die *Kauffähigkeit* des Haushalts sicherstellt.

Ein Haushalt wird also nur solche Güter nachfragen, die ihm Nutzen stiften <u>und</u> die er sich aufgrund seines Budgets auch leisten kann.

6.2.1 Das Gesetz der Nachfrage

Treffen diese beiden Voraussetzungen zu, dann ist noch die Frage zu klären, wie der Haushalt den mengenmäßigen Konsum eines von ihm

---

[3] Bei diesem Vorgehen zeigt sich besonders deutlich der 'Anspruch' einer *Theorie:* Es geht hier nicht um ein einfaches empirisches 'Sich-Auskennen', sondern um ein *systematisches,* also die *Zusammenhänge aufdeckendes Wissen,* womöglich in Form von *Gesetzen,* das nicht nur umfassende und überprüfbare *Erklärungen* liefert, sondern auch die *Prognose* künftiger Ereignisse erlaubt.

6. Angebot und Nachfrage

präferierten Gutes bei unterschiedlichen Preisen festlegt. Was bestimmt exakt die *nachgefragte Menge*? Und: Wie *variiert die nachgefragte Menge eines Gutes in Abhängigkeit vom Preis?* Den diesbezüglichen Zusammenhang beschreibt das bereits erwähnte *Gesetz der Nachfrage*.[4] Es besagt:

> Bei steigendem Preis fällt die nachgefragte Menge eines Gutes und umgekehrt, bei fallendem Preis steigt die nachgefragte Menge.

Zwei Gründe sind für dieses Phänomen bestimmend:

1. Einmal der *Einkommenseffekt:* Dieser besagt, daß die nachgefragte Menge eines Gutes bei fallendem Preis in der Regel zunimmt, weil dadurch das *Realeinkommen*[5] des Haushalts gestiegen ist.

   > Preis eines Gutes fällt → Realeinkommen steigt, d.h. der Haushalt wird reicher → Nachgefragte Menge nach diesem Gut steigt, weil sich der Haushalt nun mehr leisten kann!

2. Von grundlegender Bedeutung für die inverse Beziehung zwischen Preis und nachgefragter Menge ist jedoch der *Substitutionseffekt,* der seine Ursache im schon erwähnten *Gesetz des fallenden Grenznutzens* hat. Der Substitutionseffekt besagt, daß die nachgefragte Menge eines Gutes deshalb bei fallendem Preis zunimmt, weil dieses Gut dadurch *im Verhältnis zu anderen Gütern günstiger* geworden ist. Es wird dann verstärkt als

---

[4] Siehe dazu Kap. 4.1.1.
[5] Unter dem *Realeinkommen* versteht man die Menge an Gütern und Dienstleistungen, die man sich mit einem bestimmten, in Geldeinheiten ausgedrückten *Nominaleinkommen* leisten kann.

Substitut für andere Güter herangezogen, und deshalb steigt die nachgefragte Menge.

> Preis eines Gutes fällt → Dieses Gut wird damit *relativ zu anderen (ähnlichen) Gütern billiger* → Nachgefragte Menge nach diesem Gut steigt.

Graphisch kann das Gesetz der Nachfrage in einem *Preis-Mengen-Diagramm* (siehe dazu die Nachfragekurven dreier Haushalte in Abb. 6.1) in Form einer Kurve mit fallendem Verlauf dargestellt werden. Diese zeigen nichts anderes als das eben verbal Beschriebene: nämlich, daß ein Haushalt mit fallendem Preis die nachgefragte Menge ausdehnt und umgekehrt, bei steigendem Preis die nachgefragte Menge reduziert. Man bewegt sich also *auf* der Nachfragekurve, die exakt diesen Zusammenhang zwischen Preis und nachgefragter Menge beschreibt.

Abbildung 6.1: Herleitung der Marktnachfragekurve aus den individuellen Nachfragekurven der Haushalte

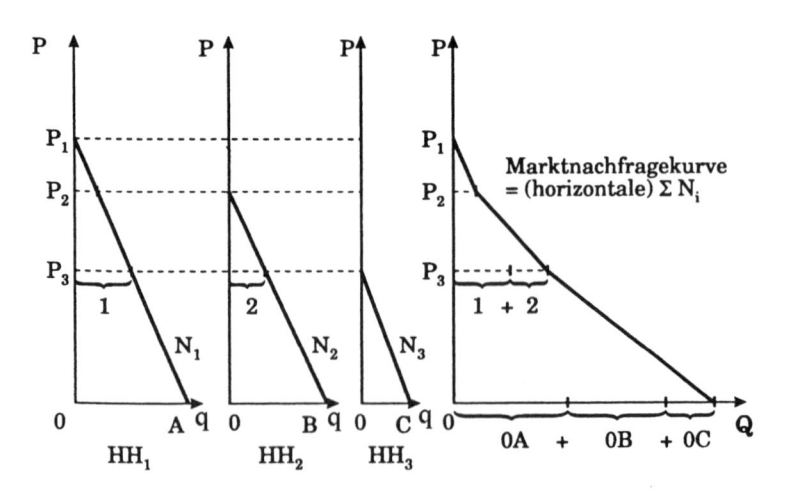

6. Angebot und Nachfrage

Von der Nachfrage eines einzelnen Haushalts zur *Marktnachfrage* insgesamt kommt man, indem man die individuell nachgefragten Mengen der einzelnen Haushalte zu unterschiedlichen Preisen, d.s. die individuellen Nachfragen, aufsummiert. Auch dies läßt sich graphisch wiederum sehr anschaulich zeigen. In Abbildung 6.1 besteht die *Marktnachfrage* aus der aufsummierten Nachfrage dreier Haushalte. Man erhält also die *Marktnachfragekurve*, indem man die zu den unterschiedlichen Preisen nachgefragten Mengen der Haushalte *horizontal addiert*. Im folgenden wird angenommen, daß so viele Haushalte als Nachfrager auf dem Markt auftreten, daß kein einzelner einen Einfluß auf den Marktpreis ausüben kann. Alle Nachfrager passen sich dann mit ihren Mengen an die vom Markt gegebenen Preise an.

> Die Marktnachfrage stellt den funktionalen Zusammenhang zwischen dem Preis und der insgesamt nachgefragten Menge eines Gutes dar. Hier besteht in der Regel ein negativer Zusammenhang: Je geringer der Preis eines Gutes, desto größer die nachgefragte Menge. Da diese Beziehung fast immer empirisch bestätigt werden kann, spricht man auch vom Gesetz der Nachfrage. Graphisch kommt dies im Preis-Mengen-Diagramm durch die negativ geneigte Marktnachfragekurve zum Ausdruck.

6.2.1.1 Preiselastizität der Nachfrage*

Während das Gesetz der Nachfrage eine *qualitative* Aussage darstellt, macht die *Preiselastizität der Nachfrage* – auch *(direkte* bzw. *eigene) Preiselastizität der Nachfrage* – genaue *quantitative* Aussagen über die hier bestehenden funktionalen Zusammenhänge, die vor allem für die *Preispolitik* der Unternehmung von zentraler Bedeutung sind.

> Die (direkte/eigene) Preiselastizität der Nachfrage gibt die prozentuelle Änderung der nachgefragten Menge infolge einer prozentuellen Änderung des Preises eines Gutes an. Sie sagt also aus, wie stark sich die nachgefragte Menge infolge einer Preissenkung erhöht bzw. infolge einer Preiserhöhung reduziert.

Als Maß für die Reagibilität oder Sensitivität der nachgefragten Menge auf Preisänderungen mißt die (Preis-)Elastizität der Nachfrage die relative (prozentuelle) Änderung der nachgefragten Menge infolge einer (sie bewirkenden) relativen (prozentuellen) Änderung des Marktpreises:[6]

$$\varepsilon = \frac{\%\text{uelle Veränderung der nachgefragten Menge}}{\%\text{uelle Veränderung des Preises dieses Gutes}}$$

$$\varepsilon = \frac{\Delta Q/Q}{\Delta P/P} = \frac{\Delta Q}{\Delta P}\frac{P}{Q}$$

Die Preiselastizität der Nachfrage ist fast immer *negativ*, d.h. die nachgefragte Menge fällt mit steigendem Preis, wobei der exakte prozentuelle Zusammenhang durch den Absolutbetrag der Nachfrageelastizität selbst angegeben wird.

Je nach der Größe des konkreten Elastizitätswertes spricht man von einer *elastischen, unelastischen* oder *isoelastischen* 'Nachfrage' (an einem bestimmten Punkt bzw. in einem bestimmten Bereich der Nachfragekurve). Abbildung 6.2 zeigt drei mögliche Fälle der Preiselastizität der Nachfrage, wobei der Zusammenhang zwischen

---

[6] Diese Sensitivität wird nicht als absolute Veränderung, als ΔQ angegeben, sondern als relative Veränderung, als $\frac{\Delta Q}{Q}$, die der sie bewirkenden relativen Preisänderung $\frac{\Delta P}{P}$ gegenübergestellt wird. Das Rechnen in absoluten Größen hätte wenig Aussagekraft. Ein Preisanstieg um wenige Schilling, Pfennig, macht viel aus bei billigen Gütern wie Bananen, Zeitungen, Gebäck oder Mineralwasser und wenig bzw. 'nichts' bei teuren wie Autos, Häusern, Computer etc.

6. Angebot und Nachfrage

der Preiselastizität der Nachfrage und der *Veränderung der Konsumausgaben* der Haushalte deutlich wird, die natürlich den *Erlösen der Unternehmungen* für ein Gut entsprechen müssen.

Abbildung 6.2:
Unterschiedliche Preiselastizitäten der Nachfrage

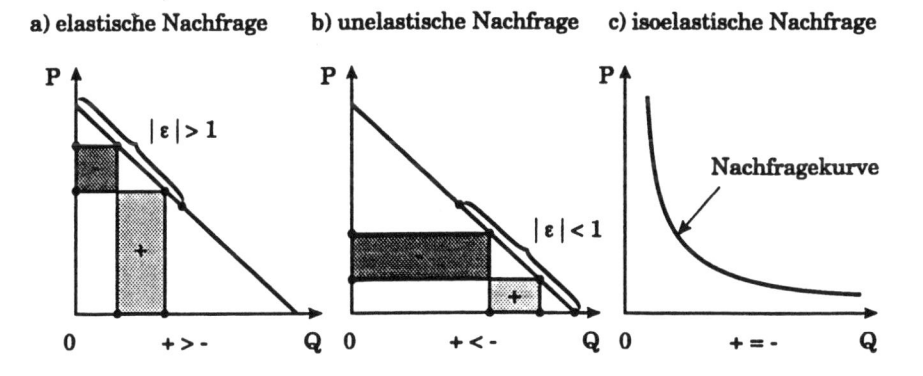

a) elastische Nachfrage   b) unelastische Nachfrage   c) isoelastische Nachfrage

1. Eine *elastische* 'Nachfrage' liegt vor, wenn eine Senkung des Preises zu einer überproportionalen Ausweitung der nachgefragten Menge führt, sodaß die *Ausgaben der Haushalte für dieses Gut steigen*. (Abbildung 6.2a) Der Absolutwert der Preis elastizität der Nachfrage ist in diesem Fall größer als eins: $|\varepsilon| > 1$ Eine Unternehmung kann in diesem Fall durch eine Preissenkung eine Umsatzsteigerung erzielen, was sich insbesondere bei überwiegend fixen Kosten (Zeitungen, Transportunternehmungen) lohnen kann. Die regelmäßig auf Preiserhöhung gerichtete Preispolitik von Bahn und Post ist aus dieser Perspektive kontraproduktiv, der Umsatz fällt. Da die die Kosten unverändert bleiben, wird der Verlust dieser Unternehmungen gesteigert anstatt gesenkt!

2. Dagegen liegt in Abbildung 6.2b eine *unelastische* 'Nachfrage' vor, weil eine Preisreduktion zu einem unterproportionalen An-

stieg der nachgefragten Menge führt, sodaß die *Konsumausgaben für dieses Gut fallen* (und damit freilich auch der Erlös (Umsatz) der dieses Gut anbietenden Unternehmungen). Der Absolutwert der Elastizität ist hier kleiner als eins: $|\varepsilon| < 1$ Eine Unternehmung kann in diesem Fall durch eine Preiserhöhung eine Umsatzsteigerung erzielen.[7]

3. Schließlich zeigt Abbildung 6.2c den Spezialfall einer *isoelastischen* Nachfrage: Die prozentuelle Mengenänderung entspricht hier (in jedem Punkt der Nachfragekurve – es handelt sich um den Spezialfall einer gleichseitigen Hyperbel) exakt der prozentuellen Preisänderung. Preis- und Mengeneffekt heben sich also gegenseitig auf, damit *bleiben die Konsumausgaben der Haushalte für dieses Gut unverändert*. Der Absolutwert der Preiselastizität der Nachfrage ist *in jedem Punkt der Nachfragekurve* exakt eins: $|\varepsilon| = 1$

Die zwei Extremfälle einer *völlig unelastischen* ($\varepsilon = 0$) und *unendlich elastischen* ($\varepsilon = \infty$) Nachfrage sind durchaus möglich. Im Fall einer *völlig unelastischen* Nachfragekurve verläuft diese *vertikal:* Die nachgefragte Menge reagiert auf Preisänderungen überhaupt nicht. Im Fall einer *unendlich elastischen* Nachfragekurve verläuft diese *horizontal.* So ist im Modellfall der *vollständigen Konkurrenz* die Nachfragekurve eines einzelnen Anbieters eine Horizontale auf Höhe des herrschenden Marktpreises, damit die Preiselastizität der Nachfrage für *einen einzelnen* Anbieter unendlich elastisch.[8]

---

[7]Weil die nachgefragte Menge sinkt, muß auch weniger produziert werden, weshalb die Kosten fallen. Eine gewinnmaximierende Unternehmung kann daher nicht im unelastischen Bereich ihrer Nachfrage operieren!

[8]Mit Ausnahme dieser beiden Extremfälle – wie isoelastischen Nachfragekurven generell – ist zu beachten, daß die Elastizität keinesfalls mit der Steigung der Nachfragekurve zu verwech seln ist. Steigung und Elastizität sind keinesfalls ident. Das zeigt auch ein Blick auf die Formeln: Die Steigung einer Nachfragekurve ist gegeben durch die Ableitung der Nachfrage nach Q, also $\frac{\partial P}{\partial Q}$. Der

6. Angebot und Nachfrage

Zu den Bestimmungsgründen der Preiselastizität der Nachfrage läßt sich festhalten: Je leichter ein Gut durch ein anderes ersetzt (substituiert) werden kann, je länger die Zeit zur Substitution, je bedeutender das Gut relativ zum Haushaltsbudget und je weniger notwendig ein Gut, desto höher ist seine Preiselastizität der Nachfrage.

Neben der (eigenen/direkten) Preiselastizität der Nachfrage ist noch die *indirekte* oder *Kreuzpreiselastizität* von Bedeutung: Die Nachfrage eines Gutes ist ja unter anderem auch vom Preis *anderer* Güter abhängig.

> Die indirekte oder Kreuzpreiselastizität gibt an, wie sich die nachgefragte Menge nach einem Gut X ändert, wenn der Preis eines anderen Gutes Y variiert. Sie zeigt damit wichtige Interdependenzen zwischen diesen Gütern auf.

$$v = \frac{\frac{\Delta X}{X}}{\frac{\Delta P_Y}{P_Y}} = \frac{\Delta X}{\Delta P_Y} \frac{P_Y}{X}$$

Ist die Kreuzpreiselastizität *positiv*, dann handelt es sich bei den betrachteten Gütern um *Substitutionsgüter*. Steigt also der Preis von Speiseeis an, dann steigt die Nachfrage nach Erfrischungsgetränken. Erfrischungsgetränke sind ein Substitut für Speiseeis. Umgekehrt führt ein Anstieg des Preises von Speiseeis zu einem Rückgang auch

---

erste Term der Elastizitätsformel $\frac{\partial Q}{\partial P}$ ist also der reziproke Wert der Steigung der Nachfragekurve. Der zweite Term der Elastizitätsformel gibt jedoch den *Punkt auf* der Nachfragekurve an, *an dem* die Elastizität gemessen wird. Dieser Umstand kommt auch in der Bezeichnung *Punkt*elastizität zum Ausdruck, nämlich daß sich diese Elastizität nur auf einen ganz bestimmten Punkt auf der Nachfragekurve bezieht. (Es ist daher nicht ganz richtig zu sagen, die Nachfrage (= Nachfragekurve) sei elastisch oder unelastisch, weil sich die Elastizität ja immer nur auf einen bestimmten Punkt der Nachfragekurve bezieht.

der Nachfrage nach Eiswaffeln. Im Falle von *Komplementärgütern* ist also die Kreuzpreiselastizität *negativ*. Dasselbe gilt für den Preis von Autos und die Nachfrage nach Benzin, von Wohnungen und Einrichtungsgegenständen.

6.2.2 Nicht-Preis-Einflußfaktoren der Nachfrage

Auf der Nachfragekurve wird nur der Zusammenhang zwischen Preis und nachgefragter Menge dargestellt.[9] Es gibt jedoch noch eine Fülle anderer bedeutsamer *Bestimmungsgründe der Nachfrage*, die man unter *Nicht-Preis-Einflußfaktoren* zusammenfaßt und die die *Lage der Nachfragekurve* beeinflussen. Die wichtigsten dieser Faktoren sind die schon erwähnten *Präferenzen* und das *Einkommen* der Nachfrager. Hinzu kommen deren *Erwartungen hinsichtlich künftiger Entwicklungen* sowie schließlich noch die *Preise anderer Güter*. Kommt beispielsweise ein bestimmtes Gut außer Mode, es verändern sich also die Präferenzen, so sinkt dessen Nachfrage, was eine Linksverschiebung der Nachfragekurve bedeutet. Zu jedem Preis wird jetzt eine geringere Menge nachgefragt. Steigt das Einkommen der Nachfrager, so kann in der Regel auch ein Ansteigen der Nachfrage erwartet werden, was die Nachfragekurve nach rechts verschiebt. Zu jedem Preis wird jetzt eine größere Menge nachgefragt. Bewegungen *auf* der Nachfragekurve gemäß dem *Gesetz der Nachfrage* sind also streng von *Verschiebungen* der Nachfragekurve zu unterscheiden, die durch die *Nicht-Preis-Einflußfaktoren* ausgelöst werden. Auf diese Einflußfaktoren wird unten (Kap. 6.6) noch näher eingegangen.

---

[9]Es liegt in der Logik der zweidimensionalen Abbildung des Preis-Mengen-Diagramms, daß eine dort eingezeichnete Kurve nichts anderes darstellen kann als die Beziehung zwischen den auf den Achsen abgetragenen Variablen, hier also des Preises und der nachgefragten Menge. Alle übrigen Einflußfaktoren werden für eine bestimmte Nachfragekurve als gegeben, d.h. *ceteris paribus*, angenommen.

6.3 Das Marktangebot

Ähnlich wie bei der Nachfrage des einzelnen Haushalts liegen die Dinge auf der Angebotsseite beim Angebot der einzelnen Unternehmung. Zwar ist auch hier das Angebot eines Gutes bestimmt durch die *Fähigkeit* (damit ist die Produktionsfunktion, also die grundsätzliche technologische Möglichkeit der Produktion eines Gutes gemeint) sowie die *Bereitschaft* der Produzenten, das in Frage stehende Gut zu produzieren und anzubieten. Die *Bereitschaft* dazu ist gegeben, wenn durch die Produktion eines Gutes ein *Gewinn* in Aussicht steht. Dieser ist wiederum nur möglich, wenn kostenseitig entsprechend günstige Möglichkeiten der Produktion des Gutes existieren, wenn also eine *Technologie* existiert, die es den Anbietern ermöglicht, das Gut herzustellen und dabei einen *Gewinn* zu machen. Ob ein Gut produziert wird oder nicht, hängt also vom Preis ab, der dafür am Markt erzielt werden kann. Ist dieser hoch genug, um nach Abzug der Produktionskosten (bestimmt durch die Preise der Inputfaktoren und die Technologie) einen Gewinn zu erzielen bzw. zumindest die Opportunitätskosten zu decken, dann wird produziert, ansonsten nicht.

Abbildung 6.3: Herleitung der Marktangebotskurve aus den individuellen Angebotskurven der Unternehmungen

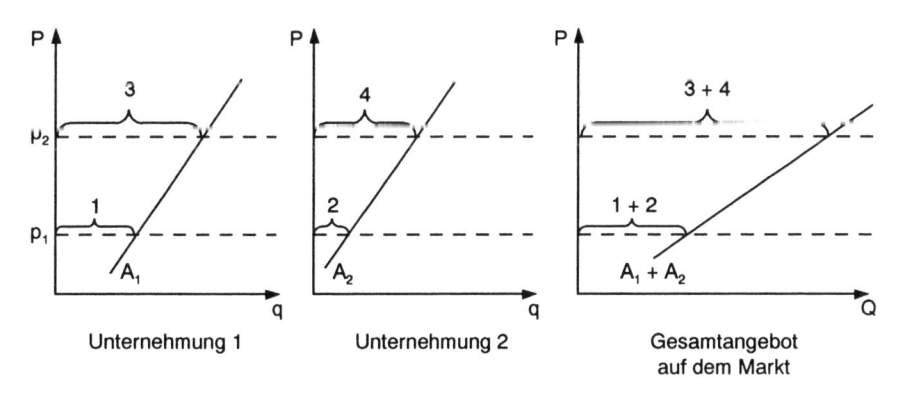

6.2.1 Gesetz des Angebots

Die zu unterschiedlichen Preisen angebotene Menge ergibt sich aus der *Gewinnmaximierungsbemühung der Unternehmung*. Und dabei gilt kurzfristig regelmäßig das *Gesetz des fallenden Grenzertrages*.[10] Es besagt, daß *kurzfristig* die Produktion *zusätzlicher* Outputeinheiten nur zu steigenden Stückkosten möglich ist. Mit zunehmender Produktionsmenge steigen also die Stückkosten, d.s. die Kosten pro Produktionseinheit, an. *Es sind also höhere Preise notwendig, damit mehr produziert und angeboten wird.* Dies bedeutet, graphisch gesehen (siehe Abb. 6.3), *positiv steigende Angebotskurven* der vielen einzelnen Anbieter, die keinerlei Einfluß auf den Marktpreis haben.[11]

Vom Angebot der *einzelnen* Unternehmung zum *Marktangebot insgesamt* kommt man, indem man die von den einzelnen Unternehmungen zu unterschiedlichen Preisen angebotenen Mengen, d. s. die individuellen Angebote, aufsummiert. Dies läßt sich graphisch wiederum sehr anschaulich zeigen. In Abbildung 6.4 besteht das Marktangebot aus dem aufsummierten Angebot zweier Unternehmungen. Die *Marktangebotskurve* erhält man, indem die zu den unterschiedlichen Preisen angebotenen Mengen der einzelnen Unternehmungen *horizontal aufsummiert werden*.

> Das Marktangebot stellt die funktionale Beziehung zwischen dem Preis und der insgesamt angebotenen Menge eines Gutes dar. Hier besteht in der Regel ein positiver Zusammenhang: Je höher der Preis, desto höher die angebotene Menge (positiver Anstieg der Angebotskurve). Da dieser Zusammenhang in der Empirie immer wieder bestätigt wird, spricht man vom Gesetz des Angebots.

---

[10] Siehe dazu Kap. 4.2.3.1.
[11] Dieser Zusammenhang gilt kurzfristig! Zur Reaktion des Angebots im Zeitablauf siehe unten Pkt. 6.7.

6.3.2 Nicht-Preis-Einflußfaktoren des Angebots

Völlig analog zur Nachfrageseite gilt beim Angebot: Während sich der Preis eines Gutes unmittelbar auf die *angebotene Menge* auswirkt, gibt es noch eine Fülle anderer bedeutsamer *Bestimmungsgründe des Angebots*, die man unter *Nicht-Preis-Einflußfaktoren* zusammenfaßt und die die *Lage der Angebotskurve* beeinflussen.[12] Die wichtigsten dieser Faktoren sind die *Anzahl der Anbieter,* die *Preise der Produktionsfaktoren* und die *Technologie*. Hinzu kommen noch die *Preise anderer Güter* sowie die *Erwartungen der Anbieter hinsichtlich künftiger Entwicklungen*. Kommt es zu einer Verknappung und damit einer Verteuerung eines Produktionsfaktors, so verringert sich das Angebot, was eine Verschiebung der Angebotskurve nach oben bedeutet. Zu jedem Preis wird jetzt eine geringere Menge angeboten. Technologische Verbesserungen haben den gegenteiligen Effekt. Sie verschieben die Angebotskurve nach rechts unten. Zu jedem Preis wird jetzt eine höhere Menge angeboten.

Auch hier sind die Bewegungen *auf* der Angebotskurve gemäß dem *Gesetz des Angebots* streng von *Verschiebungen* der Angebotskurve zu unterscheiden, die durch die *Nicht-Preis-Einfluß-Faktoren* ausgelöst werden. Auf diese Einflußfaktoren wird unten (6.6) noch näher eingegangen.

6.4 Angebot und Nachfrage = Markt, Preisbildung und Koordination

Angebot und Nachfrage gehören zusammen wie 'Schraube und Mutter', das Angebot wird auf eine Nachfrage hin erstellt, die Nachfrage orientiert sich am zur Auswahl stehenden Angebot. Unter einem *Markt* versteht man das *Zusammentreffen von Angebot und Nachfrage,* den Kontext, in dem sich der Austausch von Gütern und

---

[12]Für eine bestimmte Marktangebotskurve sind das die *ceteris-paribus-Faktoren.*

Dienstleistungen vollzieht.

Anschaulich dargestellt wird ein Markt bzw. das Marktgeschehen in einem *Markt-* oder *Angebots-Nachfrage-Diagramm*, in dem Angebot und Nachfrage in Form der Angebots- und Nachfrage*kurven* in *ein* Preis-Mengen-Diagramm zusammengelegt werden (siehe Abb. 6.4). Dadurch kann das Zusammenwirken von Angebot und Nachfrage für die Preisbildung und der *Mechanismus der Koordination* von (Millionen von) individuellen Entscheidungen gezeigt werden.

Die *Marktnachfragekurve N*, entstanden durch die (horizontale) Aggregation der individuellen Nachfragekurven, zeigt nun – wie erläutert – den Zusammenhang zwischen Preis als *unabhängiger* Variable und der gesamten nachgefragten Menge als *abhängiger* Variable. Damit zeigt die Marktnachfragekurve *N* an, welche Mengen eines bestimmten Gutes *Q* die Nachfrager in einem bestimmten Zeitraum zu unterschiedlichen Preisen kaufen *wollen*. Die Nachfragekurve zeigt also jene Mengen eines Gutes, die alle Nachfrager zu unterschiedlichen Preisen zu kaufen *planen*. Die Nachfragekurve *N* ist negativ geneigt. Es gilt das *Gesetz der Nachfrage:* Je *geringer* der Preis, desto *höher* die nachgefragte Menge.

Die *Marktangebotskurve A*, entstanden durch die (horizontale) Aggregation der individuellen Angebotskurven aller miteinander in Konkurrenz stehender Anbieter, zeigt den Zusammenhang zwischen der *unabhängigen* Variablen Preis und der *abhängigen* Variablen angebotene Menge. Damit zeigt die Marktangebotskurve *A* an, welche Mengen eines spezifizierten Gutes *Q* die Anbieter in einer bestimmten Periode zu den unterschiedlichen Preisen verkaufen *wollen*. Auch sie zeigt damit *Pläne*, diesmal der Anbieter, d.h. jene Mengen, die diese zu unterschiedlichen Preisen anzubieten *planen*. In Abbildung 6.4, die eine *kurzfristige* Marktsituation zeigt, hat die Angebotskurve den üblichen, ansteigenden Verlauf.[13] Die angebotene Menge nimmt also mit steigendem Preis zu, d.h. daß die Anbieter nur dann bereit

---

[13] Es gilt ja das Gesetz des fallenden Grenzertrages.

6. Angebot und Nachfrage 127

sind, die angebotene Menge zu erhöhen, wenn sie einen höheren Preis erzielen.

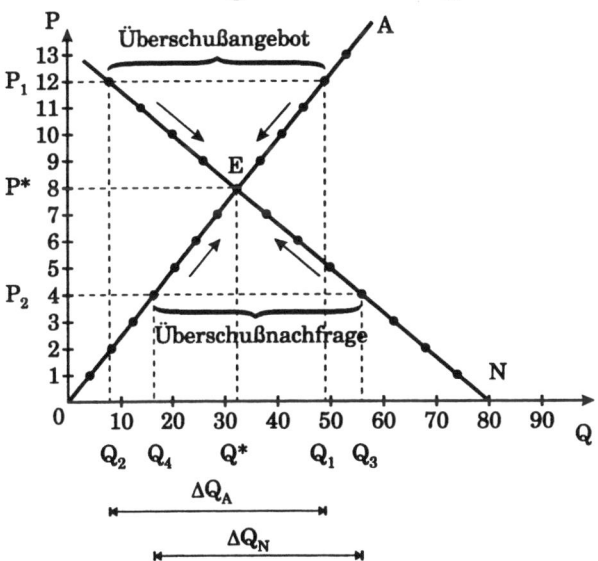

Abbildung 6.4: Statisches Gleichgewicht im einfachen Angebots-Nachfrage-Schema

Der *Schnittpunkt* von Angebots- und Nachfragekurve E (Abkürzung für *equilibrium*) markiert nun das *Marktgleichgewicht*, gekennzeichnet durch Gleichgewichtspreis P^* und Gleichgewichtsmenge Q^*. In diesem Punkt entspricht die angebotene Menge der nachgefragten, d.h. *exakt* das, was zum Gleichgewichtspreis P^* angeboten wird, wird auch nachgefragt. *Damit gehen alle Pläne in Erfüllung, und weil das, was am Markt angeboten wird, auch nachgefragt wird, spricht man von Markträumung.*

6.4.1 Die einfachste formale Darstellung von Angebot und Nachfrage

Diese hier verbal beschriebenen Zusammenhänge lassen sich auch formal an einem einfachen Beispiel darstellen. Die Marktangebots*funktion*, die sich aus der Summation der individuellen Angebotsfunktionen der einzelen Unternehmungen ergibt, lautet allgemein:

$$Q_A = Q_A(P_Q, P_i^I)$$

Die angebotene Menge ist also eine Funktion des Preises dieses Gutes sowie der Preise der bei der Produktion benötigten Produktionsfaktoren (Inputs I_i). Bleiben letztere unverändert, also ceteris paribus, ist die angebotene Menge allein eine Funktion des Preises des Gutes, also

$$Q_A = Q_A(P_Q)$$

und konkret für das Beispiel:

$$Q_A = 4P$$

Die Marktnachfrage*funktion,* die sich aus der Summation der individuellen Nachfragefunktionen der einzelnen Haushalte ergibt, lautet allgemein:

$$Q_N = Q_N(P_Q, P_{and}, Y)$$

Die nachgefragte Menge ist also eine Funktion des Preises dieses Gutes, der Preise anderer Güter ($= P_{and}$) sowie des Einkommens. Bleiben diese 'anderen' Preise und das Einkommen unverändert, also ceteris paribus, so ist die nachgefragte Menge allein eine Funktion des Preises dieses Gutes, also

$$Q_N = Q_N(P_Q)$$

und konkret im Beispiel:

$$Q_N = 80 - 6P$$

Das Gleichgewicht dieses Marktes, also Gleichgewichtspreis und Gleichgewichtsmenge, lassen sich berechnen, indem Angebots- und Nachfragefunktion gleichgesetzt werden:

6. Angebot und Nachfrage

$$Q_A = Q_N$$
$$4P = 80 - 6P$$
$$10P = 80$$
$$P^* = 8$$

In eine der beiden Funktionen eingesetzt, ergibt das:

$$Q_A = 4 \times 8$$
$$Q_A^* = 32$$
$$Q_N = 80 - 6 \times 8$$
$$Q_N^* = 32$$

6.4.2 Der Prozeß zum Gleichgewicht

Um die Funktionsweise von einfachen Marktprozessen zu verstehen, geht man am besten von Ungleichgewichtssituationen aus. So ist bei einem über dem Gleichgewichtspreis liegenden Preis P_1 die angebotene Menge, d.h. jene Menge, die die Anbieter zu diesem Preis verkaufen *wollen*, im betrachteten Zeitraum Q_1, während die nachgefragte Menge, d.h. jene Menge, die die Nachfrager zu diesem Preis kaufen *wollen*, nur Q_2 ausmacht. Die Differenz $\Delta Q_A = Q_1 - Q_2$[14] ist das *Überschußangebot*. Bei diesem Preis übersteigen die *Verkaufswünsche* der Anbieter die *Kaufwünsche* der Nachfrage. Deshalb werden nicht alle Anbieter zu diesem Preis auch Kunden finden können. Ihre Pläne gehen damit *nicht* in Erfüllung. Um die Ware loszuwerden (um Lagerkosten zu vermeiden), werden sie deshalb ihre Preise reduzieren. Indem sie den Preis reduzieren, finden sich neue Nachfra*ger*. Denn: Wenn der Preis sinkt, steigt – entsprechend dem Gesetz der Nachfrage – die *nachgefragte* Menge.

---

[14] Mit dem Symbol Δ, sprich: Delta, wird mathematisch eine Differenz ausgedrückt.

> Im Falle eines Überschußangebotes besteht daher ein Druck auf den Preis nach unten in Richtung auf den Gleichgewichtspreis P^*. Durch das Fallen der Preise nimmt die nachgefragte Menge entsprechend der Nachfragekurve zu, die angebotene Menge nimmt entsprechend der Angebotskurve ab.

Liegt der Preis jedoch unter dem Gleichgewichtspreis P^*, beispielsweise beim Preis P_2, dann werden die Nachfrager *nicht* das kaufen können, was sie bei diesem Preis kaufen *wollen*, nämlich die Menge Q_3. Die Anbieter sind nämlich bei dem niedrigen Preis P_2 nur bereit, die Menge Q_4 anzubieten. Die Differenz $\Delta Q_N = Q_3 - Q_4$ ist die *Überschußnachfrage*. Einige Nachfrager, die zu diesem geringen Preis kaufen wollten, gehen hier also leer aus.

Damit stellt sich die interessante Frage, *welche* Nachfrager in den Besitz der zu diesem Preis (P_2) angebotenen Güter kommen? *Andere Zuteilungsmechanismen als der Preis müssen hier einsetzen.* Ein alternativer Zuteilungsmechanismus wäre 'Wer zuerst kommt, mahlt zuerst!' Das 'Zuerst-Kommen' kann dabei eine Frage des Glücks oder der besseren Information, freilich auch von 'guten Beziehungen' sein.

Eine Situation der Überschußnachfrage macht ein zentrales ökonomisches Problem deutlich, nämlich das der *unumgänglichen Zuteilung arbeitsteilig produzierter Güter*. Es geht um die Lösung der Frage, *für wen produziert werden soll?* Dem marktwirtschaftlichen Zuteilungsmechanismus zufolge, bekommt derjenige ein Gut, *der den geforderten Kaufpreis zu zahlen bereit ist und auch bezahlen kann*, der es sich also auch leisten kann! Letzteres ist nun unter marktwirtschaftlichen Bedingungen dann der Fall, wenn man *selbst imstande war, Leistungen zu erbringen, die andere einzutauschen, also zu kaufen bereit sind*. Weiters setzt diese Zuteilungsregel für knappe Güter ein Marktgleichgewicht voraus. Denn im eben beschriebenen Ungleichgewicht, einer aufgrund des niedrigen Preises bestehenden

Überschußnachfrage, gilt sie nicht. In dieser Situation, d.h. zum Preis P_2 wollen die Nachfrager mehr kaufen, als angeboten wird. Die Pläne der Marktteilnehmer sind also hier nicht kompatibel. *Steigt der Preis nicht*, beispielsweise weil er nicht steigen *darf*, da eine *gesetzliche Höchstpreisregelung* besteht, dann können die Nachfrager nicht das tun, was sie wollen, nämlich die Menge Q_3 kaufen. Die hier zum Ausdruck kommende Knappheit kann in diesem Fall auch nicht beseitigt werden, denn zum gesetzlichen Höchstpreis von P_2 sind die Anbieter nicht bereit, mehr als Q_4 zu produzieren und anzubieten. Wird der Preis als Zuteilungsregel nicht zugelassen, dann müssen andere Zuteilungsmechanismen gefunden werden.

Doch welche? Eine Möglichkeit wäre die *Rationierung* eines knappen Gutes, das über Bezugsscheine nach bestimmten Kriterien zugeteilt wird. In Notzeiten wird auf dieses Mittel zurückgegriffen. So wird beispielsweise jedem Bewohner, unabhängig von seiner Kaufkraft, eine bestimmte Menge Mehl, Brot oder Eier (pro Zeiteinheit) über entsprechende Bezugsscheine 'garantiert'. In außerordentlichen Notzeiten ist dies gewiß ein gerechtfertigter Zuteilungsmechanismus, der allerdings den Einsatz planwirtschaftlicher (Zwangs-)Instrumente auch auf anderen Ebenen erfordert.

Ein denkbarer Zuteilungsmechanismus wäre beispielsweise auch die (rein zufallsbestimmte) Verlosung der arbeitsteilig produzierten Güter. Ob dies gerecht wäre, muß bezweifelt werden. Nicht zu bezweifeln ist in diesem Fall jedoch der Umstand, daß es bei dieser Verteilungsregel bald nichts mehr zu verlosen gäbe! Warum? Wenn die Gesellschaftsmitglieder realisieren, daß ihr Wohlstand von Zufallsprozessen abhängig ist, dann besteht keinerlei *Anreiz* zur individuellen Leistung mehr, denn es wird ja nicht mehr entsprechend der individuellen Leistung 'belohnt'. Der Output der Volkswirtschaft wird deshalb dramatisch fallen, und damit wird es nichts mehr zu verlosen geben. (Es sei denn, man droht mit Gewalt, wenn man den zugewiesenen Produktionsplan nicht erfüllt!)

Der 'freie Markt' *reagiert* in einer Situation der Überschußnachfrage durch eine Veränderung des Preises. Einige Nachfrager werden in dieser Situation nämlich beginnen, um das knappe Angebot zu konkurrieren, was teilweise nur dadurch gelingen kann, den Produzenten höhere Preise zu bieten. So beginnen also die Nachfrager – Wettbewerbsprozesse finden immer *auf* den einzelnen Marktseiten statt –, den Preis in die Höhe zu treiben, woraufhin die angebotene Menge entsprechend der Angebotskurve zu-, die nachgefragte Menge jedoch entsprechend der Nachfragekurve abnimmt.

> **Bei einer Überschußnachfrage besteht ein Druck auf die Preise nach oben in Richtung auf den Gleichgewichtspreis P*. Durch das Steigen der Preise nimmt die nachgefragte Menge entsprechend der Nachfragekurve ab, die angebotene Menge entsprechend der Angebotskurve zu.**

Ein Gleichgewicht wird also, ausgehend von einem Nachfrageüberschuß, dadurch erreicht, daß durch einen Preisanstieg die *angebotene Menge steigt und die nachgefragte Menge sinkt. Voraussetzung,* um zu einem Gleichgewicht zu kommen, ist jedenfalls, daß der Preis steigt. Steigt er nicht – weil er nicht steigen darf – dann *bleibt es bei dem Nachfrageüberschuß.* Es bleibt dann jedoch die brisante Frage zu lösen, wer bei diesem Preis zum Zug kommt und wer nicht.

Solange also einer dieser Prozesse in Kraft ist, was eine rege Konkurrenz, d.h. eine Vielzahl von Anbietern und Nachfragern auf beiden Marktseiten voraussetzt, ist noch kein Marktgleichgewicht erreicht. Jedoch erkennt man, daß die Marktkräfte eine *Tendenz zum Gleichgewicht hin* einleiten. Und das ist das Entscheidende!

6. Angebot und Nachfrage

> Ein Gleichgewicht herrscht auf einem Markt nur im Schnittpunkt E zwischen Angebots- und Nachfragekurve. Nur in diesem Punkt entspricht die angebotene Menge exakt der nachgefragten Menge, nur bei diesem Preis gehen die Pläne aller Marktteilnehmer in Erfüllung, d.h. alle können das tun, was sie wollen! Der Marktprozeß arbeitet also auf eine Situation hin, in der alle das tun können, was sie zum Gleichgewichtspreis auch tun wollen.

Das Entscheidende am Gleichgewichtskonzept ist nun *keineswegs* die tatsächlich modellhafte Verwirklichung eines Marktgleichgewichtszustandes in der Realität. Diese ist ja vielmehr durch ständige *Ungleichgewichte* gekennzeichnet, die ihrerseits die Folge fortlaufender *Änderungen von Angebot und Nachfrage* sind. Gleich anschließend wird das ausführlich besprochen werden. Entscheidend ist vielmehr eine *Tendenz der Marktkräfte zu einem Gleichgewicht hin*, dessen Preis-Mengen-Kombinationen über oder unter dem gegenwärtigen Marktzustand liegen. Genau das ist ja eine der entscheidenden Leistungen der Marktkräfte: Sie arbeiten trotz der ständigen Veränderungen von Angebot und Nachfrage in der Regel auf ein Gleichgewicht hin und koordinieren dadurch die individuellen Entscheidungen von Millionen von Marktteilnehmern, ja sogar von Nicht-Marktteilnehmern![15]

Nur mithilfe dieses Gleichgewichtskonzeptes kann man überhaupt zuverlässige Vorhersagen über die künftige Preis- und Mengenentwicklung treffen. Was hier zählt, ist einzig und allein die *Brauchbarkeit* des Gleichgewichtskonzepts. Es muß zur Erklärung und Vorhersage von Preis- und Mengenentwicklungen auf Märkten taugen.

---

[15] Darunter sind hier solche Akteure zu verstehen, die zwar 'Bestandteil' einer Kurve sind, aber zum Gleichgewichtspreis *nicht tauschen wollen*, weil er ihnen entweder zu hoch (einzelne Nachfrager) oder zu gering (einzelne Anbieter) ist.

Genau das wird im folgenden Abschnitt gezeigt werden.

6.5 Realität der Marktwirtschaft: Ständige Veränderungen von Angebot und Nachfrage

Änderungen des Angebots und der Nachfrage bedeuten in der graphischen Darstellung eine *Verschiebung* der entsprechenden Kurven. Diese gehen ja auf Veränderungen der *Nicht-Preis-Einflußfaktoren* zurück, die die *Lage* der Kurven bestimmen. *Erhöht* sich die *Nachfrage*, dann ist das gleichbedeutend mit einer *Verschiebung der Nachfragekurve* nach *rechts*. *Vermindert* sich das *Angebot*, dann verschiebt sich die *Angebotskurve* nach *links*. In all den Fällen, in denen sich Änderungen bei den *Nicht-Preis-Einflußfaktoren* ergeben, *verschieben* sich die entsprechenden Kurven.[16]

Mithilfe der *komparativen Statik*, des Vergleichs zweier Gleichgewichtssituationen, die durch unterschiedliche Konstellationen von Angebot und Nachfrage charakterisiert sind, gelingt es auf einfache Weise, *künftige Markttendenzen*, d.h. Veränderungen von Preisen und Mengen auf bestimmten Märkten, abzuschätzen und vorherzusagen. Kann eine erfolgreiche Unternehmung auf diesbezügliche Überlegungen und Analysen verzichten?

Betrachtet man jeweils nur *eine* Veränderung, entweder eine des Angebots oder der Nachfrage, *ceteris-paribus*, d.h. alle anderen Gegebenheiten bleiben unverändert, dann kann man vier Fälle unterscheiden:

1. Eine *Erhöhung der Nachfrage*, beispielsweise nach Wohnungen im Zuge eines allgemeinen Konjunkturaufschwunges, bedeutet eine *Verschiebung der Nachfragekurve nach rechts:* Zu *jedem* Preis wird nun eine höhere Menge nachgefragt. Ceteris paribus

---

[16] Dagegen scharf abzugrenzen sind Bewegungen *auf den Kurven selbst*, also das Steigen oder Fallen der *angebotenen* bzw. *nachgefragten* Menge in Abhängigkeit vom Preis!

kommt es zu einer Erhöhung der Gleichgewichtsmenge und des Gleichgewichtspreises. In Abbildung 6.5 ist die Erhöhung der Nachfrage durch eine Rechtsverschiebung der Nachfragekurve von N_1 zu N_2 wiedergegeben. Was wird passieren? Zunächst bleibt der Preis auf der Höhe des ursprünglichen Gleichgewichtspreises P_1^*. Da jedoch bei diesem Preis entsprechend der neuen Nachfragekurve die Nachfrager Q_N nachfragen *wollen*, die Anbieter aber nur die Menge Q_1^* an Wohnungen anbieten – sie können kurzfristig das Angebot ja nicht erhöhen –, ergibt sich eine *Überschußnachfrage*, die auf einem freien Markt den Preis über die geschilderten Mechanismen nach oben treibt. Daher *steigt* der Preis und bewirkt nun *zweierlei:*

- *Erstens* 'lockt' er neues Angebot in den Markt. Mit dem Steigen des Preises erhöht sich der Gewinn der Anbieter von Wohnungen und damit der Anreiz, die Produktion von Wohnraum auszudehnen. Somit steigt die *angebotene* Menge um ΔQ_A entsprechend der Angebotskurve. Der gestiegene Preis ist damit eine *unabdingbare Voraussetzung* für eine Erhöhung der angebotenen Menge, eine unabdingbare Voraussetzung für die Reduktion der Wohnungsknappheit.

- *Zweitens* reduziert der *gestiegene* Preis automatisch die *nachgefragte* Menge (ΔQ_N)!

Letztlich steigt der Preis so lange, bis das neue Gleichgewicht E_2' bei Gleichgewichtspreis P_2^* und Gleichgewichtsmenge Q_2^* erreicht ist: Hier entsprechen einander wieder angebotene und nachgefragte Menge: Zu diesem Preis können alle gewünschten Transaktionen ausgeführt werden, alle Pläne sind kompatibel: Der Markt wird geräumt: Gleichgewicht!

Abbildung 6.5:
Auswirkungen einer Nachfrageerhöhung

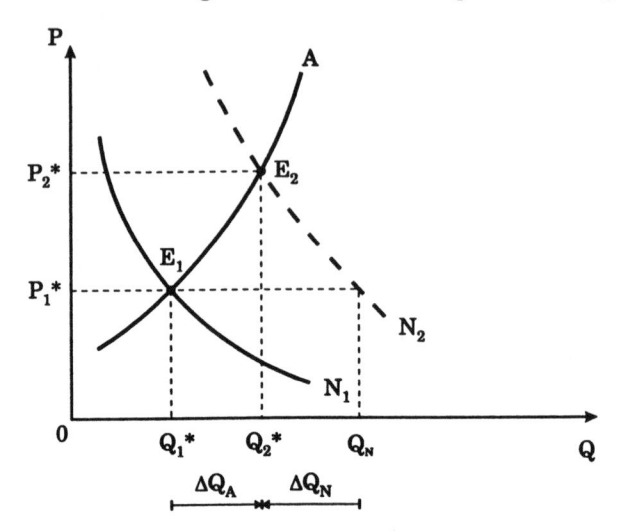

2. Eine *Senkung der Nachfrage* entspricht einer *Verschiebung der Nachfragekurve nach links:* Zu *jedem* Preis wird nun eine geringere Menge nachgefragt. (Man kann diesen Prozeß leicht nachvollziehen, indem man die Nachfragekurve N_2 als ursprüngliche und die Nachfragekurve N_1 als neue Nachfrage betrachtet.) Ceteris paribus kommt es zu einer Reduktion der Gleichgewichtsmenge und des Gleichgewichtspreises.

3. Eine *Erhöhung des Angebots* bedeutet eine *Verschiebung der Angebotskurve nach rechts:* Zu *jedem* Preis wird nun eine höhere Menge angeboten. Ceteris paribus kommt es zu einer Erhöhung der Gleichgewichtsmenge und zu einer Senkung des Gleichgewichtspreises. Eine solche Situation ist in Abbildung 6.6 dargestellt.

6. Angebot und Nachfrage 137

Abbildung 6.6:
Auswirkungen einer Angebotserhöhung

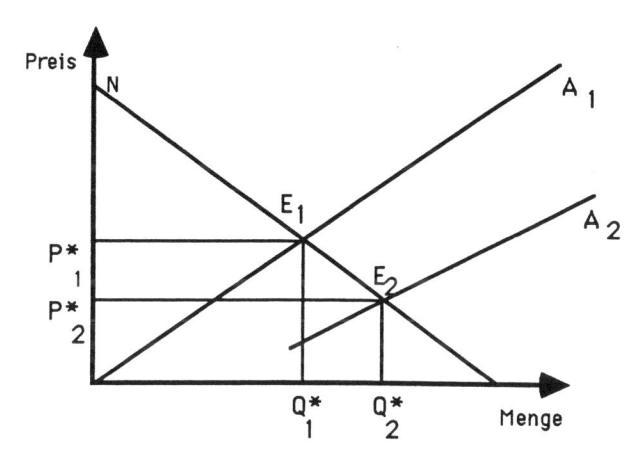

4. Eine *Senkung des Angebots* führt zu einer *Verschiebung der Angebotskurve nach links:* Zu jedem Preis wird nun eine geringere Menge angeboten. Es kommt zu einer Senkung der Gleichgewichtsmenge und zu einer Erhöhung des Gleichgewichtspreises.

Es zeigt sich, daß nur durch das **Reagieren der Preise** auf veränderte wirtschaftliche Einflußfaktoren wieder ein Gleichgewicht zwischen Angebot und Nachfrage und damit eine Koordinierung der individuellen Wirtschaftspläne hergestellt werden kann. Je flexibler die Preise reagieren können, desto schneller erfolgt die erforderliche Anpassung.

Kennzeichen einer *Planwirtschaft* bzw. *Zentralverwaltungswirtschaft* ist, daß sich die vom Planer vorgegebenen Preise *nicht ändern dürfen.* Da der Planer nicht über die Information bezüglich des richtigen Preises verfügen kann, auch weil sich diese ständig durch den Eintritt unvorhergesehener Ereignisse ändert, ist der gesetzte Preis in der Regel falsch! Damit verlieren die Preise aber ihre zentrale

Rolle als Knappheitsanzeiger. Das vertraute Bild aus Planwirtschaften war die Schlangenbildung vor Geschäften, also eine Situation der *Überschußnachfrage*, in der der Preis nicht steigen durfte. Um in den Besitz der gewünschten Güter zu kommen, mußte man – so man keine 'Beziehungen' hatte – 'zuerst kommen'. Nachdem das viele versuchen, stehen sie natürlich einander im Wege. Die dadurch bewirkte Ineffizienz ist enorm und widersinnig. Reagierten des Preises, so entstehen zwar den Nachfragern höhere Kosten (in Form dieser höheren Preise), die Produzenten werden damit aber zur Ausweitung des Angebots veranlaßt. Dürfen die Preise nicht steigen, *dann entstehen ebenfalls Kosten*. Diesen steht nun aber keinerlei Gegenwert gegenüber! Die Menschen verbringen Millionen von Stunden in Warteschlangen und können gerade dadurch die Güter, die sie wollen, nicht nachfragen! Es geht ja durch das Anstehen die Zeit verloren, diese Güter zu produzieren! Weil der Preis nicht steigen darf, besteht dazu auch gar kein *Anreiz!* Die Knappheit kann also gar nicht überwunden werden.

6.6 Bestimmungsgrößen von Angebot und Nachfrage

> **Ökonomisches Denken ist immer ein Denken in den Kategorien von Angebot und Nachfrage. Es ist der Versuch, durch systematisches Denken ökonomische Ursache-Wirkungs-Zusammenhänge aufzudecken und damit Vorhersagen über künftige Marktentwicklungen zu ermöglichen.**

Im nächsten Schritt ist nun zu klären, was Veränderungen von Angebot und Nachfrage bewirken kann. Die nunmehr noch genauer zu klärende Frage lautet: Welcher Einflußfaktor wirkt sich *wie, auf welche Größe, auf das Angebot und/oder die Nachfrage* aus?

Dabei ist die folgende, wenngleich nicht immer ganz konsistente

6. Angebot und Nachfrage

Klassifikation von Vorteil: Man kann fragen,

- welche Faktoren von *außerhalb* auf das ökonomische System, also auf Angebot und Nachfrage, einwirken. Man spricht hier von *systemexogenen* Faktoren,.

- und welche Faktoren *im* ökonomischen System selbst auf Angebot und Nachfrage bestimmter Güter einwirken. Man spricht von *systemendogenen* Faktoren.

'Von außen' – *systemexogen* – wirken auf Angebot und/oder Nachfrage ein:

- das *kulturelle, politische* und damit eng verbunden das *institutionell-legistische* System. Deshalb sollte man in den Zeitungen nicht nur den Wirtschaftsteil aufmerksam studieren! Man erinnere sich an die Auswirkungen der Kuwait-Krise auf den Ölpreis. Welche Auswirkungen haben also Kriege oder auch Abrüstungen auf das Angebot von und die Nachfrage nach bestimmten Gütern? Man denke an den Wirtschaftsumbruch im Osten, an die Einschränkungen beim Erwerb von Eigentum an Grund und Boden (beispielsweise nur für Landwirte), an die mit zunehmender Einwanderung verbundenen Konsequenzen für bestimmte Märkte. Auf welchen wird das Angebot erweitert und deshalb ein Druck auf die Preise bestehen, auf welchen die Nachfrage zunehmen? Zu denken ist auch an die europäische Binnenmarkt- bzw. Einigungskonzeption, damit verbunden rechtliche Regelungen bei Export und Import: Zölle und Kontingente, (Export-)Subventionen aller Art. Man denke an nationale und internationale (Umwelt-)Normen und Produkthaftungsvorschriften. Miet- und Baurecht werden wesentlich die Kosten und Erträge der 'Wohnungswirtschaft' mitbestimmen. Wo bestehen gesetzlich gesicherte Marktzutrittsbeschränkungen, staatliche Monopole etc.? Man denke daran, welche Güter und Dienstleistungen verboten sind wie bestimmte Drogen oder an die Konsequenzen für die Preise von rezeptpflichtigen Medikamenten, die nur in Apotheken abgegeben werden dürfen etc.

- Zu den externen Einflußgrößen zählen insbesondere auch *Witterungseinflüsse*, wie etwa Dürre- und Hochwasserkatastrophen. Das Wohl ganzer Industriezweige ist von der Wetterlage abhängig: Nicht nur die Fremdenverkehrswirtschaft allein, auch die Schi-, Getränke-, Schneeketten-, Winterreifen- oder Bekleidungsproduzenten u.v.a.m. sind hier betroffen.

- *Gesellschaftliche Moden und Trends* sind vielfach von außen vorgegeben. 'Wo ist es 'in' zu wohnen? Wohin fährt man heuer auf Urlaub?' Als Paradebeispiel für Trends könnte man die 'Bio-', Fitness- und Gesundheitswelle ansehen. Enorme neue Absatzmärkte erschließen sich beispielsweise im Bereich der 'umweltkonformen' Produktion! Welche Inputs werden damit besonders stark gefragt sein? Ein anderes Beispiel: Bildung. Die höhere Bildung hat markante Auswirkungen auf die Nachfrage bestimmter Produkte.

- *Zufällig gemachte Erfindungen*, beispielsweise in der Raumfahrttechnologie haben oftmals ebenfalls markante Auswirkungen auf Angebot und Nachfrage. Hiezu eine aufschlußreiche Anekdote: Als dem Kaiser Tiberius ein Mann gemeldet wurde, der vorgab, ein unzerbrechliches Glas erfunden zu haben, ließ Tiberius ihn vor und fragte ihn, ob denn außer ihm noch jemand von dieser Entdeckung wüßte. Als dieser verneinte, ließ Tiberius ihn hinrichten! Ökonomen wissen warum!

- Ebenso die *zufällige Entdeckung neuer Ressourcen.* Während nach Öl in der Nordsee oder in der Antarktis aufgrund ökonomischer Motive (hohe Preise für dieses Gut) gesucht wird,

6. Angebot und Nachfrage

lassen zufällige Entdeckungen wie beispielsweise von Gold und Silber in der Neuen Welt die Preise dieser Ressourcen ceteris paribus gehörig fallen.

Von besonderer Bedeutung sind auch die *im* Wirtschaftssystem selbst gelegenen Triebkräfte, die *systemendogenen* Ursachen für Änderungen von Angebot und Nachfrage: Sowohl der *technologische Fortschritt* als auch die *'Entdeckung' neuer Ressourcen durch neue Technologien* werden überwiegend durch Marktkräfte, durch die Anreizwirkung des Gewinns bewirkt. Gerade in diesen Fällen sieht man besonders deutlich die Wirkungsweise des Preissystems. Nur dort, wo die Preise entsprechend hoch sind und relevante Knappheiten anzeigen, nur dort ist die Suche nach Substitutions- bzw. Einsparungsmöglichkeiten auch stark ausgeprägt. So verdanken wir im Grunde den Erdölschocks der 70er-Jahre die energiesparenden Technologien im Verkehrs- und Bauwesen. Auch die Suche nach neuen Rohstofflagern (Nordsee, Antarktis) ist erst durch hohe Ölpreise wirtschaftlich durchführbar geworden. 'Entdeckung' meint also in diesem Zusammenhang gar nicht so sehr das tatsächliche Auffinden neuer Rohstofflager, sondern das durch neue Technologien bewerkstelligte 'Wirtschaftlicher-Werden' ihres Abbaues bzw. die Entdeckung von Substituten. Mittlerweile, aufgrund der Angebotsausweitung einerseits und der Nachfragestagnation (Substitution im Konsum) durch effizienteren Verbrauch andererseits, sind die Preise für Rohöl wieder, und nicht unbeträchtlich, gefallen! Ganz allgemein zeigt dieses Beispiel, daß hohe und damit besondere Knappheit signalisierende Preise einer Ressource oder eines Gutes über die hiedurch bewirkten Prozesse (*Spar- bzw. Substitutionsprozesse*) regelmäßig zu einer Entschärfung der Knappheit beitragen. Hohe Preise sind damit die *Grundvoraussetzung* für die Überwindung von Knappheit. Anderenfalls gäbe es einerseits keinen Anlaß für eine intensive Suche nach Substituten dieses Gutes, d.i. im weitesten Sinne alles, was dessen Platz einnehmen kann, andererseits keine Reduktion der Nachfrage.

> **Eine Knappheit kann nur dann 'beseitigt' werden, wenn sie durch entsprechend hohe Preise signalisiert wird.** Nur wenn die Preise entsprechend hoch sind (und keine Zutrittsbeschränkungen existieren), fließen die Ressourcen in diese Branche, um die gewünschten Güter zu produzieren bzw. die benötigten Technologien zu entwickeln und damit letztlich die Knappheit zu entschärfen. Man erkennt: Es wird für die Nachfrage produziert, die Preise als Resultante von Angebot und Nachfrage bestimmen damit den 'Fluß der Ressourcen, der Produktionsfaktoren', sorgen für die von den Haushalten gewünschten Reallokation der Ressourcen.

Es sind dabei die *relativen Preise*, d.h. die *Tauschverhältnisse*, die die (Faktorverwendungs-)Entscheidungen bestimmen. Anhand eines Beispiels läßt sich das am einfachsten zeigen. Angenommen aufgrund der gegenwärtigen Marktkonstellation tauschen sich ein Kilogramm Äpfel (es koste 2 Geldeinheiten) und ein Kilogramm Birnen (es koste 4 Geldeinheiten) im Verhältnis 2:1, d.h. für ein Kilo Birnen bekommt man zwei Kilo Äpfel und umgekehrt. (Der relative Preis für ein Kilo Birnen ist also zwei Kilo Äpfel.) Demgegenüber seien die Produktionskosten für ein Kilo Äpfel und für ein Kilo Birnen gleich groß. Unter diesen Bedingungen, i.e. *relativen Preisen*, ist es natürlich für die Obstbauern vorteilhafter, Birnen zu produzieren und anzubieten. Dabei läßt sich ja ein schöner Gewinn machen. Die relativen Preise haben damit folgende Konsequenzen: Zum einen werden Ressourcen aus der Apfelproduktion zurückgezogen und in die Birnenproduktion umgeleitet. Es kommt also zu einer Reallokation der Produktionsfaktoren. Damit steigt aber das Angebot an Birnen, während das an Äpfeln sinkt. Ceteris paribus muß der Preis für Birnen fallen, jener für Äpfel aber steigen. Damit bekommen die Nachfrager nicht

6. Angebot und Nachfrage

nur mehr Birnen, sie kommen zu dem, was sie wollen, auch noch günstiger![17] Sind dann alle Anpassungsmöglichkeiten an diese relativen Preise ceteris paribus vorgenommen, befindet man sich im Gleichgewicht. Dann entsprechen die Produktionskosten exakt den relativen Preisen und es gibt keine Gewinnerzielungsmöglichkeiten mehr durch eine weitere Reallokation der Produktionsfaktoren. Denn die Ausweitung der Birnenproduktion hat ja – durch das steigende Angebot – nicht nur ein *Fallen* des relativen Preises zur Folge – für ein Kilo Birnen bekommt man vielleicht nur mehr $1\frac{1}{2}$ Kilo Äpfel –, sondern auch *steigende Kosten* in der Birnenproduktion (Gesetz des fallenden Grenzertrages).

Schließlich sind im Zusammenhang mit *systemendogenen Einflußfaktoren* auf Angebot und Nachfrage noch die beiden zentralen Fragen zu stellen:

1. Wie wirken sich *Änderungen im Wirtschaftsklima*, also des Wirtschaftswachstums, des Einkommensniveaus auf die Nachfrage nach bestimmten Gütern aus? *Inferiore* Güter, d.s. solche, die bei steigendem Haushaltseinkommen weniger nachgefragt werden, beispielsweise Schweinefleisch oder Kartoffel, Second-Hand-Clothing, öffentliche Verkehrsmittel wie generell alle Produkte geringerer Qualität werden in konjunkturellen Aufschwungphasen, also bei steigendem Einkommen weniger stark nachgefragt, *superiore* Güter dagegen mehr. *Superiore* Güter kennzeichnet, daß sie bei steigendem Haushaltseinkommen überproportional stark nachgefragt werden. Im Zuge eines Wirtschaftsaufschwungs werden also verstärkt teurere Autos und Fernreisen wie generell Güter gehobener Qualitätsklassen

---

[17] Wie dieses Beispiel zeigt, sind die *absoluten* Preise für die Entscheidungen irrelevant. Verdoppelt sich beispielsweise das *Preisniveau*, ein Kilo Äpfel kostet dann 4 Geldeinheiten, ein Kilo Birnen 8 Geldeinheiten, und die Kosten sind ebenfalls doppelt so hoch, so ändert sich an den dargelegten Entscheidungen und ihren Folgen nichts!

nachgefragt. Dies ist bei der Schaffung neuer Produkte durch den Unternehmer bzw. bei der Produktzusammenstellung (Sortimentspolitik) der Unternehmung von grundsätzlicher Bedeutung.

2. Wie wirken sich Änderungen von Preisen und Mengen bestimmter Güter auf andere Gütermärkte aus, die mit diesen Gütern in der Nachfrage oder im Angebot 'verbunden' sind? Es geht also darum, in einem ersten Schritt zu klären, welche *Substitutions-* bzw. *Komplementaritätsbeziehungen* zwischen einzelnen Gütern bzw. Gütergruppen bestehen. Substitutionsgüter (Auto-, Bus-, Zug- oder Flugreisen) sind solche, die in Konsum und/oder Produktion leicht gegeneinander austauschbar sind, weil sie das gleiche Bedürfnis befriedigen bzw. mit ihnen der gleiche Output erzeugt werden kann. Komplementäre Güter dagegen (wie Auto und Treibstoff, Hard- und Software, Schuhe und Schuhbänder) stiften nur gemeinsam Nutzen. In einem zweiten Schritt sind dann die Veränderungen von Angebot und Nachfrage eines bestimmten Gutes auf Folgewirkungen für andere Märkte zu untersuchen und abzuschätzen. Hier zeigt sich dann, daß die Marktwirtschaft aus einer Kette miteinander verbundener Märkte besteht. Im obigen Beispiel der Substitutionsgüter Apfel und Birne führt beispielsweise eine Mißernte bei den Birnen zu einem starken Preisanstieg, der sich dann auch auf dem Apfelmarkt fortsetzen muß. Denn werden Birnen teurer, dann sinkt auch die nachgefragte Menge danach, weil mit relativ günstigeren Äpfeln substituiert werden kann. Der Nachfrageanstieg am Apfelmarkt wird aber schließlich auch dort zu einer Preiserhöhung führen.

6.7 Das Marktangebot im Zeitablauf: Momentanes, kurzfristiges und langfristiges Angebot

Da gerade in bezug auf das Angebot die *Zeit* eine ganz wesentliche Rolle spielt, soll noch etwas näher die Reaktion des Angebots *im Zeitablauf* untersucht werden. Das Marktangebot kann sich auf

- den *momentanen*, also *ultrakurzfristigen*,

- den *kurz-* oder *mittelfristigen* und

- den *langfristigen* Fall beziehen.

Abbildung 6.7:
Die Anpassung des Angebots im Zeitablauf

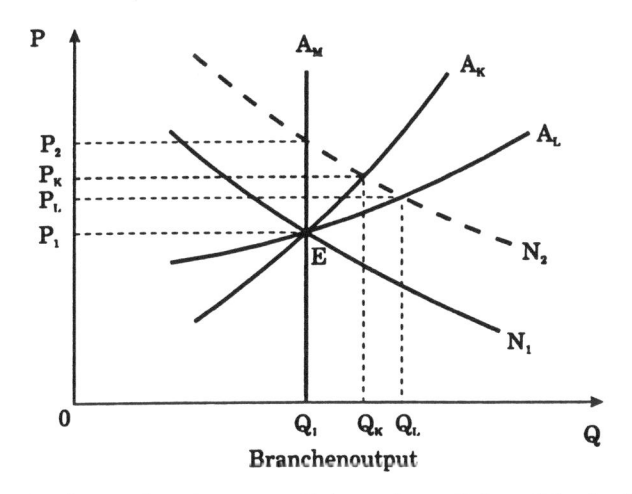

Das zu einem *bestimmten Zeitpunkt* auf den Markt kommende Angebot kann nicht mehr variiert werden, ist also eine feststehende Menge – man denke an das an einem bestimmten Tag auf den Markt gebrachte Angebot an frischen Fischen oder Erdbeeren, beide Produkte sind nicht bzw. kaum haltbar.[18] Dies kommt durch eine *vertikale* Angebotskurve (A_M in Abbildung 6.7) zum Ausdruck. Man

---
[18] Bei haltbaren Gütern kann momentan zwar nicht die Produktion, wohl aber das Angebot über die Lagerhaltung variiert werden.

spricht hier auch von einem *starren* bzw. *völlig unelastischen* Angebot. In diesem Fall sieht man sehr deutlich, daß der Marktpreis ausschließlich von der Nachfrage bestimmt wird. Je nach Lage der Nachfragekurve (N_1, N_2 in Abbildung 6.7) ergibt sich somit ein niedrigerer (P_1) oder ein höherer Preis (P_2).

Das Angebot wird nun in dem Maße reagibler, in dem mehr und mehr Zeit zur Anpassung an die unterschiedlichen Nachfragegegebenheiten eingeräumt wird.[19]

Kurz- bis mittelfristig können die *variablen, nicht aber die fixen* Einsatzfaktoren entsprechend angepaßt werden. Es können beispielsweise entsprechend der Nachfragesituation zusätzliche Schichten gefahren und/oder zusätzliche Arbeitskräfte eingestellt werden.[20] Die Angebotskurve hat dann den üblichen *positiven* Verlauf, d.h. bei steigenden Preisen steigt auch die angebotene Menge.

Langfristig hingegen kann nicht nur die Anpassung *aller* Inputfaktoren, d.h. eine *Variation der Betriebsgröße*, an Änderungen der Marktlage vorgenommen werden, es ist auch der *Eintritt und Austritt* von Unternehmungen möglich – ebenfalls ein definitionsgemäß langfristiges Phänomen.

Bei der *langfristigen Angebotskurve der Branche* kann man nun *drei* Fälle unterscheiden:

---

[19] Als Maß für die Reagibilität oder Sensitivität der angebotenen Menge auf Preisänderungen wird die *(Preis-)Elastizität des Angebots* verwendet. Diese mißt die relative Änderung der angebotenen Menge infolge einer (sie bewirkenden) relativen Änderung des Marktpreises, was sich formal so anschreiben läßt:

$$\kappa = \frac{\Delta Q/Q}{\Delta P/P} = \frac{\Delta Q}{\Delta P}\frac{P}{Q}$$

Die Angebotselastizität ist stets *positiv*, d.h. die angebotene Menge steigt mit steigendem Preis, wobei der exakte prozentuelle Zusammenhang durch die Höhe der Angebotselastizität selbst angegeben wird.

[20] Die Outputanpassung der einzelnen Unternehmung erfolgt also entsprechend der (kurzfristigen) Grenzkostenkurve. Siehe dazu Kap. 4.2.3.3.

6. Angebot und Nachfrage

1. Wenn langfristig beliebige Mengen zu *konstanten Stückkosten* produziert werden können – die langfristige Angebotskurve dieser Branche ist dann eine Horizontale auf Höhe der über beliebige Outputbereiche konstanten Stückkosten (in Abbildung 6.7 nicht eingezeichnet) – dann spricht man von einer *constant-cost*-Branche. Das wird insbesondere dann der Fall sein, wenn durch die Outputerhöhung der Branche die Inputpreise nicht steigen. [21]

2. Normalerweise ist zwar durch den Zutritt neuer Unternehmungen eine Erhöhung des Branchenoutputs möglich, ceteris paribus allerdings in der Regel selten zu konstanten Kosten. Durch den Eintritt neuer Unternehmungen ist ein *Steigen der Inputpreise* wahrscheinlich. Deshalb ist im Regelfall auch langfristig von einer steigenden Marktangebotskurve auszugehen. Industriezweige, für die dies zutrifft, nennt man deshalb *increasing-cost*-Branche.

3. Schließlich ist der Fall einer langfristig fallenden Angebotskurve keinesfalls auszuschließen (in Abbildung 6.8 nicht eingezeichnet). Die Ausweitung des Branchenoutputs führt immer wieder auch zu *langfristig fallenden Stückkosten* der Unternehmungen. Damit wäre die langfristige Angebotskurve der Branche fallend, man spricht von einer *decreasing-cost*-Branche.[22] So lassen sich durch das Branchenwachstum insbesondere die Transportkosten wie die Ausbildungskosten für die Arbeitnehmer regelmäßig markant senken.

Abbildung 6.7 zeigt nun die Anpassung des Angebots an eine Erhöhung der Nachfrage im Zeitablauf, also vom momentanen A_M

---

[21] Das *langfristige* Angebot dieser Branche ist also *unendlich elastisch*.
[22] Eine solche langfristig fallende Angebotskurve einer Branche darf nicht mit *internen Ökonomien der Unternehmung*, also steigenden Skalenerträgen verwechselt werden. Die Angebotskurve einer einzelnen Unternehmung ist hier stets steigend.

über das kurzfristige A_K zum langfristigen Angebot A_L. Das auslösende Moment bildet ein Nachfrageanstieg, dargestellt durch eine Verschiebung der Nachfragekurve nach rechts, von N_1 zu N_2. Da im momentanen Fall überhaupt keine Anpassung des Angebots erfolgen kann, steigt der Preis stark an: von P_1 auf P_2. Kurz- bis mittelfristig erfolgt eine Ausweitung des Angebots über einen Mehreinsatz der variablen Inputs, die Menge steigt auf Q_K, der Preis geht auf P_K zurück. Schließlich kann langfristig gesehen die Kapazität bestehender Unternehmungen erweitert werden und es können neue Unternehmungen eintreten. Infolgedessen steigt die Menge auf Q_L, der Preis fällt auf P_L.

Diese Analyse der Angebotsreaktionen auf eine Nachfrageänderung macht deutlich, daß *kurzfristig die Preise stärker reagieren als die Mengen, während es langfristig genau umgekehrt ist!*[23]

6.8 Das 'Wunder' des marktwirtschaftlichen Allokationsergebnisses

Bei der Beurteilung des Ergebnisses bzw. des marktwirtschaftlichen Prozesses sollte man zwischen der *kurzfristigen* und *langfristigen Perspektive* unterscheiden. Der Unterschied zwischen kurz- und langfristig besteht in der Fähigkeit der wirtschaftlichen Akteure, sich geänderten Gegebenheiten anzupassen. Langfristig wird die Anpassung *umfassender* – wie gerade für die Angebotsseite gezeigt wurde – und damit besser ausfallen als kurzfristig. Das *langfristige Gleichgewicht* ist definiert als eine Situation, in der alle Wirtschaftsakteure alle möglichen Anpassungen an vorgefundene Gegebenheiten vorgenommen haben.

Zunächst zu den *kurzfristigen* Ergebnissen:

1. Gibt es auf einem Markt hinreichenden Wettbewerb, dann führt

---

[23] Reagiert das Angebot nicht auf einen Anstieg der Nachfrage, so entstehen *ökonomische Renten:* Die eingesetzen Faktoren erhalten eine über ihre Opportunitätskosten hinausgehende Entlohnung!

der dadurch sichergestellte Wettbewerbsprozeß in aller Regel zu einem *Marktgleichgewicht*. Dies ist, wie gezeigt wurde, ein Zustand bzw. ein *Allokationsergebnis*, in dem die Pläne *aller* Marktteilnehmer (ja sogar der Nicht-Marktteilnehmer!) in Erfüllung gegangen sind. Im Marktgleichgewicht herrscht ein Preis, zu dem die angebotene Menge der nachgefragten entspricht. Der Markt generiert also *von selbst* durch den *Gleichgewichtspreis* einen Zustand, bei dem *alle individuellen Pläne der Wirtschaftsakteure miteinander kompatibel* sind. Die Abstimmung von Millionen von individuellen Plänen über den Preismechanismus kann durchaus als ein *'Wunder' der Marktwirtschaft* bezeichnet werden.[24]

> **Durch die dem Marktsystem innewohnenden Wettbewerbsprozesse werden die individuellen Pläne aller Wirtschaftssubjekte aufeinander abgestimmt, womit die Koordination arbeitsteilig, hoch spezialisiert arbeitender und damit hoch produktiver Wirtschaftseinheiten gelingt. Der Preismechanismus löst das Koordinationsproblem!**

2. Die zum Gleichgewichtspreis gehörige Gleichgewichtsmenge weist darüber hinaus zwei wesentliche Charakteristika auf:

   (a) Sie stellt die auf einem Markt *maximal* umsetzbare Menge dar. Wenn man davon ausgeht, daß jeder Tauschakt ja nur deshalb durchgeführt wird, weil sich dadurch beide

---

[24] Die theoretische Existenz (im Sinne einer rein logischen Möglichkeit) eines solchen Gleichgewichts kann nun nicht nur für einen einzelnen Markt nachgewiesen werden, in diesem Fall spricht man von einem *partiellen Gleichgewicht*, sondern auch für alle Produkt- und Faktormärkte gleichzeitig, in diesem Fall spricht man von einem *allgemeinen Gleichgewicht*.

Tauschpartner verbessern können, so muß das durch das Marktgleichgewicht realisierte Maximum an umgesetzter Menge gleichzeitig ein *gesellschaftliches Wohlstandsmaximum* bedeuten.

(b) Die Gleichgewichtsmenge wird schließlich zu den *günstigsten* wirtschaftlichen Bedingungen erstellt, d.h. die umgesetzte Menge hätte *günstiger* nicht hergestellt werden können! Denn zum einen verbleiben ja im Markt nur die kompetitiven, also die wettbewerbsfähigen Anbieter, zum zweiten werden die jeweils letzten Einheiten zu den *Grenzkosten* verkauft.[25]

> Daß die Gleichgewichtsmenge die maximal umgesetzte Menge und daß sie zu den kostengünstigsten Bedingungen hergestellt wird, bedeutet, daß dadurch ein Maximum an wirtschaftlicher Wohlfahrt für die Haushalte erreicht wird.

In der *langfristigen* Betrachtung zeigt sich, daß die Unternehmungen nur eine 'normale', eine 'durchschnittliche Profitrate' erwirtschaften, d.h. sie können 'zwar' die *Opportunitätskosten* der Produktion decken, erzielen aber *keinen ökonomischen Gewinn*. Das ist allemal ein respektables Ergebnis, denn es bedeutet, daß mit allen in der Unternehmung eingesetzten Ressourcen das verdient wird, was damit in der besten Alternativverwendung verdient worden wäre. Die Opportunitätskosten beinhalten auch einen entprechenden 'Unternehmerlohn' wie insbesondere auch die Zinsen auf das eingesetzte Eigenkapital.

---

[25] Es handelt sich deshalb um eine effiziente Aufteilung der gewünschten Menge auf die einzelnen Produzenten, weil eine Reallokation der Produktion, eine Verlagerung von einem Produzenten zu einem anderen, mit keinerlei Einsparungen verbunden ist.

6. Angebot und Nachfrage

Kann auf einem Markt ein ökonomischer Gewinn erzielt werden, übersteigen also Erlöse die Opportunitätskosten des Faktoreinsatzes, dann steigen – Wettbewerb, d.h. in erster Linie *offene Märkte vorausgesetzt* – dort sofort neue Unternehmungen ein und der Gewinn wird dann regelmäßig von *zwei* Seiten 'aufgefressen': Durch das gestiegene Angebot fallen – ceteris paribus – die Produktpreise und durch die stärkere Faktornachfrage steigen die Faktorpreise! Das ist die Aussage des *Zero-Profit-Theorems:*

> Im langfristigen Gleichgewicht von Wettbewerbsmärkten gibt es keinen Gewinn im ökonomischen Sinne. Die Einnahmen aus dem Erlös der Produkte decken im Durchschnitt über die Perioden hinweg gerade die Produktionskosten (bewertet zu Opportunitätskosten)!

6.9 Zusammenfassende Beurteilung

Der *Konkurrenzmechanismus* ist ein *Allokationsmechanismus*, der

1. die in einer Volkswirtschaft vorhandenen (knappen) *Ressourcen* (Produktionsfaktoren) in die durch die *Nachfrage aller Haushalte* angezeigten 'dringendsten' Verwendungsrichtungen, beispielsweise in den Haus- und Wohnungsbau, in die Automobilproduktion oder in die Fremdenverkehrswirtschaft lenkt. 'Angezeigt' bedeutet dabei nicht, daß die Haushalte irgendwelche Fähnchen schwingen oder Signalfeuer abschießen, sondern durch ihre *Kaufentscheidung ihre Präferenzen für bestimmte Güter bekunden* und damit die *Preise* dieser Güter entsprechend beeinflussen. Man spricht in diesem Zusammenhang von *Konsumentensouveränität*.[26]

---

[26] Die 'dringendste' Verwendungsrichtung impliziert, daß es sich um finanziell entsprechend ausgestattete Haushalte handelt. Insoweit dies nicht der Fall ist,

> Die Preise, als Resultante von Angebot und Nachfrage – (relativ) hohe für hohe Knappheit, (relativ) geringe für (relative) Überschüsse –, geben also die entsprechenden Signale, an denen sich der 'Fluß der Ressourcen' orientiert.

Über den Marktmechanismus bzw. im Marktgleichgewicht werden schließlich

2. die produzierten Güter den einzelnen Nachfragern nach bestimmten Regeln zugeteilt. Der Marktmechanismus arbeitet auch als *Distributionsmechanismus: Nur wer den Preis eines Gutes auch zu zahlen in der Lage und willens ist, kommt in den Genuß dieses Gutes.*

Insgesamt generiert der Marktmechanismus ein Ergebnis, bei dem

3. die Pläne *aller* Wirtschaftsakteure berücksichtigt und aufeinander abgestimmt werden und darüber hinaus

4. das durch den Wettbewerbsprozeß generierte Allokationsergebnis bestimmten *Effizienzkriterien* entspricht. (Diese werden im nächsten Kapitel diskutiert!)

Zu bedenken ist bei all dem, daß der Marktmechanismus diese enorme, in jeder *arbeitsteilig* produzierenden Gesellschaft zu lösende Aufgabe

1. *zu den geringsten Kosten* (!) erledigt.[27] Man denke vergleichsweise nur an die Koordinationsanstrengungen in Großunternehmungen, ganze Abteilungen sind damit befaßt

---

kann bei einer statischen Betrachtung der Nachfragewunsch nicht in entsprechend kaufkräftige Nachfrage umgesetzt werden.

[27] Siehe dazu genauer Kap. 8.2 und 9.1.

6. Angebot und Nachfrage

und beanspruchen nicht wenig Ressourcen. (Sie stellen damit keinen geringen Kostenbestandteil dar!) Man denke auch an die enormen Ressourcen, die eine gesamtwirtschaftliche Planung und Kontrolle (!) des ökonomischen Prozesses in einer Planwirtschaft beanspruchen würde und die dann nicht mehr für produktive Zwecke zur Verfügung stünden! Knappe Ressourcen werden hier für eine Aufgabe abgestellt, die sie überhaupt nicht bewältigen können, was deshalb zu enormen Fehlentscheidungen und damit zur Ressourcenvernichtung führen *muß*.[28]

2. Der Marktmechanismus *setzt sich von selbst durch!* Damit ist gemeint, daß es keiner Überwachungsinstitution wie etwa in Unternehmungen und Planwirtschaften bedarf, die den einzelnen Wirtschaftssubjekten Sanktionen androhen (und auch durchsetzen), wenn diese das ihnen zugeteilte Plansoll nicht erfüllen.

3. Schließlich nimmt der Marktmechanismus *Veränderungen* der relativen Knappheiten und Überschüsse der Güter *sofort* wahr und *reagiert* darauf durch eine *Anpassung der relativen Preise*, die wiederum die entsprechenden *Signale* für die Reallokation der Ressourcen sowie die Güterverwendung und Güterzuteilung darstellen. (Man erinnere sich des Beispiels mit den Äpfeln und Birnen!) Dies verbürgt die ungeheure *Dynamik* und Leistungsfähigkeit des marktwirtschaftlichen Systems.

Der Konkurrenzmechanismus kann damit in gewisser Weise als ein 'Supervisor' des Marktgeschehens angesehen werden, er sorgt für eine rasche und höchst effiziente *Informationsbeschaffung und -übermittlung* einerseits und für eine effektive *Disziplinierung* der diese Informationen im Eigeninteresse nützenden Marktteilnehmer andererseits.

---

[28] Ganz abgesehen von dem permanenten Zwang eines planwirtschaftlich organisierten Wirtschaftssystems, der eine eigenverantwortliche Lebensgestaltung wenn überhaupt, so nur sehr eingeschränkt zuläßt. Siehe dazu auch Kap. 8.1.

Daß das dadurch sich einstellende Ergebnis, das *Allokationsergebnis*, das die Pläne aller Wirtschaftssubjekte miteinander kompatibel macht, regelmäßig noch besonderen *Effizienzkriterien* entspricht, ist eine ungeheure Leistung, das 'Wunder der 'unsichtbaren Hand', dessen sich kaum einer wirklich bewußt ist und das man nur zu gerne als selbstverständlich hinzunehmen geneigt ist. Die Effizienzeigenschaften von Marktgleichgewichten behandelt das nächste Kapitel.

7. Marktergebnis: Beurteilung und Voraussetzungen des Wettbewerbsprozesses

7.1 Eine kurze Rückschau

Zur Rekapitulation: Ausgehend vom *Knappheitsproblem*, dem *ökonomischen Grundproblem*, wurde skizziert, wie damit in *marktwirtschaftlichen Systemen* umgegangen wird: Die ihren *eigenen Vorteil* verfolgenden Individuen arbeiten, *ohne* dies eigentlich zu wissen, *zum Nutzen aller*. Sie arbeiten *zusammen*, ebenfalls, *ohne* dies eigentlich zu wissen. Jeder hat sich auf irgendeine Beschäftigung *spezialisiert*, produziert nur einen Bruchteil der Güter, die er auch konsumiert, selbst. Alles andere tauscht er auf dem Markt gegen Geld, das er aus dem Verkauf seiner eigenen Leistungen auf dem Markt erlöst hat, ein. Produziert man *arbeitsteilig*, wird *Spezialisierung* ermöglicht, damit steigen *Produktivität* und *Wohlstand*.

Die *Koordination* der weltweit arbeitsteilig ablaufenden Produktion erfolgt nun nicht etwa über ein Ministerium, beispielsweise eines für Rohstoff- und Energiebeschaffung, sondern durch die *auf Märkten zustandekommenden Preise:*

> Der auf Märkten wirkende Preismechanismus signalisiert relative Knappheiten und Überschüsse und lenkt damit die einer Volkswirtschaft zur Verfügung stehenden Ressourcen in die benötigten bzw. gewünschten Verwendungsrichtungen.

'Gewünscht' heißt, daß für ein Produkt tatsächlich eine *Nachfrage*, die Summe der Nachfragewünsche der Haushalte existiert (was graphisch durch die Lage und die Form der Nachfragekurve zum Ausdruck kommt). Miteinander in Konkurrenz stehende gewinnorientierte Unternehmungen haben im marktwirtschaftlichen System einen großen Anreiz, diese Nachfrage möglichst effektiv und effizient zu befriedigen. Sie sind daher ständig auf der Suche nach der Verbesserung ihres Produktprogramms, nach neuen und besseren Produkten und nach neuen und besseren, d.h. kostengünstigeren Technologien. Die *Konkurrenz* ist die unabdingbare Voraussetzung dafür, daß die damit verbundenen Vorteile für die Unternehmungen, ihre Gewinne, im Laufe der Zeit an die Konsumenten weitergegeben werden *müssen*.

> Damit bilden Technologie auf der einen Seite, der Angebotsseite, und die Präferenzen der Haushalte auf der anderen Seite, der Nachfrageseite, die beiden Pole, um die herum sich das ökonomische Geschehen in den Phänomenen Produktion, Tausch und Konsumtion abspielt.

Weder Technologie noch Nachfrage sind nun ein für allemal feststehende Größen. Ganz im Gegenteil! Nach ihnen muß ständig gesucht, sie müssen nach und nach *entdeckt* werden! Diese *Entdeckungsfunktion* übernehmen nun in erster Linie die Unternehmer, sie spielen die zentrale Rolle in jeder Marktwirtschaft: Sie investieren in Forschung und Entwicklung, um neue, kostengünstigere Technologien verfügbar zu machen, sie suchen nach latenten 'Bedürfnissen und konkreten Bedürfnisbefriedigungsmöglichkeiten'. Man kann deshalb sagen:

> Der marktwirtschaftliche Anreizmechanismus führt nicht nur ständig zur 'Entdeckung' neuer Mittel der 'Bedürfniswelt' und Sicherung einer effizienten Nutzung bereits gegebener Ressourcen. Durch das marktwirtschaftliche Anreizsystem werden darüber hinaus sogar neue Ressourcen und Energievorräte (durch neue Technologien) 'entdeckt' und damit fortlaufende Entknappungsprozesse induziert.

7. Marktergebnis: Beurteilung und Voraussetzungen

Die Marktwirtschaft selbst ist also ein Mittel der 'Weltentdeckung', das der Mehrzahl der Menschen immer mehr Güter und Genüsse zugänglich macht. Vor gar nicht langer Zeit war das Hören eines klassischen Konzerts ein nur wenigen Leuten vorbehaltener Genuß. Erst die enormen technologischen Neuerungen der Kommunikationsindustrie – das Ergebnis des marktwirtschaftlichen Anreizsystems – bringen diese nunmehr für jedermann erschwinglichen Genüsse ins Haus! Bis vor kurzem war es unmöglich, in einem 'normalen Menschenleben' so viel von der Welt zu sehen. Die modernen Kommunikations- und Transporttechnologien machen es heute für viele Menschen möglich, die Welt kennenzulernen.

Lassen sich mit einem (neuen) Gut gute Geschäfte machen, was durch den relativ hohen Preis angezeigt wird – womit dieser Preis eine ganz wichtige *Information* weitergibt –, dann werden *bei freiem Marktzutritt* neue Firmen in die Produktion dieses Gutes einsteigen, das *Angebot* wird steigen und der Preis des nunmehr reichlicher vorhandenen Gutes wird *sinken*.[1]

Solches ist in besonders eindrucksvoller Weise in der EDV-Industrie (bei enorm steigender Nachfrage) geschehen. Man denke an die ersten Taschenrechner Ende der 60er Jahre. Behäbige Geräte zu hohen Preisen! *Dieselben* Geräte würden heute nicht zu einem *Zehntel* ihres damaligen Preises einen Käufer finden! Genau so verhält es sich mit dem ersten Computer. Dinosauriergeräte mit, gemessen an heutigen Maßstäben, lächerlicher Leistung! Und heute sind Personalcomputer bereits so günstig, daß man sie in immer mehr Haushalten finden kann. Ein respektables Ergebnis des marktwirtschaftlichen Prozesses!

---

[1] Wie wiederholt betont wurde, sollten dabei jedoch Eigentumsrechte 'auf eigene Ideen' möglichst nicht verletzt werden. Siehe dazu genauer Kap. 5.2.1.

> Das Opportunitätskostenkonzept auf Basis des entgangenen Nutzens ist dabei das Kriterium aller ökonomischen Entscheidungen, sowohl der Haushalte als auch der Unternehmungen.

Auf dem Markt, unabhängig davon, wie ein konkreter Markt zu klassifizieren ist, ob als Monopol, Oligopol, monopolistische oder vollständige Konkurrenz, treffen nun Angebot und Nachfrage aufeinander: Hier bilden sich Preis und Menge.

> In aller Regel werden Kräfte wirksam, die zum Marktgleichgewicht führen. Dieses zeichnet sich dadurch aus, daß durch den Gleichgewichtspreis die Pläne aller Marktteilnehmer (wie auch der Nicht-Marktteilnehmer) aufeinander abgestimmt werden. Damit wird das Koordinationsproblem, das sich bei arbeitsteiligem Wirtschaften stellt, gelöst.

Die *Allokationsergebnisse*, die durch den Marktmechanismus bewerkstelligt werden, bedeuten aber nicht nur *von selbst sich durchsetzende* Koordination der einzelnen Wirtschaftspläne. Die Allokationsergebnisse verfügen in aller Regel über einen äußerst hohen Grad an *Effizienz! Effizienz* bedeutet dabei, ganz einfach formuliert, die *Vermeidung von Verschwendung* welcher Art auch immer, oder, konkreter im Sinne des *ökonomischen Prinzips,* daß – insgesamt gesehen – aus den vorhandenen Mitteln das Beste gemacht wird. Weil im marktwirtschaftlichen System aufgrund der hier existierenden *Anreizstruktur* jeder um den bestmöglichen Einsatz der *eigenen* Ressourcen intensiv bemüht ist – ein solches Verhalten liegt ja im Interesse des einzelnen! –, ist intuitiv klar, daß dadurch die Wohlfahrt insgesamt gefördert, unter bestimmten Voraussetzungen sogar *maximiert* wird. Ein *funktionierendes marktwirtschaftliches System*, also ein *funktionsfähiger Wettbewerb*, insbesondere unter den Anbietern, ist dabei eine *zentrale, jedoch keineswegs immer von selbst gegebene Voraussetzung* für eine möglichst breite Verteilung der Nutzen- und Wohlstandsgewinne.[2] Darauf soll nun im folgenden kurz näher eingegangen werden.

7.2 Marktgleichgewicht auf Wettbewerbsmärkten und Wohlfahrtsmaximierung*

Es sollen nun die Vorteile, die sich im *Gleichgewicht von Wettbewerbsmärkten* regelmäßig allen Marktteilnehmern eröffnen, anhand des Konzepts der *Konsumenten- und Produzentenrente*[3] genauer untersucht werden.

Konsumenten- und Produzentenrente kommen durch den *Tausch* von Gütern auf *perfekten* oder *vollkommenen* Märkten zustande. Wesentliches Charakteristikum eines 'vollkommenen Marktes' ist, daß für das dort gehandelte Gut nur *ein einziger allen Marktteilnehmern bekannter Preis existiert, zu dem alle Markttransaktionen abgewickelt werden.*

Daß sich auf einem Markt tatsächlich nur ein Preis einstellt, setzt in erster Linie ein *homogenes* Gut sowie *vollständige Information aller Marktteilnehmer*, also *vollständige Markttransparenz* voraus. Wäre nämlich ein homogenes, also ein völlig gleichartiges Gut zu unterschiedlichen Preisen zu haben, was den Nachfragern annahmegemäß bekannt ist, dann würde ja nur dort gekauft, wo es am billigsten wäre. Die Nachfrage würde sich auf diesen Anbieter konzentrieren und damit seinen Preis in die Höhe treiben. Gleichzeitig müßte der Preis bei den anderen Anbietern aufgrund der 'abgewanderten Nachfrage' fallen. Deshalb kann es im Falle eines homogenen Gutes und

---

[2] 'Monopolstellungen' haben bei offenen Märkten regelmäßig nur eine kurze 'Überlebensfrist.'

[3] Es geht auf den sehr bedeutenden englischen Nationalökonomen *Alfred Marshall* (1842 - 1924) zurück.

vollständiger Markttransparenz tatsächlich nur einen Preis geben. Man spricht in diesem Zusammenhang vom *Gesetz des einheitlichen Preises* oder vom *law of indifference*.[4]

Dieses Konzept der *vollkommenen Märkte* darf nicht mit dem der *vollständigen Konkurrenz* verwechselt werden.

> **Vollständige Konkurrenz liegt auf einem Markt dann vor, wenn zusätzlich zu den Bedingungen des vollkommenen Marktes so viele Anbieter und Nachfrager auftreten, daß der sich auf dem Markt ergebende Preis für alle Marktteilnehmer ein Datum darstellt, also von ihnen nicht geändert werden kann.**

Alle Beteiligten müssen den Preis als gegeben hinnehmen und können ihn durch eigene Aktionen nicht beeinflussen. Die logische Konsequenz daraus ist, daß sich die Wirtschaftssubjekte mit ihren *angebotenen und nachgefragten Mengen*, die sie ja frei wählen können, an den herrschenden Preis anpassen werden, sie sind also *Preisnehmer* und *Mengenanpasser*.

---

[4] In der Realität ist nun in vielen Fällen weder Homogenität des Produktes, noch vollständige Markttransparenz gegeben. Es bestehen also *sachliche, zeitliche* und *räumliche Präferenzen* der Nachfrager auch in bezug auf gleichartige Produkte (z.B. Treib- oder Heizstoffe). Die Marktteilnehmer sind darüber hinaus regelmäßig nicht vollständig über Mengen und Preise informiert. Diese *unvollständige Information* bedeutet, daß Information selbst ein knappes Gut ist, also mit ihm 'gewirtschaftet' werden muß. Die Anstrengungen (Kosten) der Informationsbeschaffung müssen mit dem Nutzen der zusätzlichen Information abgewogen werden. Die ganze Stadt nach dem günstigsten Preis für ein bestimmtes Hemd zu durchkämmen, wäre irrational. Weil das gewünschte Hemd beim Händler um die Ecke zwar teurer kommt, aber die Kosten weiterer Informationsbeschaffung bzw. des Kaufs in einem entlegenen Einkaufszentrum (Zeitkosten!) schwerer wiegen, kauft man beim Händler um die Ecke zum höheren Preis. In diesen Fällen kommt es zu sogenannten *Multi-Preis-Gleichgewichten*.

7. Marktergebnis: Beurteilung und Voraussetzungen

Beispiele für vollständige Konkurrenzmärkte sind die meisten Kapitalmärkte, die internationalen Rohstoff- und Agrarmärkte. Diese Märkte weisen zumeist eine bestimmte Organisation (Börsen) auf, kein Marktteilnehmer hat irgendwelche Preissetzungsmacht, sondern paßt sich mit seinen (angebotenen oder nachgefragten) Mengen dem herrschenden Marktpreis an.

Bedingung für das Zustandekommen der Konsumenten- und der Produzentenrente ist zwar lediglich das Vorliegen vollkommener Märkte, zunächst sei aber zusätzlich *vollständige Konkurrenz*, also ein *Wettbewerbsmarkt*, unterstellt, dessen Allokationsergebnis nun genauer beurteilt werden soll.

7.2.1 Konsumentenrente*

Abbildung 7.1 zeigt die übliche Darstellung eines Marktgleichgewichtes. Beim sich im Schnittpunkt E von Marktangebotskurve A und Marktnachfragekurve N einstellenden Gleichgewichtspreis P^* wird die *maximale* Menge, die freiwillig angeboten und nachgefragt wird, die *Gleichgewichtsmenge Q^**, umgesetzt. Die Konsumentenrente ergibt sich nun als Fläche P^*DE, also als Fläche *unterhalb* der Nachfragekurve und *oberhalb* der sogenannten Preislinie beim Gleichgewichtspreis P^*.

> Die Konsumentenrente ergibt sich aus der Tatsache, daß auf dem Markt ein Preis herrscht und für jede Einheit des gehandelten Gutes derselbe Preis zu bezahlen ist, während die Zahlungsbereitschaft (der Grenznutzen) der Konsumenten für geringere Mengen dieses Gutes höher liegt als der zu bezahlende Marktpreis.

Für die insgesamt zum herrschenden Gleichgewichtspreis P^* umgesetzte Menge Q^* muß insgesamt der Betrag OP^* x OQ^* *bezahlt* werden. Der Nutzen, der den Konsumenten durch die Konsumtion der Menge Q^* entsteht, ist hingegen durch die *gesamte Fläche unterhalb der Nachfragekurve N* bis zur Gleichgewichtsmenge Q^*, also durch die Fläche $ODEQ^*$ repräsentiert. Der Gesamtnutzen dieser Menge Q^* übersteigt damit den für den Kauf dieser Menge aufzuwendenden Betrag, den sogenannten *Marktwert*. Der *Nettovorteil* für die Konsumenten, die *Konsumentenrente*, ist daher die *Differenz* dieser Flächen $ODEQ^* - OP^*EQ^*$. Sie kommt deshalb zustande, weil *alle* Konsumenten in der Lage sind, die *gesamte* Menge Q^* zum herrschenden Preis P^* zu kaufen, obwohl sie für geringere Mengen *bereit* gewesen wären, einen höheren Preis zu bezahlen.

Abbildung 7.1:
Konsumenten- und Produzentenrente

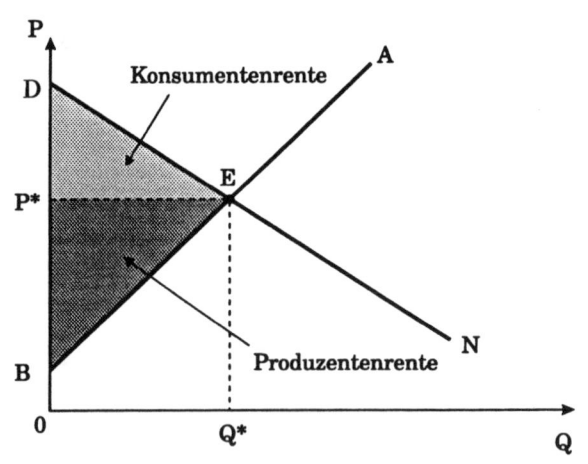

7.2.2 Produzentenrente*

Ganz analog zu dieser Vorgehensweise läßt sich die *Produzentenrente* ableiten. Graphisch gesehen ergibt sich die Produzentenrente als Fläche *oberhalb* der Angebotskurve A und *unterhalb* der Preislinie bei P^*, also als Fläche BP^*E.

7. Marktergebnis: Beurteilung und Voraussetzungen

> Die Produzentenrente ergibt sich ebenfalls aus der Tatsache, daß auf dem Markt ein Preis, der Gleichgewichtspreis P* herrscht, zu dem die gesamte Menge Q* abgesetzt werden kann, während die Grenzkosten für geringere Mengen unter dem erhaltenen Marktpreis liegen.

Deshalb wären die Produzenten auch *bereit*, geringere Mengen zu niedrigeren Preisen zu verkaufen. Durch den Verkauf der Menge Q^* zum Preis P^* ist den Produzenten ein *Erlös* in Höhe von OP^* x OQ^* (*Marktwert*) zugeflossen, während die variablen Kosten der Produktion der Menge Q^* als Fläche *unterhalb* der Angebotskurve (die horizontale Summierung der individuellen *Grenzkostenkurven*[5]), also als Fläche $OBEQ^*$ erkennbar sind. Der *Nettovorteil* für die Produzenten, die *Produzentenrente*, ist daher die *Differenz* dieser Flächen $OP^*EQ^* - OBEQ^*$. Sie kommt eben deshalb zustande, weil die gesamte Menge Q^* auf vollkommenen Märkten zum Gleichgewichtspreis von P^* abgesetzt werden kann, obwohl die Produzenten *bereit* wären, geringere Mengen zu niedrigeren Preisen zu verkaufen.[6]

Produzenten- und Konsumentenrente lassen sich auch durch eine schrittweise Vorgangsweise klar herausarbeiten:

Für die *erste* verkaufte Einheit dieses Gutes wäre gemäß der Nachfragekurve – siehe Abbildung 7.2 –, die ja die summierte *Kaufbereitschaft* aller Nachfrager darstellt, die *Bereitschaft* vorhanden, diese erste Einheit zum Preis von OD zu kaufen. Tatsächlich *muß* aber dafür nur der Marktpreis OP^* ausgelegt werden. Der Nutzen OD der ersten Einheit dieses Gutes übersteigt damit den tatsächlich dafür zu bezahlenden Preis beträchtlich. Die Differenz ist die Konsumenten-

---

[5] Siehe zur Ableitung der individuellen Angebotskurven Kap. 4.2.3.3.

[6] Die Produzentenrente darf (für die kurze Frist) nicht als Gewinn der Unternehmungen interpretiert werden, sondern als Deckungsbeitrag. Da die Angebotskurve ja nur die *Grenzkosten* der Unternehmungen reflektiert, bleibt das darüber hinaus erzielte, d.i. die Produzentenrente, zunächst einmal zur Deckung der Fixkosten.

rente desjenigen Nachfragers, der für die erste Einheit dieses Gutes *bereit* gewesen wäre, einen Preis in Höhe von OD zu bezahlen, jedoch nur den am Markt herrschenden Preis P^* bezahlen *muß*.

Umgekehrt wäre der Produzent der *ersten* Einheit dieses Gutes *bereit*, dieses Gut zum Preis OB zu verkaufen. Tatsächlich konnte er am Markt einen wesentlich höheren Preis realisieren, nämlich OP^*. Die Differenz zwischen höherem Marktpreis und seinen variablen Kosten für diese Menge ist seine Produzentenrente.

Abbildung 7.2: 'Schrittweises Aufdecken' von Konsumenten- und Produzentenrente

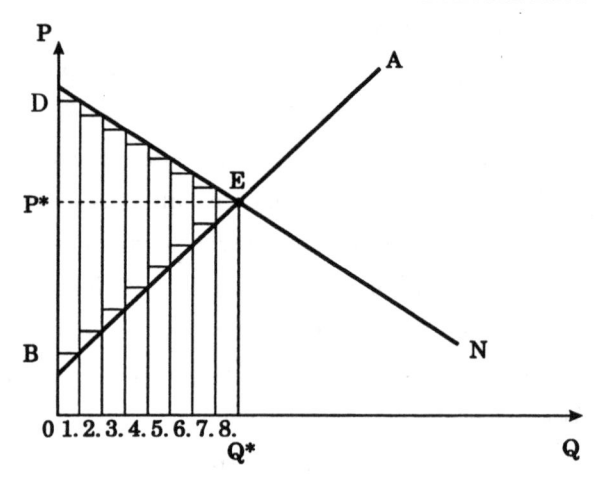

Dehnt man nun diese Überlegungen auf alle Nachfrager und Anbieter aus und führt man dies sukzessive bis zur Gleichgewichtsmenge weiter – wobei sich, wenn man sehr viele Anbieter und Nachfrager für dieses Gut unterstellt, die Kurven glätten und wieder die Gestalt wie in Abbildung 7.1 annehmen –, dann sieht man, daß die *gesamte Zahlungsbereitschaft* aller Nachfrager (d.i. die Fläche unter der Nachfragekurve bis zur Gleichgewichtsmenge) die tatsächlich für die gesamte Menge Q^* am Markt zu bezahlende Summe, den *Marktwert*, bei weitem übersteigt. Die gesamte Konsumentenrente resultiert als *Summe aller individuellen Konsumentenrenten* als Fläche P^*DE. Auf der anderen Seite übersteigt der Marktwert, der dem Erlös der Produzenten entspricht, die Summe der Grenzkosten. Die Differenz ergibt die gesamte Produzentenrente.

7.2.3 Bewertung des Wettbewerbsgleichgewichts*

Untersucht man (siehe Abbildung 7.3) das Ergebnis des Wettbewerbsprozesses, das Marktgleichgewicht, mit der einfachen Plus-Minus-, also Kosten-Nutzen-Logik, näher, dann zeigt sich folgendes:

Um die Menge $Q^* + 1$ absetzen zu können, muß entsprechend der durch die Angebotskurve reflektierten *Kostenstruktur* der Anbieter seitens der Nachfrager die *Bereitschaft* bestehen, die *Grenzkosten* dieser zusätzlichen Outputeinheit auch zu bezahlen. Gemäß der Nachfragekurve, die ja genau diese *Bereitschaft* der Nachfrager reflektiert, ist aber der *Grenznutzen* dieser zusätzlichen Einheit geringer als deren *Grenzkosten*. Weil die Nachfrager also *nicht bereit* sind, die Grenzkosten dieser Einheit zu übernehmen, unterbleibt die Produktion dieser Einheit! Warum soll etwas produziert werden, was niemand will?

Abbildung 7.3: Beurteilung des Marktergebnisses mit Hilfe von Konsumenten- und Produzentenrente

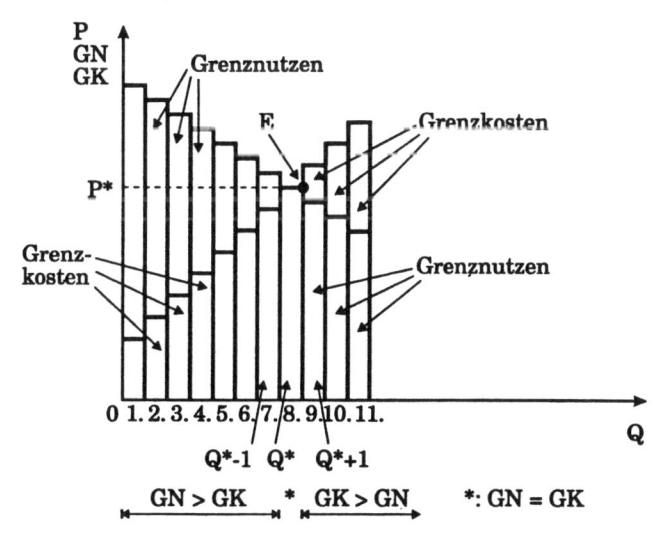

Umgekehrt wäre bei der Produktion von Q^*-1 Einheiten entsprechend der die Kaufbereitschaft der Nachfrager reflektierenden Nachfragekurve der *Grenznutzen* einer zusätzlichen Einheit größer als deren *Grenzkosten*. Entsprechend erfolgt die Produktion dieser Einheit, weil jemand *bereit* ist, die Kosten dafür zu übernehmen.

Man sieht: Exakt im über Wettbewerbsprozesse zustandegekommenen Marktgleichgewicht E, bei Gleichgewichtspreis P^* und Gleichgewichtsmenge Q^*, gilt nun, daß die *Grenzkosten* der zuletzt produzierten Einheit dem *Grenznutzen* der zuletzt nachgefragten Einheit gerade noch entsprechen. Das ist ein besonders interessantes Ergebnis, denn:

> Die Gewinnmaximierungsbedingung der Wettbewerbsunternehmung besagt, daß im Gewinnmaximum die Bedingung
>
> $$GK_Q = P_Q$$
>
> erfüllt sein muß. Und die Bedingung für das Nutzenmaximum des Haushalts lautet, daß die nachgefragte Menge eines vom Haushalt konsumierten Gutes solange ausgedehnt wird, bis gilt:
>
> $$GN_Q = P_Q$$
>
> Hier, im Marktgleichgewicht, wo
>
> $$GK_Q = P_Q^* = GN_Q$$
>
> gilt, sind nun beide Bedingungen erfüllt! Die Marktprozesse arbeiten also von selbst auf ein Ergebnis, das Marktgleichgewicht, hin, das die Optimalitätsbedingungen für Unternehmung und Haushalt erfüllt.

7. Marktergebnis: Beurteilung und Voraussetzungen 167

Das bedeutet aber wiederum nichts anderes, als daß die von den Konsumenten insgesamt *gewünschte* Menge *effizient*, d.h. zu den *geringsten Kosten* produziert wurde, also *günstiger nicht* hätte produziert werden können.[7]

Bewertet man das Ergebnis auf Wettbewerbsmärkten nun mithilfe des Konzepts der Produzenten- und Konsumentenrente, dann sieht man, daß in diesem Marktgleichgewicht die Summe aus Konsumenten- und Produzentenrente und damit – nimmt man dies als Wohlfahrtsmaß – die Wohlfahrt insgesamt in ihrem Maximum ist. Dies läßt sich leicht nachprüfen, indem man die Gleichgewichtssituation E mit Ungleichgewichtssituationen vergleicht (siehe Abbildung 7.4).

Abbildung 7.4: Wohlstandsverlust und Umverteilungseffekt im Ungleichgewicht

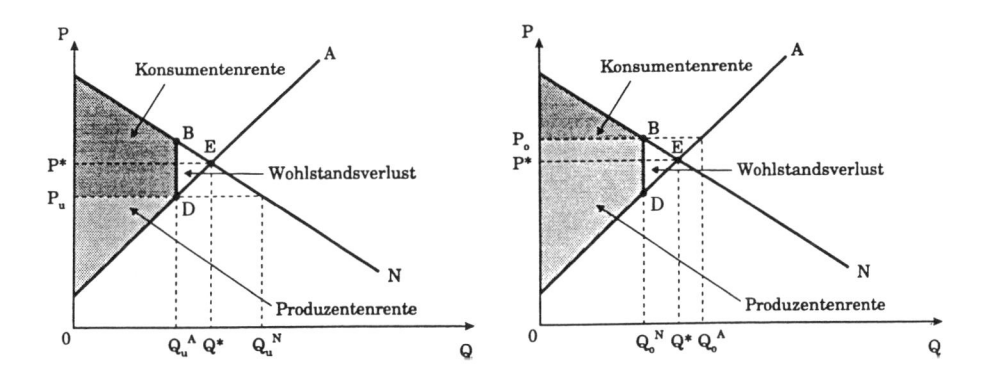

---

[7] Denn die Angebotskurve reflektiert ja die *effiziente* Kostenstruktur der Anbieter, da diese unter kompetitiven Bedingungen regelmäßig am letzten Stand der Technik produzieren. Ein Betrieb, der eine neue Technologie, die die Grenz- und damit die Durchschnittskosten senkt, nicht übernimmt, kann ceteris paribus nicht lange im Markt bleiben. Er wird zunächst zum *marginalen*, zum *Grenzanbieter*, d.h. zu demjenigen Anbieter, der zu den höchsten, gerade noch am Markt unterzubringenden Kosten produziert. Ein auch nur geringes Fallen der Marktpreise zwingt diesen Anbieter zum Marktaustritt.

Nimmt man zunächst einen Preis, der unter dem Gleichgewichtspreis liegt, P_u – man argumentiert jetzt auf der Preisachse, nicht wie vorhin auf der Mengenachse – dann ist die nachgefragte Menge (die auf der Nachfragekurve abgelesen werden kann) Q_u^N größer als die angebotene Menge Q_u^A (die entsprechend auf der Angebotskurve abzulesen ist). Zu diesem Preis P_u herrscht eine *Überschußnachfrage*. Angebotene und nachgefragte Menge sind also bei diesem Preis nicht ident. Es herrscht kein Gleichgewicht, damit gehen nicht alle Pläne der Marktteilnehmer in Erfüllung, denn: *Nur die kürzere Marktseite,* in diesem Fall die Anbieter, können ihre gesamte zu diesem Preis angebotene Menge auch tatsächlich absetzen. Einige Nachfrager hingegen gehen leer aus, sie können das nicht tun, was sie zum Preis P_u tun wollen. Die *tatsächlich umgesetzte* Menge ist in diesem Falle also Q_u^A!

Man sieht, daß hier:

1. die tatsächlich umgesetzte Menge *geringer* als die Gleichgewichtsmenge ist,

2. Konsumentenrente und Produzentenrente sich verändert haben (Verteilungswirkung!) und

3. die *Summe* aus Produzenten- und Konsumentenrente jedenfalls *geringer* ist als im Marktgleichgewicht. Damit ergibt sich insgesamt ein *Wohlstandsverlust,* der dem Dreieck DEB entspricht.

Genau umgekehrt liegen die Dinge in dem Fall, in dem der Preis (P_o) über dem Gleichgewichtspreis liegt. In diesem Falle ist die angebotene Menge größer als die nachgefragte. Zum Preis von P_o wollen die Unternehmungen die Menge Q_o^A anbieten, die Haushalte aber nur die Menge Q_o^N nachfragen. Entsprechend ergibt sich ein *Angebotsüberschuß* von $Q_o^A - Q_o^N$. Die *tatsächlich* umgesetzte Menge ist aber nur die, die beim Preis von P_o auch nachgefragt wird, also Q_o^N. Auch in diesem Falle bestimmt also die *kürzere* Marktseite die umgesetzte Menge, die auch hier, wie in *jedem Ungleichgewicht jedenfalls*

7. Marktergebnis: Beurteilung und Voraussetzungen

geringer ist als die Gleichgewichtsmenge Q^*. Damit ist aber auch die Summe aus Konsumenten- und Produzentenrente *nicht* maximal.

Sowohl die simple *Plus-Minus-Logik*, die Gegenüberstellung von Grenznutzen und Grenzkosten (zu Opportunitätskosten!) einer Handlungsalternative (hier: noch eine Einheit eines Gutes produzieren oder nicht?) als auch das Produzenten- Konsumentenrenten-Konzept führen zu dem Ergebnis, daß bei vollständiger Konkurrenz (auf Wettbewerbsmärkten) das sich einstellende Ergebnis optimal ist, optimal im Sinne von *Pareto-effizient*. Unter Pareto- Effizienz versteht man eine Situation, in der durch die Reallokation der Güter kein Individuum mehr besser gestellt werden kann, ohne daß dadurch ein anderes schlechter gestellt würde.

> Unter bestimmten Umständen generieren freie Wettbewerbsmärkte von selbst, aus sich heraus, ohne staatlichen Eingriff in den Wirtschaftsablauf ein Ergebnis, bei dem kein Wirtschaftssubjekt mehr besser gestellt werden kann, ohne daß dadurch ein anderes schlechter gestellt würde.

Diese Aussage nennt man den *ersten Hauptsatz der Wohlfahrtsökonomik*. Er gehört zweifellos zu den zentralen Erkenntnissen der Mikroökonomik, ist aber freilich 'nichts anderes' als eine Bestätigung des *Smith'schen* Theorems der *unsichtbaren Hand*.

Allerdings darf hier nicht übersehen werden, daß *drei* zentrale Bedingungen, nämlich das *Nichtvorliegen von externen Effekten* (diese werden im nächsten Kapitel diskutiert), das *Nichtvorliegen von öffentlichen Gütern* sowie *vollständiger Wettbewerb* vorliegen müssen, um dieses 'Traumergebnis' zu erzielen.

In der Realität treten nun nicht nur externe Effekte und öffentliche Güter, sondern auch mehr oder weniger unvollständiger Wettbewerb auf. Solange indes grundsätzlich *offene Märkte* und eine *Viel-*

zahl von *Marktteilnehmern* den Wettbewerb bestimmen, kann insoferne von einem *funktionsfähigen Wettbewerb* gesprochen werden, als das gerade abgeleitete Ergebnis der Übereinstimmung von Grenzkosten und Grenznutzen im Marktgleichgewicht ebenfalls erreicht wird. Schließlich darf nicht übersehen werden, daß sich die unverzichtbaren *dynamischen Wachstums- und Wohlstandswirkungen der Marktwirtschaft* nur unter den Bedingungen unvollständigen Wettbewerbs, also bei Vorliegen monopolistischer Elemente einstellen werden.

7.3 Wohlfahrtsverlust beim statischen Monopol*

Verglichen werden nun – aus statischer Sicht – zwei Extremsituationen: das langfristige Gleichgewicht bei vollständiger Konkurrenz mit dem langfristigen Gleichgewicht eines 'echten' Monopols. Dazu seien nicht nur gleiche Nachfragebedingungen unterstellt, sondern zudem, daß sowohl auf dem Wettbewerbsmarkt der *Branchenoutput* als auch der *Marktoutput* des Monopolisten langfristig zu identischen und konstanten Stückkosten hergestellt werden kann. Die Angebotskurve des Wettbewerbsmarktes entspricht also der Grenzkostenkurve des Monopolisten. Obwohl in beiden Marktformen dieselben Kostenstrukturen vorliegen, ist der Unterschied im Marktergebnis besonders kraß: In Abbildung 7.5c ist das langfristige Gleichgewicht des Monopolisten dargestellt: Der Monopolist hat die Macht, durch die Wahl seiner Outputmenge den Marktpreis zu bestimmen. Seinen gewinnmaximierenden Output findet er durch die Gleichsetzung von Grenzerlösen GE_m mit den Grenzkosten GK_m: Diese Übereinstimmung bestimmt sein Marktangebot Q_m^*, das – entsprechend der Marktnachfragekurve (seiner *Preis-Absatz-Kurve*) – zum Preis von P_m^* abgesetzt werden kann. Dies sichert dem Monopolisten den maximalen Gewinn: Er entspricht dem dunklen Rechteck $ABCD$.

Man vergleiche dieses Ergebnis nun mit dem langfristigen Gleichgewicht bei vollständiger Konkurrenz bei identer Kostenstruktur (constant-cost-industry): Das Marktangebot setzt sich zusammen aus einer Myriade kleiner Unternehmungen, die sich mit ihren Mengen an die herrschende Preislage anpassen. In Abbildung 7.5a ist das langfristige Gleichgewicht *einer* solchen Wettbewerbsunternehmung dargestellt (zu beachten ist der andere Maßstab). Die Unternehmung produziert im Minimum der langfristigen Durchschnittskostenkurve. Dort gilt, daß die langfristigen Grenzkosten den langfristigen Durchschnittskosten entsprechen und gleich dem Marktpreis sind.[8] Der damit verbundene Erlös deckt exakt die Opportunitätskosten der Produktion, die Unternehmung macht *keinen* Profit. Es gilt das *Zeroprofit*-Theorem durch freien Marktzu- und Marktaustritt! Da hier eine constant-cost-industry unterstellt wird, ist die *langfristige Angebotskurve der Branche eine Horizontale* auf der Höhe des Minimums der totalen Durchschnittskosten.[9] Das *Marktgleichgewicht* ergibt sich auf Wettbewerbsmärkten beim Schnittpunkt E der Marktangebots- mit der Marktnachfragekurve (siehe Abb. 7.5b). Dort gilt, wie gezeigt wurde: $GK_Q = P_Q^* = GN_Q$.

Der Unterschied im Ergebnis zum Monopol ist nun frappant! Im hier gezeigten und freilich deutlich überzeichneten Fall ist der Marktoutput des Monopolisten trotz der hier unterstellten *gleichen* Kostenstruktur *nur die Hälfte* (!) des Angebots, das im Marktgleichgewicht der vollständigen Konkurrenz zustande kommt (Q_k^*). Damit nicht genug: Der Monopolist erlöst für sein Angebot einen wesentlich höheren (deutlich über seinen Grenzkosten liegenden) Preis.

Wiederholt man hier das 'Spielchen' $Q_m^* + 1$ (eine Einheit mehr, eine Einheit weniger, s.o.), dann zeigt sich, daß das Monopolergebnis fernab jeglicher Effizienz liegt. Denn: Der Grenznutzen einer zusätzlichen Einheit $Q_m^* + 1$ übersteigt die Grenzkosten dieser zusätzlichen Einheit deutlich. Daher wäre es effizient, diese Einheit

---

[8] Also: $lGK = lTDK = P^*$, wobei l für *langfristig* steht.
[9] Die kurzfristige Angebotskurve hat hingegen sehr wohl positiven Anstieg. Die kurze Periode ist eben in der Tat zu 'kurz', daß neue Unternehmungen in diese Branche einsteigen könnten bzw. bestehende Unternehmungen ihre Kapazitäten anpassen könnten.

auch zu produzieren, was eben nicht geschieht, weil ...

Beurteilt man das Ergebnis nun mithilfe des Konzepts der Konsumenten- und Produzentenrente, so zeigt sich ein noch darüber hinausgehender Verlust: Bedeutet das Rechteck $ABCD$ 'lediglich' einen *Transfer* von den Konsumenten zum Monopolisten – was im Falle der vollständigen Konkurrenz Konsumentenrente war, ist hier zur Produzentenrente des Monopolisten geworden –, so ist aufgrund des durch den höheren Preis (im Vergleich zur Wettbewerbslösung) *geringeren Transaktionsvolumens* ein *Nettoverlust* an Konsumenten- *und* Produzentenrente in Form des Dreiecks CBE festzustellen.

Abbildung 7.5: Wohlfahrtsverlust im statischen Monopol

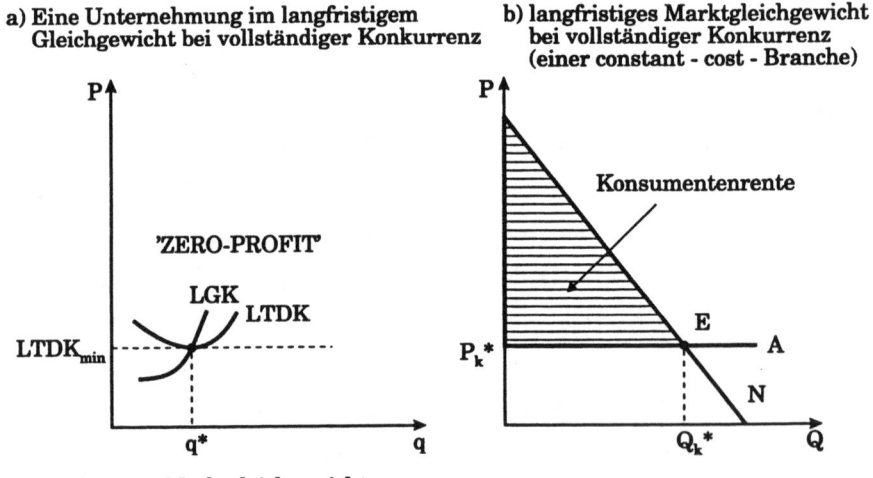

a) Eine Unternehmung im langfristigem Gleichgewicht bei vollständiger Konkurrenz

b) langfristiges Marktgleichgewicht bei vollständiger Konkurrenz (einer constant - cost - Branche)

c) langfristiges Marktgleichgewicht beim 'echten' Monopol (bei konstanten Grenzkosten)

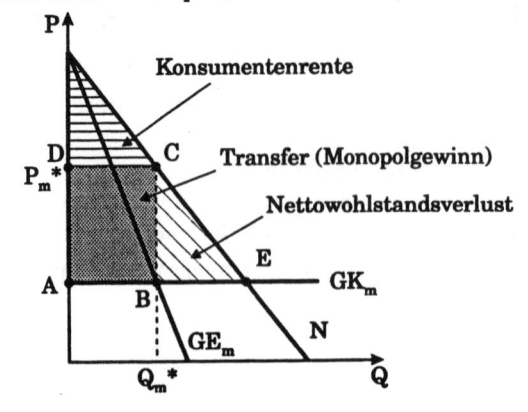

Der hier dargestellte Gewinn des Monopolisten (Rechteck ABCD in Abb. 7.5c) ist nun regelmäßig der Anreiz dafür, eine Monopolstellung einnehmen zu wollen, und der Grund, warum dies *bei grundsätzlich freiem Marktzutritt* nicht lange so bleiben wird. Neue Konkurrenten mit ähnlichen Produkten werden auftauchen, was ein Schrumpfen des Gewinns bedeutet. Es entsteht die Marktform der monopolistischen Konkurrenz. Will man das Schrumpfen des Gewinns nicht hinnehmen, so wird man sich um etwas Neues, Besseres umsehen müssen ...

7.4 Wohlfahrtsverlust durch monopolistische Konkurrenz?*

Der Vergleich zwischen der langfristigen Gleichgewichtslösung eines 'echten' Monopolisten und der der vollständigen Konkurrenz ist eine 'Extremdarstellung'. Trotzdem soll die tatsächlich existierende Gefahr nicht verniedlicht werden, daß es im Zuge des Wettbewerbsprozesses auf den Märkten tatsächlich zu Monopolbildungen oder marktbeherrschenden Stellungen von Unternehmungen kommen kann. Dann ist ein wirtschaftspolitischer Eingriff in das Marktgeschehen angezeigt.

Da in der wirtschaftlichen Realität sehr oft *unvollständige Konkurrenz* in Form von *Oligopolen* – hier teilen sich einige wenige Anbieter den Markt und beeinflussen sich mit ihren Aktionen gegenseitig – und *monopolistischer Konkurrenz* anzutreffen ist, soll nun das langfristige Gleichgewicht der monopolistischen Konkurrenz mit dem der vollständigen Konkurrenz verglichen werden. Abbildung 7.6 zeigt die beiden Gleichgewichtssituationen, links die Situation einer Unternehmung im langfristigen Gleichgewicht der vollständigen Konkurrenz: Keine Gewinne, aber auch keine Verluste! – rechts die ebenfalls bekannte Situation des langfristigen Gleichgewichts einer Unternehmung bei monopolistischer Konkurrenz. Im Unterschied zum Monopolisten, der einen Markteintritt potentieller Mitkonkurrenten wirksam verhindern kann, ist dies bei der Marktform der monopolistischen Konkurrenz nicht der Fall. Machen die dort anbietenden Unternehmungen einen Gewinn, einen *ökonomischen Gewinn*, dann werden andere, neue Unternehmungen in diese Branche einsteigen. Damit sinkt unter sonst gleichbleibenden Umständen die Nachfrage der einzelnen Anbieter (was graphisch in einer *Linksverschiebung der einzelnen Nachfragekurven und damit auch der Grenzerlöskurven* zum Ausdruck kommt.) Im langfristigen Gleichgewicht tangiert die Nachfragekurve eines monopolistischen Konkurrenten gerade noch seine Durchschnittskostenkurve. Die Durchschnittserlöse entsprechen damit gerade den Durchschnittskosten, aus einem Gewinn wird also langfristig auch hier nichts!

Zum Unterschied vom Ergebnis bei vollständiger Konkurrenz produzieren aber bei monopolistischer Konkurrenz die einzelnen Anbieter *nicht im Minimum ihrer Durchschnittskosten*. Hier herrscht *Überschußkapazität, excess capacity!*

Abbildung 7.6: Wohlstandsverlust bei monopolistischer Konkurrenz?

a) langfristiges Gleichgewicht einer Unternehmung der vollständigen Konkurrenz

b) langfristiges Gleichgewicht einer Unternehmung der monopolistischen Konkurrenz

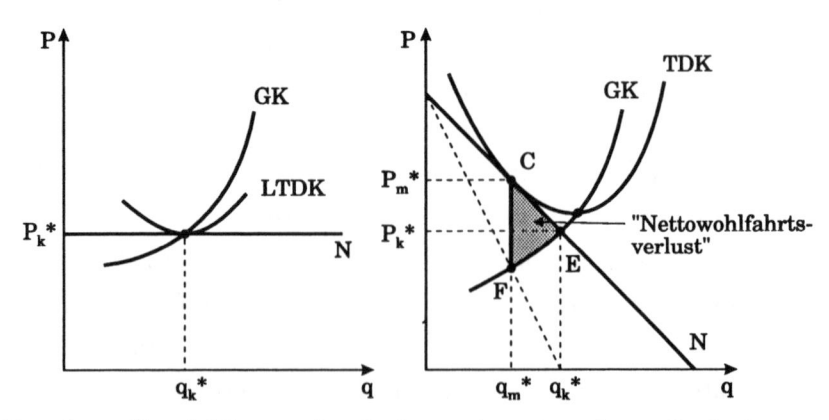

Um einen Vergleich mit der Referenzsituation der vollständigen Konkurrenz vornehmen zu können, muß man allerdings unterstellen,

7. Marktergebnis: Beurteilung und Voraussetzungen 175

daß das produzierte Gut auf beiden Märkten im wesentlichen das Gleiche ist. Das ist etwas problematisch, denn die vollständige Konkurrenz war ja gerade durch die Homogenität, die monopolistische Konkurrenz durch die Differenziertheit des dort gehandelten Produkts gekennzeichnet. Nimmt man als Beispiel den Markt für Zahnpasta, so ist das Grundprodukt an sich vielleicht homogen, die Details aber von Anbieter zu Anbieter unterschiedlich. Geht man deshalb von der weitgehenden Ähnlichkeit des betrachteten Produktes aus, dann kann man das Marktergebnis der monopolistischen Konkurrenz mit dem der vollständigen Konkurrenz mit Hilfe des Konzepts der Produzenten- und Konsumentenrente vergleichen.

Auch hier kommt es zu einer Reduktion des Transaktionsvolumens durch den höheren Preis. Es ergibt sich ein Wohlfahrtsverlust an Konsumenten- und Produzentenrente in Höhe des Dreiecks FCE.[10] Das ist also das *Minus*, die Kosten der Produktvielfalt! Es gibt aber auch ein *Plus* bei monopolistischer Konkurrenz. Dieses Plus besteht eben im Nutzen, der aus der Produktvielfalt resultiert.[11]

Als Resümee läßt sich festhalten, daß weniger die konkrete Marktstruktur zählt, als vielmehr die Offenheit der Märkte und der beobachtbare Wettbewerb *in und um* den Markt. Dies aber ist nicht immer selbstverständlich.

---

[10] Allerdings gibt es hier keinen Transfer von den Konsumenten zu den Produzenten, wie das beim Monopol der Fall ist. Die Durchschnittserlöse des monopolistischen Konkurrenten decken im langfristigen Gleichgewicht ja gerade seine Durchschnittskosten. Auch sieht man in Abbildung 7.6 eine unterschiedliche Kostenstruktur der beiden Anbieter. Man könnte argumentieren, daß die Durchschnittskostenkurve des vollständigen Konkurrenten deshalb tiefer liegt als die des monopolistischen Konkurrenten, weil er sich die Kosten der Differenzierung seines Produktes erspart!

[11] Besitzen die Haushalte eine Präferenz für differenzierte Produkte, dann ist die Nachfrage auf dem Markt der monopolistischen Konkurrenz größer, was einen Zuwachs an Konsumentenrente im Vergleich zur vollständigen Konkurrenz bedeuten könnte.

7.5 Die Voraussetzungen eines funktionsfähigen Wettbewerbs

Zentrale Voraussetzung für das Eintreten der marktwirtschaftlichen Wohlfahrtseffekte, die ja unter anderem bedeuten, daß die Konsumenten langfristig für die Produkte nur die Produktionskosten bezahlen müssen, ist ein *funktionsfähiger Wettbewerb*. Eine wesentliche Voraussetzung, für die mitunter die staatliche *Wettbewerbspolitik* zu sorgen hat, ist die schon erwähnte grundsätzliche *Offenheit der Märkte*, d.h. daß ein Marktzu- und -austritt jederzeit möglich sein muß. Wünschenswert, weil den Wettbewerb stimulierend, ist darüber hinaus, daß möglichst *viele* Konkurrenten im Spiel sind.

Gibt es beispielsweise nur *wenige Anbieter* – man spricht von der Marktform des *Oligopols* – so ist für die Produzenten die Verlockung sehr groß, untereinander Absprachen (Kartellvereinbarungen) zu treffen, die das Angebot reduzieren und damit die Preise hochhalten, um den Gewinn zu erhöhen. Dies ist im Falle weniger Anbieter deshalb naheliegend, weil die *Transaktionskosten,* die Kosten, untereinander Kontakt aufzunehmen und eine Vereinbarung zu treffen, gering, die Wahrscheinlichkeit, beim Schwindeln, also bei einem über die dem einzelnen Anbieter zugestandene Menge hinausgehenden Verkauf, erwischt zu werden, hingegen groß ist. Beide Umstände begünstigen das Entstehen von Preis- und Mengenabsprachen der Anbieter, von *Kartellen.* Aus diesem Grund besteht berechtigte Sorge um die Aufrechterhaltung der Konkurrenz bei oligopolistischer Marktstruktur. Entsprechende gesetzliche Regelungen verbieten daher solche Absprachen, sind aber freilich keine Gewähr, daß diese nicht trotzdem, mitunter sogar stillschweigend, d.h. ohne irgendwelche explizite Absprachen, getroffen werden.

Zumeist bedarf es aber keines die Konkurrenz der Anbieter sicherstellenden direkten staatlichen Eingriffs in das Wirtschaftsgeschehen selbst, wie beispielsweise durch das Verbot einer Fusion oder die Zerschlagung von Kartellen, eben weil die Bedingungen

7. Marktergebnis: Beurteilung und Voraussetzungen 177

für einen funktionsfähigen Wettbewerb, offene Märkte und eine Vielzahl von Anbietern, gegeben sind. Vielmehr erkennt man, daß es mitunter gerade staatliche Regelungen wie beispielsweise Außenhandelsbeschränkungen sind, die das Ideal offener Märkte verhindern.

Von solchen direkten Eingriffen in das Marktgeschehen wie Kartellzerschlagungen und Verboten etc. streng zu unterscheiden sind die *zentralen rechtlichen Voraussetzungen* für einen funktionsfähigen Wettbewerb. Darunter versteht man all jene Bedingungen rechtlich-institutioneller Art, die weitestgehend sicherstellen, daß die Wirtschaftsakteure ihre Transaktionen möglichst reibungs- und komplikationslos vereinbaren und abwickeln können. Diese *rechtlich-institutionellen* Voraussetzungen sind stets von staatlicher Seite sicherzustellen. Sind sie nicht oder nicht hinreichend gegeben, wie beispielsweise in den ehemaligen 'Ostwirtschaften', dann kann eine Tauschwirtschaft nicht oder nur schlecht funktionieren.

Zu diesen grundsätzlichen und vom Staat sicherzustellenden Voraussetzungen marktwirtschaftlichen Tätigwerdens der Wirtschaftsakteure gehören:

1. *die Gewährung und Sicherung von Privateigentum an möglichst allen knappen Gütern sowie einer möglichst freien Verfügungsmacht über diese privaten Güter.* Nur durch das Institut des *Privateigentums,* man spricht hier auch von der *Definition entsprechender Eigentumsrechte*[12] – an möglichst allen knappen Gütern, wie insbesondere auch an geistigen Gütern, ist für die Wirtschaftssubjekte der entsprechende *Anreiz* gegeben, überhaupt wirtschaftlich tätig zu werden, d.h. sparsam mit den knappen Ressourcen umzugehen und zusätzliche und neue Güter in ausreichender Quantität und Qualität zu produzieren. Nur dadurch kommen sie nämlich auch an die Früchte

---

[12] Siehe dazu auch Kap. 9.2.2.

ihrer Bemühungen, und ohne diesen Anreiz besteht kein Anlaß, produktiv zu werden.

Die Praxis zeigt überwältigend: Um Güter, die allen oder sehr vielen gehören, kümmert sich zumeist niemand. Die Konkursmasse der planwirtschaftlichen Systeme führt das drastisch vor Augen. Augenscheinlich wird dieses Phänomen auch in weiten Bereichen der *Umwelt:* Ist sie ein *öffentliches und kein privates Gut,* wird sie nicht von privater Seite produziert, sondern gerade im Gegenteil, von allen – ohne dafür zahlen zu müssen – genutzt und damit vielleicht dramatisch und zum Schaden aller *übernutzt.* Aufgrund der herrschenden Eigentumsrechte wird mit dem kostbaren Gut Umwelt also falsch bzw. überhaupt nicht gewirtschaftet.[13] Man kann davon ausgehen, daß *private* Wohnungen, Häuser und Gärten überwiegend gepflegt und in Ordnung sind, daß dort Energie gespart wird, wo solche Energiesparmaßnahmen sinnvoll sind. Im *öffentlichen* Bereich zeigt sich ein ganz anderes Bild: schmutzige Straßen, Ressourcen- und Energieverschwendung aller Orten! Dies ist so, *weil die Eigentumsrechte, die die Anreizstruktur festlegen, unterschiedlich definiert sind!*

2. Mit der Definition von Eigentumsrechten eng verbunden ist die für wirtschaftliches Tätigwerden unabdingbare *Klarheit über Eigentums-, Verfügungs- und Haftungsrechte. Ohne ausreichende Rechtsklarheit und Rechtssicherheit kann wirtschaftliches Handeln nur sehr eingeschränkt entfaltet werden.* 'Paradebeispiel' hiefür sind wiederum die ehemaligen Ostblockstaaten. Dort Investitionen zu tätigen und das heißt, sich mit großem Einsatz wirtschaftlich langfristig zu binden, ist aufgrund der bestehenden *Rechtsunsicherheit* kaum möglich. Niemand weiß genau, wem was gehört, wer welche Rechte geltend

---

[13] Siehe dazu auch Kap. 9.2.2.1.

7. Marktergebnis: Beurteilung und Voraussetzungen 179

machen kann, welche Verpflichtungen bestehen, etc. Unter solchen Voraussetzungen wie freilich auch bei *politischer Instabilität* kann die Wirtschaft nicht in Schwung kommen!

3. Ebenfalls eng mit den Eigentumsrechten hängt die Institution der *Vertragsfreiheit* zusammen, d.h. die Wirtschaftsubjekte können nicht nur Privateigentum an Gütern erlangen, sondern haben in bezug auf die Verwendung dieser Güter auch weitestgehende Handlungsfreiheit. Für Grundbesitz ist diese Handlungsfreiheit in sehr vielen Staaten stark eingeschränkt, man kann beispielsweise nicht bauen, wie man das möchte, und auch der Verkauf an bestimmte Personengruppen (Ausländer, Nicht-Landwirte) ist unter Umständen nur sehr schwer möglich. Auch das hat zum Teil negative wirtschaftliche Folgen.

An die Vertragsfreiheit knüpft

4. die *Vertragssicherheit* an. D.h. eingegangene Verträge müssen entsprechend erfüllt werden. Werden sie es nicht und wird dadurch ein Tauschpartner geschädigt, dann steht der Staat mit seinem Justizsystem bereit, der geschädigten Partei zu ihrem Recht zu verhelfen. Wie bereits erwähnt, veranlaßt allein die Existenz des *'Leviatan'* Staat viele, sich an die eingegangenen Verträge auch zu halten, d.h. die einmal zugesagte Leistung, für die vielleicht schon bezahlt wurde, auch entsprechend zu erbringen. Es wurde ebenfalls schon darauf hingewiesen, daß für ein funktionierendes marktwirtschaftliches System das Einhalten bestimmter *ethischer Grundregeln* unabdingbar ist. Die weitaus überwiegende Mehrzahl der am Wirtschaftsleben Teilhabenden hält sich an die eingegangenen Verträge, erbringt die zugesagte Leistung. Verstöße gegen dieses Verhalten, beispielsweise die nicht ordnungsgemäße Erfüllung beim Bau eines Hauses oder der zugesagten Qualität eines Reiseservice sind nach wie vor Ausnahmen von der Regel. Würde die grundlegende *'Ethik des*

Tausches' nicht mehr generell eingehalten und sich statt dessen der sogenannte *'Grab the money and run!'-Approach* auf breiter Front durchsetzen, bräche das marktwirtschaftliche System zusammen.

> Wirtschaften spielt sich keineswegs in einem (rechtlichen oder menschlichen) Vakuum ab. Vielmehr ist effizientes Wirtschaften von einem bestimmten ethischen Grundkodex sowie einer rechtlich-institutionellen Infrastruktur, die klare private Eigentums- und Verfügungsrechte, Rechtsklarheit und Rechtssicherheit gewährleisten im entscheidenden Maße abhängig, sodaß ein möglichst reibungsloses Tauschgeschehen ermöglicht ist.

Werden die ethischen Grundregeln menschlichen Umgangs eingehalten und sind die zentralen *Ordnungsaufgaben* des Staates, das Verteilen der Eigentumsrechte und die Aufrechterhaltung der Rechtssicherheit, erfüllt – man spricht in diesem Zusammenhang auch von *Ordnungspolitik* –, dann ist der Weg zu funktionsfähigem Wettbewerb geebnet. Ein *funktionsfähiger Wettbewerb* ist jedenfalls sichergestellt, wenn *zwei* grundlegende Bedingungen erfüllt sind:

1. Es muß zuallererst ein möglichst *freier Zutritt zu und Abgang von* den Märkten gewährleistet sein. Dies ist eine zentrale Aufgabe der *Wettbewerbspolitik!* Es ist sicherzustellen, daß keine oder ohne größere Schwierigkeiten zu überwindende Marktzutrittsbeschränkungen bestehen.[14] Im Falle nicht bzw. äußerst schwer überwindbarer Zugangsbeschränkungen, beispielsweise durch enorme Kapitalerfordernisse (Papierfabrik, Stahlwerk,

---

[14] Interessanterweise bestehen Marktzutrittsbeschränkungen sehr oft gerade aufgrund staatlichen Eingriffs! Man denke an die Vielzahl administrativer (nichttarifärer) Hemmnisse und die Zölle im internationalen Handel.

7. Marktergebnis: Beurteilung und Voraussetzungen 181

Atomindustrie) und damit einer oligopolistischen Marktstruktur sowie eines *natürlichen Monopols*[15] ist jedenfalls eine staatliche Marktaufsicht angezeigt.

Dies ist deshalb eine besonders wichtige Bedingung für funktionsfähigen Wettbewerb, weil damit sichergestellt ist, daß in Zeiten, in denen in einer Branche gut verdient wird, also Profite, *ökonomische Gewinne*, erzielt werden – was als Signal für eine optimale Ressourcenallokation unverzichtbar ist – 'sofort' viele neue Unternehmungen in diese Branche 'wandern', damit das Angebot der Branche steigt und – ceteris paribus – der *Preis* wieder fällt, *beides zum Vorteil der Konsumenten*. Die Gewinne der Branche 'verschwinden' also durch den Wettbewerbsmechanismus wieder. Erwirtschaftet hingegen eine Branche große Verluste, so verbessern sich die Bedingungen für die verbleibenden Unternehmungen durch den *Abzug der Grenzanbieter*.[16] Durch ihren Abzug können die in ihnen gebundenen Ressourcen dann in anderen Branchen, wo sie dringender gebraucht werden, eingesetzt werden.

2. Als weitere Bedingung für funktionsfähigen Wettbewerb kann eine *große Anzahl von Marktteilnehmern,* sowohl auf der Anbieter- als auch auf der Nachfragerseite, angesehen werden. Dies ist am besten durch *internationalen Freihandel* sichergestellt. Damit ist sichergestellt, daß die Anbieter stets versuchen, einander entweder durch Preisreduktionen zu unterbieten, und zwar solange, bis der *Marktpreis den Grenzkosten* der Produktion entspricht (Preiswettbewerb), oder über Qualitätsverbesserungen ihrer Produkte Kunden zu gewinnen su-

---

[15] Siehe dazu Kapitel 5.2.4.
[16] Als *Grenzanbieter* bezeichnet man jene Unternehmungen, die zu den herrschenden Marktpreisen gerade noch ihre Opportunitätskosten decken können. Schon ein geringes Fallen der Preise zwingt diese Unternehmungen zum Marktaustritt.

chen (Differenzierungswettbewerb).

Liegen diese beiden Bedingungen, freier Marktzu- und -austritt sowie die Existenz möglichst vieler Marktteilnehmer auf beiden Marktseiten vor, so ist ein "funktionsfähiger Wettbewerb", d.h. ein solcher, der die Preise tendenziell auf das Kostenniveau drückt und ständige Qualitätsverbesserungen der Produkte bewirkt, sichergestellt.

8. Vorteile, Hindernisse und Probleme des Tauschens

8.1 Zur grundsätzlichen Logik des Tauschens

Den hier umrissenen 'Segnungen der Marktwirtschaft' wird sehr oft und etwas nebulos eine Art 'Ausbeutungstheorie' gegenübergestellt, die behauptet, daß Tauschaktivitäten immer mit der Übervorteilung eines der beteiligten Tauschpartner verbunden seien. Was der eine bei einem Tausch gewinne, müsse notwendigerweise der andere verlieren. Der Tausch wird also als ein *Null-Summen-Spiel* angesehen.

Dieses Vorurteil bzw. Mißverständnis in bezug auf die Marktwirtschaft ist durch die grundsätzliche Überlegung überzeugend entkräftet, daß ein Tausch – eine *freiwillige* und *zweiseitige* Aktion – regelmäßig *beiden Seiten Vorteile bringt*. Denn die beteiligten Akteure werden ein Tauschgeschäft ja nur eingehen, wenn sie sich dadurch einen Vorteil versprechen. Niemand willigt freiwillig in eine Transaktion ein, die offensichtlich mit Nachteilen verbunden ist. Der Tausch ist also regelmäßig keine Ausbeutung, sondern gerade das Gegenteil davon, ein Gewinn für beide Tauschpartner!

An dieser Stelle ist es zunächst entscheidend zu erkennen, daß die Vorteilhaftigkeit einer Transaktion ganz wesentlich davon abhängig ist, *wieviele unterschiedliche Transaktionsmöglichkeiten* dem einzelnen überhaupt zur Verfügung stehen. Gibt es nur *eine* Transaktionsmöglichkeit, beispielsweise für die Arbeitsleistung eines Arbeiters nur *einen* Arbeitgeber – man spricht von einem *Monopson* – oder für die Nahrungsmittelbeschaffung eines Haushalts nur *einen* Anbieter von Nahrungsmitteln (Monopol), dann ist die Entscheidungssituation in der Tat sehr 'eng', denn dann besteht de facto nur die Möglichkeit zu tauschen oder nicht zu tauschen.[1] In solchen Situationen kann das

---

[1] Es ist sehr aufschlußreich, wenn man bedenkt, daß gerade die kommunistischen Parteien der ehemals totalitären Regime des Ostblocks ihre Macht aus der umfangreichen *Monopolisierung* nahezu aller Lebensbereiche herleiteten! Ihre

Tauschen freilich nur mehr sehr als 'bedingt' freiwillig, als das geringere Übel angesehen werden. Es kommt hier aber gerade deshalb zu 'Zwangslagen' bzw. unter Umständen tatsächlich zu einer 'Ausbeutung', weil die zentrale Voraussetzung für die Wohlstandsschaffung, nämlich Wettbewerb, nicht gegeben ist, eine Marktwirtschaft also gar nicht vorliegt!

Damit ist es aber nicht die Marktwirtschaft, die zur Ausbeutung führt, sondern das Nicht-Vorliegen eines ihrer wichtigsten Charakteristika, nämlich des Wettbewerbs. Gerade die Marktwirtschaft ist es, die solche 'Engpässe' bei grundsätzlich offenen Märkten regelmäßig 'sprengt', d.h. ständig aus sich selbst heraus eine Vielzahl von *neuen* Handlungsalternativen generiert. Es *konkurrieren* regelmäßig *mehrere* Arbeitgeber um die Arbeitsanbieter, eine ungeheure *Vielzahl* von Produkten *konkurriert* um die Haushaltsbudgets der Konsumenten. Wäre dies nicht der Fall, gäbe es keine durch Wettbewerb gekennzeichnete Marktwirtschaft, dann wäre es um den Wohlstand schlecht bestellt, denn dann bestünde kein Anreiz zur ständigen Verbesserung der Leistungen, sondern einer zur möglichst umfassenden Ausnutzung ungefährdeter Monopolsituationen. Man erkennt:

> **Wettbewerb ist ein machteinschränkender und als solcher unverzichtbarer Faktor. Gerade die durch Wettbewerb charakterisierte Marktwirtschaft ist ein System, in dem wirtschaftliche Macht einer der effektivsten Disziplinierungen unterliegt.**

'Erlahmt' bzw. 'verschwindet' der Wettbewerb, *'vermachten'* einzelne Märkte, eine Gefahr, die durchaus gegeben ist, dann freilich kann wirtschaftspolitischer Handlungsbedarf seitens des Staates bestehen und die Notwendigkeit gegeben sein, die Machtstellung ein-

---

Macht beruhte auf einer einzigartigen Monopolstellung.

8. Vorteile, Hindernisse und Probleme des Tauschens.

zelner Beteiligter (z.B. ungerechtfertigter Monopole) zu zerschlagen. Die Realität zeigt hingegen bedauerlicherweise, daß sich mitunter gerade der 'Staat' als Mittel, den Wettbewerb auszuschalten, mißbrauchen läßt. Die schon erwähnten *Rent-Seeking-Aktivitäten* sind weit verbreitet und treten in den unterschiedlichsten Kostümen auf![2]

Der Tausch auf offenen Märkten, der sich durch die Möglichkeit der Substitution, d.h. des Wechsels des Tauschpartners, auszeichnet, ist also regelmäßig für *beide Tauschpartner vorteilhaft.* Er ist aber nicht nur die zentrale Voraussetzung für individuelle, sondern auch für die gesellschaftliche Wohlfahrtssteigerung. Nur durch die Existenz von Märkten ist eine *produktivitätssteigernde* Arbeitsteilung und weiterführende Spezialisierung einerseits und eine *nutzensteigernde* Diversifikation im Konsum andererseits möglich. Durch eine *Erweiterung* der Märkte durch internationalen Handel kann eine Vertiefung der Arbeitsteilung und Spezialisierung erreicht werden, und zwar gerade auf jenen Gebieten, auf denen die Tauschpartner über relative Vorteile in der Produktion verfügen – sei es durch die natürliche Ausstattung mit Ressourcen, sei es durch die unterschiedliche Verteilung technologischen Wissens und menschlicher Qualifikationen. Nur durch möglichst umfangreiche Tauschmöglichkeiten, also internationalen Freihandel, wird Macht wirksam diszipliniert und nur dadurch kann das insgesamt zur Verfügung stehende Gütervolumen sowie die Kaufkraft und damit der Wohlstand der Konsumenten beachtlich erhöht werden.

---

[2] Siehe dazu genauer Kap. 10.

Übersicht 8.1: Die Vorteile des Tausches

1. Tausch auf Märkten ist regelmäßig mit Vorteilen für beide Tauschpartner verbunden.

↓↓

2. Tausch auf Märkten ermöglicht Arbeitsteilung und Spezialisierung, damit eine höhere Produktivität und einen höheren Wohlstand.

↓↓

3. Tausch auf Märkten ermöglicht eine Diversifikation im Konsum und damit ein höheres Nutzenniveau für den Konsumenten.

↓↓

4. Eine Erweiterung der Märkte durch internationalen Freihandel fördert den Wettbewerb, ermöglicht weitere Produktivitätsgewinne durch die Reallokation der Ressourcen zu den in einem Produktionsbereich jeweils kompetitivsten Produzenten sowie durch die Ausschöpfung der Vorteile der Massenproduktion — einschließlich der Lerneffekte — und führt so zu einer weiteren Erhöhung der Einkommen und damit der Wohlfahrt der Haushalte.

↓↓

5. Höhere Einkommen ihrerseits erlauben nicht nur höheren Konsum, sondern auch ein erhöhtes Sparen, erhöhtes Sparen erlaubt ein erhöhtes Investieren und damit weitere Produktivitäts-, Wachstums- und Einkommenssteigerungen.

> In einer Marktwirtschaft, d.h. bei grundsätzlich offenen Märkten bzw. bei funktionsfähigem Wettbewerb werden die Wahlmöglichkeiten, die dem einzelnen offenstehen, fortlaufend erweitert, was die Stellung des Haushalts sowohl als Konsument als auch als Ressourcenanbieter verbessert. Kann er doch aus der ständig ansteigenden Anzahl von Alternativen immer besser diejenigen heraussuchen, die seinen individuellen Vorstellungen am besten entsprechen. Dann geht er die Transaktion ein, freiwillig! Der 'Gewinn' für alle Beteiligten liegt damit in der enormen Bereicherung, die im marktwirtschaftlichen System durch die stets zunehmenden Auswahlmöglichkeiten erfolgt. Gerade dadurch wird individuelle Macht auch wirksam diszipliniert. Das marktwirtschaftliche System 'bevorzugt' also keineswegs die großen Unternehmungen noch die kleinen Unternehmungen, sondern arbeitet ständig zum Vorteil der Haushalte.

8.1.1 Das Theorem der komparativen Kostenvorteile von David Ricardo

Aufbauend auf dem von *Adam Smith* in die Metapher der 'unsichtbaren Hand' gekleideten fundamentalen Tauschtheorem formulierte der klassische englische Nationalökonom *David Ricardo* (1772 - 1823) das berühmte *Theorem der komparativen Kostenvorteile*.

> Das Theorem der komparativen Kostenvorteile besagt, daß bei Vorliegen unterschiedlicher relativer Kosten in zwei Ländern der internationale Warenaustausch auch dann von Vorteil für beide Tauschpartner ist, wenn ein Land beide Güter absolut (!) günstiger herstellen kann.

Dies ist am einfachsten anhand eines Beispiels, des sogenannten *'Zwei-Länder-Zwei-Güter-Falls'* zu erklären. Dazu sei angenommen, daß alle Faktoraufwendungen für die Herstellung der beiden Güter Holz und Wein, die in beiden Ländern produziert werden, in Arbeitsstunden angegeben werden können. Betrachtet werden nun diese in Arbeitsstunden gemessenen Produktionskosten in zwei verschiedenen Ländern A und B, die vorerst in gegenseitiger Isolation, also ohne miteinander Handelsbeziehungen zu unterhalten, 'leben'. Bei beiden Produkten hat ein Land (Land A) *absolute Kostenvorteile*, d.h. beide Produkte können in Land A absolut günstiger hergestellt werden. So benötigt man in Land A für eine Einheit Wein 5, für eine Einheit Holz 25 Arbeitsstunden. In Land B dagegen müssen für eine Einheit Wein 10 Arbeitsstunden und für eine Einheit Holz 30 Arbeitsstunden aufgewendet werden. Das zeigt auch Tabelle 8.1:

Tabelle 8.1: **Unterschiedliche komparative Kosten in zwei Ländern A und B**
Arbeitseinsatz in Stunden

1 Einheit von	Land A	Land B
Holz	25 Std	30 Std
Wein	5 Std	10 Std

Aus dieser Tabelle ersieht man, daß in Land A für die Produktion einer Einheit Holz *fünfmal soviel* Arbeit aufgewendet werden muß wie für die Produktion von Wein. Bei vollständiger Konkurrenz in Land A wird damit der Preis von Holz fünfmal so hoch sein wie der von Wein. Holz und Wein tauschen sich damit im Verhältnis 1:5, d.h. für eine Einheit Holz erhält man in Land A fünf Einheiten Wein.

In Land B, das beide Produkte *absolut teurer* herstellt, gelten aufgrund derselben Überlegungen andere *relative Preise*. Hier ist eine Einheit Holz *dreimal* so teuer wie eine Einheit Wein. Holz und Wein tauschen sich also in Land B 1:3, d.h. für eine Einheit Holz erhält man in Land B 3 Einheiten Wein.

8. Vorteile, Hindernisse und Probleme des Tauschens.

Die Frage, die sich nun stellt, ist, was passiert, wenn die Isolation beider Länder aufgehoben und freier Handel zwischen ihnen zugelassen wird. Wie ist es unter den gegebenen Umständen – absolute Kostenvorteile für *beide* Güter in Land *A* – möglich, daß sich für *beide Länder ein Austausch dieser Waren lohnt?*

Ein schrittweises Vorgehen bringt Aufklärung: Wird eine Einheit Holz von Land *B* nach Land *A exportiert*, dann können dort für diese *eine* Einheit Holz bei den in Land *A* geltenden Tauschverhältnissen fünf Einheiten Wein eingetauscht werden. Land *B* profitiert bei dieser Aktion, weil es um *zwei Einheiten mehr* Wein bekommt als 'zu Hause', während Land *A* gleichgut gestellt bleibt. Führt Land *B* diese Transaktion dreimal durch, tauscht es also 3 Einheiten Holz für 15 Einheiten Wein ein, dann 'erspart' es sich 150 Stunden Arbeit für die Weinproduktion im eigenen Land. Diese freigewordenen 150 Stunden können nun in der Holzproduktion eingesetzt werden, was *fünf* zusätzliche Einheiten Holz ergibt. Da für den Import von 15 Einheiten Wein nur drei Einheiten von Holz notwendig waren, ist der Output insgesamt um zwei Einheiten Holz gestiegen. Das zeigt: *Durch diese Reallokation der Ressourcen, die durch Freihandel möglich wird, ist der Output an Holz insgesamt gestiegen!*

Was wird jedoch passieren, wenn Land *B* diese äußerst vorteilhafte Transaktion immer öfter setzt? Dann wird, nach den *Regeln von Angebot und Nachfrage* ceteris paribus, durch die *Erhöhung des Angebots an Holz* in Land *A* dessen Tauschverhältnis (Preis) sinken. Man wird dann nicht mehr fünf Einheiten Wein für eine Einheit Holz eintauschen können, sondern vielleicht 'nur' mehr vier! In diesem Fall hat aber auch Land *A* gewonnen, denn seine Versorgung mit Holz ist billiger geworden, es muß weniger Einheiten Wein dafür aufwenden! Nach den *Regeln von Angebot und Nachfrage* wird ceteris paribus durch die *Erhöhung der Nachfrage nach Holz* in Land *B* dessen Tauschverhältnis (Preis) dort steigen, womit sich die Vorteilhaftigkeit dieser Transaktion mit zunehmendem Transaktionsvolumen reduziert.

Nun die Argumentation 'in die Gegenrichtung': Will Land *A* eine Einheit Holz aus Land *B importieren*, dann braucht es für diese *eine* Einheit Holz bei den in Land *B* geltenden Tauschverhältnissen nur drei Einheiten Wein aufzugeben, also um zwei Einheiten weniger als 'zuhause'. Land *A* profitiert also bei dieser Aktion, während nunmehr Land *B* gleichgut gestellt bleibt.[3] Dieser Profit von Land *A* ergibt sich wie folgt: Da es nun eine Einheit Holz importiert, werden in der dortigen Holzproduktion 25 Arbeitsstunden frei. Setzt man diese in der Weinproduktion ein, so erhöht sich der Output von Wein um 5 Einheiten. Da nur drei Einheiten Wein für den Import einer Einheit Holz notwendig waren, ist der Output insgesamt um zwei Einheiten Wein gestiegen. Wiederum zeigt sich: *Durch diese Reallokation der Ressourcen, die durch Freihandel möglich wird, ist der Output an Wein insgesamt gestiegen!*

Was wird jedoch passieren, wenn Land *A* seine vorteilhaften Importe aus Land *B* weiter ausdehnt? Wiederum wird es, nach den *Regeln von Angebot und Nachfrage* ceteris paribus, durch die *Erhöhung der Nachfrage nach Holz* in Land *B* zu einem Steigen von dessen Tauschverhältnis (Preis) kommen. Man wird dann nicht mehr 'bloß' drei Einheiten Wein für eine Einheit Holz eintauschen können, sondern vielleicht vier Einheiten Wein für eine Einheit Holz in Land *B* aufwenden müssen. In diesem Fall hat aber auch Land *B* gewonnen, denn seine Versorgung mit Wein ist nunmehr billiger geworden, es muß weniger Einheiten Holz für eine Einheit Wein aufwenden! Nach den *Regeln von Angebot und Nachfrage* wird ceteris paribus durch die *Erhöhung der Nachfrage nach Wein* in Land *A* dessen Tauschverhältnis (Preis) dort steigen, womit sich die Vorteilhaftigkeit dieser Transaktion mit zunehmendem Transaktionsvolumen reduziert.

---

[3] Beide Argumentationsführungen machen klar, daß nicht etwa des *Exportierens* bzw. eines *Exportüberschusses* wegen exportiert wird, sondern um damit Güter, die andere Länder billiger herstellen, *importieren zu können!*

8. Vorteile, Hindernisse und Probleme des Tauschens.

> **Bei internationalem Freihandel wird sich jedes Land verstärkt auf die Produktion jener Güter spezialisieren, bei denen es relative, also komparative Kostenvorteile aufweist. Davon profitieren beide Länder, denn es wird das jeweils teurere Gut billiger und durch die Reallokation der Produktionsfaktoren mit den zur Verfügung stehenden Ressourcen insgesamt mehr an Output produziert.**

Das bedeutet aber nicht, daß in einem Land nur mehr wenige oder gar nur mehr ein Gut produziert würde. Denn mit zunehmender Produktion eines Gutes setzt schließlich das Gesetz der fallenden Grenzerträge ein, d.h. die Produktion zusätzlicher Einheiten wird schließlich immer teurer, womit der komparative Vorteil sukzessive schwindet. Es zeigt sich auch, daß sich nach Ausschöpfung aller Gewinnmöglichkeiten die relativen Preise in beiden Ländern angeglichen haben werden.

8.2 Die Bedeutung der Transaktionskosten

Wie (insbesondere in den Kapiteln 6 und 7) gezeigt wurde, 'arbeiten' die Marktkräfte nicht nur in Richtung Koordination von Millionen von einzelnen Wirtschaftsplänen, sondern darüber hinaus sogar auf eine gesellschaftliche Wohlfahrtsmaximierung hin. Dieses Ergebnis läßt sich allerdings nur ableiten, wenn ganz bestimmte *Voraussetzungen* vorliegen, für die wiederum in erster Linie der Staat verantwortlich ist. *Privates* Agieren ist also nicht grundsätzlich gegen staatliches Agieren auszuspielen, es geht vielmehr darum, den jeweiligen 'Verantwortungsbereich' von Privat und Staat richtig abzustecken. Privat und Staat 'ergänzen' sich insoferne, als das wirtschaftliche Handeln der Privaten 'staatliches Handeln' im Sinne staatlich festzulegender *Rahmenbedingungen* voraussetzt. Während der Staat für die 'Spielregeln' und für die Überwachung ihrer Einhaltung seitens der privaten Spieler zu sorgen hat, machen die Privaten das 'Spiel' selbst unter sich aus, wobei die Regeln des Spiels für alle gleichermaßen Gültigkeit haben sollten.

> **Das ökonomische Spiel schlechthin ist zweifelsfrei der Tausch.**

Tagtäglich schließt man unzählige Transaktionen, Tauschgeschäfte, mit vielen zum Teil völlig unbekannten Tauschpartnern ab. Warum eigentlich? Geht man davon aus, daß ein Tausch eine *freiwillige* Transaktion darstellt, dann liegt es nahe, daß sich durch den Abschluß eines Tauschgeschäftes *beide* Tauschpartner verbessern, d.h. *ihre Wohlfahrt erhöhen* konnten. Warum hätten sie sonst wohl getauscht?

Zu übersehen ist dabei keineswegs, daß bei einem Tauschakt regelmäßig auch 'Tauschkosten' – man spricht in diesem Zusammenhang von *Transaktionskosten* – entstehen. Diese Transaktionskosten sind alle Aufwendungen, die für das Zustandekommen eines Tauschakts selbst erforderlich sind, sie sind also ein mit dem Tausch selbst verbundenes Minus. Transaktionskosten spielen im wirtschaftlichen Geschehen eine ganz entscheidende Rolle.

Vereinfachend könnte man als Transaktionskosten auch all jene Kosten eines Tauschgeschäftes ansehen, *die über den Marktpreis eines Gutes hinausgehen*. Beim schon erwähnten Beispiel des Kaufs dieses Buches, entstanden nicht nur Kosten, die sich unmittelbar im Kaufpreis (der für andere Verwendungen nicht mehr zur Verfügung steht!) niederschlagen, sondern auch Zeitkosten, die mit dem Kaufakt selbst verbunden sind.

8. Vorteile, Hindernisse und Probleme des Tauschens.

**Übersicht 8.2: Transaktionskosten:
Definition und Begründung**

> 1. **Transaktionskosten sind all jene Kosten,** die mit einer/einem Transaktion/Tausch in Zusammenhang stehen, die also durch die Suche nach einem passenden/dem passendsten Tauschpartner, durch den Abschluß und die Abwicklung eines Tauschgeschäftes bedingt sind.

↓↓

> 2. Es geht dabei also um die Frage: Welche Aufwendungen sind notwendig, um ein vorteilhaftes Tauschgeschäft einzugehen und durchzuführen?

↓↓

> 3. Entscheidend ist: Was bestimmt die Höhe der Transaktionskosten?

↓↓

> 4. Schließlich: Wie lassen sich Transaktionskosten reduzieren?

Um die Transaktionskosten zu eruieren, ist zu fragen, welche Aufwendungen nötig sind, *damit* es überhaupt zu einem vorteilhaften Tauschgeschäft kommen kann: Sieht man von der *rechtlich-institutionellen Infrastruktur* ab, deren grundsätzliche Bedeutung für das Funktionieren des marktwirtschaftlichen Prozesses nicht oft genug unterstrichen werden kann und die auch für die Höhe der Transaktionskosten von entscheidender Bedeutung ist, so stehen an erster Stelle, wie schon erwähnt, die Aufwendungen, die nötig sind, um aus der ungeheuren Menge möglicher Tauschpartner einen geeigneten bzw. möglichst den geeignetsten Tauschpartner ausfindig zu machen. Im einzelnen zählen zu den Transaktionskosten:

1. die Kosten der *Bekanntgabe der eigenen Angebote* (z.B. Werbung & Marketing) bzw. die Kosten des *In-Erfahrung-Bringens* fremder Angebote (z.B. Kauf von entsprechenden (Fach-)Zeitschriften und Studium des (eines bestimmten) Wohnungsmarktes bzw. Kosten einer Annonce). Man bezeichnet all diese Kosten als *Suchkosten*;

2. die Kosten der *Prüfung der einzelnen Alternativen* (hohe Zeitkosten);

3. die Kosten des *Vertragsabschlusses* selbst (z.B. Notariats- und Rechtsanwaltsgebühren oder 'bloß' Vertragsgebühren);

4. die Kosten der *Sicherstellung* der Ausführung (z.B. Zeitkosten für regelmäßige Überwachung der Erfüllung durch den Partner etc.) bzw. die Kosten der Schlichtung von Meinungsverschiedenheiten bzw. bei nicht vereinbarungsgemäßer Vertragserfüllung.

Transaktionskosten verteuern Transaktionen, verteuern Tauschgeschäfte, sie können unter Umständen so hoch sein, daß ein Tausch selbst nicht mehr lohnend erscheint. Märkte können daher aufgrund zu hoher Transaktionskosten erst gar nicht entstehen.[4]

Es ist leicht zu erkennen, welche grundlegende Bedeutung in diesem Zusammenhang der *ethischen Grundeinstellung der Tauschenden* wie der *rechtlich-institutionellen Infrastruktur* zukommt. Das durch die 'Tauschethik' hergestellte *Vertrauensverhältnis* und die durch das Rechtssystem bewirkte *Rechtsklarheit* und *Rechtssicherheit* reduzieren die Transaktionskosten beträchtlich. *Umsatz-* oder *Mehrwertsteuern* können gewissermaßen als 'Tribut' für die Nutzung dieser vom

---

[4] Diese Problematik ist insbesondere auch bei externen Effekten im Umweltbereich relevant. Siehe dazu Kap. 9.2.2.1.

8. Vorteile, Hindernisse und Probleme des Tauschens. 195

Staat bereitgestellten *öffentlichen Güter* Rechtsklarheit und Rechtssicherheit interpretiert werden, die ja auch finanziert werden müssen. Andererseits reduzieren diese *Transaktionssteuern* das Transaktionsvolumen – weil sie jede Transaktion verteuern – und wirken insoweit wiederum wohlfahrtssenkend.

Gingen dieser *ethische Grundkonsens* bzw. *Rechtsklarheit* und *Rechtssicherheit* verloren, dann würde das Transaktionsvolumen, die Anzahl der Tauschhandlungen, drastisch sinken. Der Mann, der die tägliche Zeitung bringt, muß jetzt täglich bezahlt werden, denn wird er im vorhinein bezahlt, kommt er vielleicht nicht mehr, wenn er bis zum Monatsende mit der Bezahlung wartet, bekommt er sein Geld vielleicht nicht mehr, weil der Empfänger die Leistung bestreitet.

Anhand dieses simplen Beispiels erkennt man deutlich, wie bedeutsam ein bestimmtes ethisches Verhalten, Rechtssicherheit und Rechtsklarheit, also die *'kulturell-normativ' und staatlich festgelegten und notfalls auch durchgesetzten Spielregeln* für das möglichst reibungslose Funktionieren unserer 'Tauschwelt' sind.

Transaktionskostensenkend wirkt auch die Einführung von Handelsklassen, die eine genaue Spezifizierung von Gütern erlaubt. Bei allen auf Börsen gehandelten Gütern muß deren Homogenität (Gleichartigkeit) sichergestellt sein. Dadurch herrscht absolute Klarheit über das zu handelnde Gut, eine weitere Diskussion über die Qualität wird überflüssig, und von den Tauschparteien sind lediglich die Bedingungen des Tausches (Preis und Lieferkonditionen) selbst auszumachen. Ähnlich wirken Produktnormen. Auch sie machen ein näheres Spezifizieren des gehandelten Gutes überflüssig.

Der *marktwirtschaftliche* Prozeß selbst trägt ebenfalls wesentlich zur Senkung der Transaktionskosten und damit zur Nutzenerhöhung aller bei. Denn der Konkurrenzmechanismus bewirkt eine hohe *Transparenz,* d.h. Übersichtlichkeit der in der Realität stets mehr oder minder stark *segmentierten Märkte*.⁵ Der Markt 'produziert' Informationen, die für ein effizientes Handeln eine grundlegende Voraussetzung darstellen. Als Nachfrager nach 'Urlaub' stünde man den unzähligen 'Urlaubsanbietern' in vielen unterschiedlichen Ländern reichlich verloren gegenüber. Den gewünschten Marktüberblick verschafft in dieser Situation ein Reisebüro. Dieses – freilich diszipliniert durch seine Mitkonkurrenten – tritt als 'Mittler' auf. Es verfügt über die Marktübersicht, es kennt die verschiedenen Urlaubsanbieter im In- und im Ausland, ihre Preise, ihre Produkte, die Qualität etc. In dieser Kenntnis stellt es sein 'Sortiment' zusammen, wobei es bemüht sein muß, dies möglichst 'gut' zu tun, möglichst besser als das Konkurrenzreisebüro, das der Konsument vielleicht auch aufsuchen wird.

Vermittler, Groß-, Zwischen- und Kleinhändler erfüllen im Grunde dieselbe Funktion wie die des eben erwähnten Reisebüros. Sie verschaffen den Konsumenten (den Nachfragern) einen Marktüberblick, den sie sich ohne diese Vermittlungstätigkeit viel teurer erkaufen müßten. Man denke bloß an den mit dieser Informationssuche verbundenen Zeitaufwand! Diese Zeit ist dann *anderweitig*, also für Produktions- und/oder für Konsumtionsaktivitäten nicht mehr verfügbar. Der 'Handel' beschafft den Konsumenten freilich auch die Güter dort, wo man diese 'bequem' kaufen kann. Auch damit reduzieren Händler die Transaktionskosten der Haushalte.⁶

Denn mit der *'reinen' Abwicklung einer Transaktion*, beispielsweise dem Lebensmitteleinkauf eines Haushalts, sind ganz spezifische *Transaktionskosten* verbunden, nämlich die Zeit und Mühe des Einkaufen-Gehens selbst. Genau deshalb kauft man nicht jedes ein-

---

⁵Segmentierte Märkte liegen vor, wenn dasselbe Produkt in unterschiedlichen Märkten, beispielsweise auf dem Inlands- und dem Auslandsmarkt, zu unterschiedlichen Preisen angeboten wird.

⁶Die Kosten des Transports, des physischen Bewegens der Waren *durch die Händler* von einem Ort zum anderen sind jedoch *keine* Transaktionskosten! Es handelt sich dabei um ganz normale Produktionskosten, wobei die Produktion hier in der Überwindung von räumlichen Distanzen besteht.

8. Vorteile, Hindernisse und Probleme des Tauschens.

zelne Stück separat ein, sondern geht in bestimmten Abständen zum Lebensmittelhändler, um gleich mehreres auf einmal zu besorgen. Damit sinken die Transaktionskosten des Lebensmitteleinkaufs. Einen Teil dessen, was man sich durch diese Aktivitäten des Handels erspart, verlangt der Händler freilich als sein 'Honorar', das Entgelt seiner Leistung (er selbst muß ja teurer verkaufen als er einkauft, andernfalls kann er nicht im Markt bleiben!). Der Handel arbeitet zudem auch gegen die Segmentierung der Märkte und ebnet damit bestehende Preisunterschiede tendenziell ein: Es wird dort gekauft, wo eine Ware billig ist, und dort verkauft, wo eine Ware teuer ist (also in der Einschätzung der Konsumenten hoch steht).

Eines der wichtigsten Instrumente zur Senkung der Transaktionskosten ist das *Tauschmedium Geld.* Geld ist ein gesetzliches und allgemein akzeptiertes, d.h. von jedem zur Tilgung einer Schuld anzunehmendes und regelmäßig auch gerne angenommenes Zahlungsmittel. Es reduziert die Transaktionskosten vor allem deshalb ungemein, weil es die Suche nach einem geeigneten Tauschpartner, der exakt den 'gegengleichen' Tauschwunsch hat, überflüssig macht. In einer Tauschwirtschaft ohne Geld – man spricht auch von einer *barter-economy* – müssen, damit es zu einer Transaktion kommt, die Tauschpartner in ihrem Tauschwunsch spiegelbildlich übereinstimmen. Wollen beispielsweise sizilianische Bauern ihre Zitronen und Orangen gegen Holz aus den gemäßigten Breiten eintauschen, so müssen sie einen Tauschpartner finden, der seinerseits Holz aus gemäßigten Breiten gegen sizilianische Zitronen und Orangen, und nicht gegen sizilianische Tomaten tauschen will. Es versteht sich von selbst, daß die Suche nach einem Tauschpartner mit exakt dem 'gegengleichen' Tauschwunsch – man spricht dann vom Vorliegen der *doppelten Koinzidenz* – einer Suche nach der Nadel im Heuhaufen gleichkommt.[7]

---

[7] Das Problem der *doppelten Koinzidenz* ist beispielsweise auf dem 'Heiratsmarkt' nicht zu umgehen. Interpretiert man eine Ehe als den Austausch von gegenseitiger Zuneigung, so besteht der Idealfall ja darin, daß eine Person ihre

Da in diesem Fall die Transaktionskosten extrem hoch sind, wird erst gar kein Tausch zustandekommen. Die einzelnen Wirtschaftssubjekte können sich damit aber nicht auf einen marktmäßigen Austausch in größerem Umfang einstellen. Die *Spezialisierung in der Produktion* wäre drastisch eingeschränkt und die Produktivität deshalb sehr *gering*. Damit sind bei gegebenem Stand an Ressourcen weniger Güter verfügbar. Auf der anderen Seite ist ohne die Existenz eines allgemein akzeptierten Tauschmittels auch nur eine äußerst bescheidene Diversifizierung im Konsum möglich. Jeder Tauschakt fordert ja das Vorliegen exakt spiegelbildlicher Tauschwünsche! Der Wohlstand wäre damit in Tauschwirtschaften um einiges geringer als in einer Geldwirtschaft.[8]

> **Die Einfühung von Geld als ein allgemein akzeptiertes Zahlungsmittel macht das Vorliegen von doppelter Koinzidenz überflüssig. Dies erleichtert den Tausch von Gütern ungemein und ist damit mit einem enormen Produktivitätsschub und Nutzengewinnen verbunden.**

Zuneigung zu einer ganz bestimmten und gerade nicht irgendeiner anderen Person gegen deren Zuneigung austauscht. Die Transaktionskosten, die mit dem Finden des richtigen Partners verbunden sind, sind dementsprechend hoch. Man vergegenwärtige sich die Zustände, die einträten, würden alltägliche Tauschakte mit den gleichen Problemen wie auf dem 'Heiratsmarkt' verbunden sein.

[8] Hinzu kommt, daß in einer reinen Tauschwirtschaft ohne Geld auch die Funktion des Geldes als einfaches und probates *Rechenmittel* nicht zum Tragen kommen würde. Schon bei relativ geringer Anzahl von Gütern in dieser Wirtschaft, würde die Anzahl der Tauschraten der einzelnen Güter zueinander schlichtweg 'explodieren'! So gibt es bei N Gütern nicht weniger als $\frac{N(N-1)}{2}$ relative Preise! Die hier nötige Informationsverarbeitung wäre eine enorme, aber völlig unnötige Mühsal. Einigte man sich nun, daß ein bestimmtes Gut die Zahlungsmittelfunktion übernimmt, also zu Geld im weitesten Sinne wird, dann reduziert sich die Zahl der Preise in dieser Wirtschaft auf ganze $(N-1)$ *Geldpreise* der einzelnen Güter. Die *Rechenmittelfunktion* des Geldes wirkt also ebenfalls transaktions- und damit wohlfahrtssteigernd.

8. Vorteile, Hindernisse und Probleme des Tauschens.

Die Geldwirtschaften sind beim Versuch, immer kostengünstigeres, d.h. Transaktionskosten sparendes Geld zu finden, also auf der Suche nach der *transaktionskostenminimalen Form des Geldes* sehr erfolgreich gewesen. In früheren Zeiten war Gold das allgemein akzeptierte Zahlungsmittel, dessen Handling jedoch mit großen Kosten und Risiken verbunden. Heute sind es kaum mehr die leicht transportierbaren Banknoten. Mit dem *Buchgeld*, über das man mit Scheck oder Anweisung sehr einfach verfügen und mit dem man mit einer Unterschrift Verbindlichkeiten in Taiwan oder wo auch immer tilgen kann, hat man wohl das bis dato effizienteste Tauschmittel entdeckt.[9]

8.3 Probleme aufgrund asymmetrischer Informationsverteilung

Die beidseitige Vorteilhaftigkeit eines Tausches ist zweifelsfrei die Regel. Freilich kann sich hin und wieder die *erwartete* Vorteilhaftigkeit für einen der Tauschpartner oder auch für beide als ein *Irrtum* herausstellen. Wohl niemand trifft ständig die richtigen Entscheidungen, immer wieder einmal passieren Fehler. Irren ist eben menschlich. An dieser menschlichen Schwäche kann kein System etwas ändern![10]

---

[9] Geld dient neben seiner Funktion als Zahlungsmittel und als Recheneinheit noch als *Wertaufbewahrungsmittel*. Diese Eigenschaft des Geldes kann unter Umständen zu gewissen Problemen führen. In einer Geldwirtschaft hat man nämlich die Möglichkeit, den Verkauf seiner Waren und den Kauf anderer Waren *zeitlich* zu trennen. Geschieht dies massiv, d.h. immer mehr Wirtschaftsakteure verschieben ihre Käufe in die Zukunft (beispielsweise aufgrund der Erwartung sinkender Preise), dann kann es dadurch zu *Nachfrageausfällen* im größeren Umfang und damit zu *makroökonomischen* Problemen, wie beispielsweise zu Arbeitslosigkeit kommen! *Inflation* dagegen kann zum Wegfall der Wertaufbewahrungsfunktion, ja sogar zur Zerstörung der Tauschmittelfunktion des Geldes führen, was mit dramatischen Wohlstandseinbußen verbunden ist. Siehe dazu Kap. 9.2.1.

[10] Allerdings lassen sich im marktwirtschaftlichen System die Wahrscheinlichkeit und damit auch die Kosten von Fehlentscheidungen minimieren – siehe dazu Kap. 9.1 – sowie durch eine entsprechende Ausbildung der Entscheidungsträger das Entscheidungsverhalten verbessern – siehe dazu Kap. 9.2.4.

So kann sich beispielsweise der Käufer einer Ware über die Qualitäten bzw. das Bedürfnisbefriedigungspotential eines Produktes falsche Vorstellungen machen. Das gerade erworbene Auto oder der Videorecorder stellen sich später als weniger befriedigend heraus als erwartet.

Ein ganz anderer Fall liegt jedoch dann vor, wenn der Verkäufer einer Ware etwas verspricht, das mit den Tatsachen nur wenig bis gar nichts zu tun hat. Bei Kenntnis der näheren Umstände, die der Verkäufer *bewußt gefälscht* hat, wäre aber *erst gar kein Tauschgeschäft zustande gekommen*. Hier liegt dann eindeutig Betrug vor!

Ein leider immer wieder vorkommendes Beispiel für den Fall, in dem der eine Tauschpartner eine Sache anpreist, die de facto ganz anders aussieht, tritt bei bestimmten Urlaubsreisen und -arrangements auf. Was laut Urlaubsprospekt als luxuriöse Suite mit Blick auf das Meer und eigenem, binnen einer Minute erreichbaren Badestrand angepriesen wurde, entpuppt sich als schmuddeliges und enges Hinterhofzimmer eines drittklassigen Hotels, das über einen eigenen Strand gar nicht verfügt.

Solche Transaktionen, die bei *richtiger Kenntnis der Sachlage* erst gar nicht zustande gekommen wären, passieren immer wieder einmal. Charakteristikum solcher Fälle ist die *'asymmetrische Informationsverteilung'*. Dabei weiß eine Marktseite, beispielsweise der Verkäufer, über die Qualität einer Ware besser Bescheid als die andere Seite, der Käufer, der gewissermaßen 'die Katze im Sack' kaufen 'muß'. Für solche Situationen, die gar nicht so selten sind, hat man sich freilich etwas einfallen lassen. *Markenartikel, freiwillige* Garantien der Produzenten für ihre Produkte, das *Renommee* einer Kaufhauskette oder eines großen Reiseveranstalters sollen dem Käufer die Qualität des Produktes, über die er an sich im Ungewissen ist, *signalisieren.* Der vergleichsweise *höhere* Preis, der regelmäßig für Markenartikel bzw. für die Produkte eines 'renommierten Hauses' auf den Tisch gelegt werden muß, kann also teilweise als Entgelt für die Reduktion

8. Vorteile, Hindernisse und Probleme des Tauschens.

von Unsicherheit, als eine Art 'Versicherungsprämie', interpretiert werden. Auf der anderen Seite 'erspart' sich der Konsument, der zu Markenartikeln greift bzw. bei einem bekannten Reiseveranstalter bucht, die kostenaufwendige Informationssuche und reduziert das Risiko eines 'Reinfalls'.

Bei nicht ordnungsgemäßer Erfüllung seiner Vertragsverpflichtung kann der Verkäufer natürlich zur Haftung und zu Schadenersatz herangezogen werden. Eine Fülle entsprechender gesetzlicher Regelungen versucht hier, Schutz vor Übervorteilung durch eine Marktseite zu bieten. Man denke an die durchaus notwendige Gesetzgebung zum *Konsumentenschutz* sowie insbesondere auch an die *Arbeitsschutzgesetzgebung*. Beides ist durch die auf diesen Märkten mitunter vorliegende *'Asymmetrie'*, einer *ungleichen 'Machtverteilung'* auf die beiden Tauschpartner, gerechtfertigt, die zumeist im *unterschiedlichen Informationsstand* bezüglich des 'Tauschobjekts' und der Tauschbedingungen begründet ist.[11] Der Staat versucht versucht dann, durch eine entsprechende Gesetzgebung die schwächere Markt- und Verhandlungsposition von Konsumenten und Arbeitnehmern wieder auszugleichen.[12]

Betrug, bewußte Irreführung und Übervorteilung des Tauschpartners – wie im obigen Beispiel des Zimmers mit Meerblick und Badestrand – sind freilich nicht die Regel des Wirtschaftens, es sind unzulässige Tricks von *Falschspielern*. Diesen das Handwerk zu le-

---

[11] Bei vollständiger Information der Tauschpartner bezüglich der 'Produktqualitäten', der Tauschbedingungen und der Alternativen stellt sich dieses Problem der Schutzbedüftigkeit einer Marktseite vor Übervorteilung gar nicht. Angesichts der vollständigen Information kann es zu einer solchen Übervorteilung gar nicht kommen!

[12] Allerdings darf dabei nicht – wie dies wohl oft der Fall ist – angenommen werden, daß diese Bestimmungen ohne Auswirkungen auf die Preise der Produkte bleiben. Die den Produzenten durch gesetzliche Bestimmungen zusätzlich entstehenden Kosten müssen letztlich auf den Preis der Produkte durchschlagen. Die exakte Aufteilung der Kosten auf Produzenten und Konsumenten läßt sich freilich nur bei genauer Kenntnis der Angebots- und Nachfrageelastizitäten angeben.

gen, ist die Aufgabe des Staates, der die *Einhaltung der Spielreglen überwacht,* also im Fall des Falles den Geschädigten zu ihrem Recht verhilft und die Schädiger entsprechend zur Verantwortung zieht.

Es ist in diesem Zusammenhang sehr wichtig, daß der Geschädigte über seine Rechte Bescheid weiß, um davon gegebenenfalls auch Gebrauch machen zu können. Das setzt ein bestimmtes Bildungsniveau voraus sowie möglichst geringe Kosten der 'Rechtsdurchsetzung'. Gesetzlich eingerichtete Behörden ('Konsumentenanwalt', Arbeitsinspektorate und Arbeitsgerichte) wie vereinsmäßig konstituierte Institutionen wie Konsumentenschutzverbände oder auch Umweltschutzorganisationen spielen hiebei eine wichtige Rolle. Oft sind sie es, die mit ihren Entscheidungen und Aktionen – und gerade auch durch deren Öffentlichwirksamkeit – Mißstände beseitigen, vielleicht zum Teil sogar präventiv verhindern.

Die zentrale Rolle von Information liegt auf der Hand, insbesondere in bezug auf ökonomisch korrekte Entscheidungen. Je besser die Kenntnis der Konsequenzen der einzelnen Alternativen, desto besser läßt sich die 'richtige' Alternative bestimmen. Der diesbezügliche Kenntnisstand des Entscheidenden ist aber in der Realität stets mangelhaft.

Zum einen ist Information bzw. Wissen selbst ein wertvolles und knappes Gut, es muß produziert werden und ist damit mit Kosten verbunden. Das grundsätzlich ungewisse Plus einer zusätzlichen 'Informationssuche', das in der Verbesserung der Entscheidungsqualität liegt, sollte deshalb mit dem Minus, den Kosten dieser zusätzlichen Informationssuche, abgewogen werden.[13]

---

[13] 'Märkte' für 'Information' bzw. 'Wissen' sind bereits gut entwickelt. Neben den zumeist von der öffentlichen Hand zur Verfügung gestellten Schulen und Universitäten als 'Orte der Wissensproduktion' gibt es eine boomende Consulting-Branche und einen florierenden 'Seminarmarkt', auf dem vom Nouvelle-Cuisine-Kochen bis zu Managementtechniken alles Erdenkliche angeboten wird. Des weiteren gibt es Märkte für Auskünfte und Ratschläge der unterschiedlichsten Art (man denke an Auskunfteien oder die Consulting-Branche). Allerdings gibt es

8. Vorteile, Hindernisse und Probleme des Tauschens.

Zum anderen ist Information eben oft *asymmetrisch auf die Tauschpartner verteilt*. Das birgt die Gefahr von 'Marktversagen'[14], einer ineffizienten Allokation, in sich, weil damit ein Tauschpartner aus seinem spezifischen Wissen in bezug auf ein Gut Vorteile ziehen kann, die die Transaktion selbst beeinflussen, und zwar zum Nachteil seines Tauschpartners bzw. der Wohlfahrt generell.

Die zwei bedeutsamsten Arten von Marktversagen, die sich im Falle asymmetrischer, also privat gehaltener Information im Tauschfall ergeben, sind *'Moralische Wagnisse' (moral hazard)* und *falsche (negative) Auslese (adverse selection)*.

8.3.1 Moral Hazard

> Moral hazard liegt vor, wenn ein Tauschpartner sowohl die Möglichkeit wie auch den Anreiz hat, Kosten auf den anderen Tauschpartner überzuwälzen.

Solche moral hazard Probleme ergeben sich beispielsweise besonders oft bei Versicherungsverträgen. Nach dem Abschluß einer entsprechenden Versicherung kümmert sich beispielsweise ein Hauseigentümer nicht mehr um den Schnee vor seinem Haus oder auf dem Dach seines Hauses, weil er weiß, daß dadurch eventuell auftretende Schäden von der Versicherung gedeckt werden.

---

beim Gut 'Information' auch ganz spezifische Probleme. Der Grund dafür liegt darin, daß Information über weite Bereiche ein *öffentliches* Gut ist, ein Gut, das von einer Person genutzt werden kann, ohne dadurch den Konsum anderer Personen zu reduzieren – Beispiel: Wetterbericht – und das (oft) auch konsumiert werden kann, ohne daß man dafür bezahlen müßte. Deshalb wird es von privater Seite aus tendenziell in zu geringen Mengen produziert. Denn sobald die Information einmal bekannt ist, kann sie jeder nutzen, ohne dafür zu bezahlen. Es ist extrem leicht, in den Besitz dieser Information zu gelangen, zum Beispiel durch das Kopieren von Büchern und Unterlagen, von Computer-Programmen, chemischen Formeln u.a.m.

[14] Grob vereinfachend versteht man darunter Situationen, in denen Märkte das optimale Allokationsergebnis verfehlen.

Die Kosten dieses Verhaltens eines nachlässigen Hauseigentümers tragen nun Dritte, und zwar nicht nur der Verunglückte/Geschädigte und die Versicherung, die für den Schaden aufzukommen hat, sondern auch andere Personen, die den gleichen Versicherungsschutz kaufen. Denn damit die Versicherung ihre Kosten decken kann, muß sie die Prämie für solche Versicherungen erhöhen, was sich für entsprechend sorgfältige Hausbesitzer nachteilig auswirkt.

Man erkennt, daß Versicherte sich anders als Nicht-Versicherte benehmen. Man denke an die Änderung des Fahrverhaltens nach dem Abschluß einer Voll-Kasko-Versicherung. Auch hier zeigt sich die zentrale Erkenntnis der Mikroökonomik, nämlich daß es entscheidend auf die *Anreizstruktur* ankommt, der die Handelnden 'ausgesetzt' sind! Schließen sie eine Versicherung ab, sind sie weniger umsichtig und vorsorgend. Den Schaden bezahlt ja die Versicherung. Sie verhalten sich deshalb so, weil sie dann selbst nicht mehr alle Kosten des Risikos tragen, wohl aber alle Kosten, den Schadenseintritt zu verhindern, also aller Handlungen, die das Risiko vermindern![15]

Dies führt zum paradoxen und natürlich ineffizienten Resultat, daß die bloße Existenz von Versicherungen, die idealerweise nur eine Verteilung bereits existierenden Risikos vornehmen sollte, zu einer *Erhöhung des allgemeinen Risikos* führt, eben weil aufgrund des Problems des moral hazard mit einem Ansteigen der Schadensfälle zu rechnen ist.

Probleme aufgrund asymmetrischer Informationsverteilung ergeben sich auch bei der sogenannten *Principal-Agent*-Beziehung. *Manager* handeln de facto als 'Agenten' der Aktionäre, sie sind aber viel besser über die Lage der Firma und die möglichen Strategien informiert als die Aktionäre. Tatsächlich werden die Manager ja ihres Wissens, ihrer Kenntnisse und Informationen wegen angeheuert.

---

[15] Das Marktversagen ergibt sich, weil der *marginale private Vorteil einer Handlung nicht den marginalen sozialen Kosten der Handlung entspricht.* Es liegen also *externe Effekte* vor. Siehe dazu Kap. 9.2.2.

8. Vorteile, Hindernisse und Probleme des Tauschens.

Da es extrem kostspielig ist, die Manager ständig zu überwachen, können diese auch *andere* Ziele verfolgen als jene der Aktionäre, der Eigentümer der Unternehmung.

Andere Fälle von *moral hazard* treten im Bereich hoch spezialisierter, 'professioneller' Handlungen auf.

Fragt man einen Arzt, ob man krank und eine Behandlung nötig ist, einen Apotheker, ob man ein Medikament braucht, oder einen Rechtsanwalt, ob man in einer Streitangelegenheit Aussicht auf Erfolg hat, dann haben die befragten Personen einen starken Anreiz, eine positive Antwort zu geben, obwohl 'objektiv' die Sachlage ganz anders liegt. Für die eine Seite ist es angesichts der asymmetrischen Informationsverteilung sehr schwer, die Korrektheit der Antwort bzw. die Notwendigkeit der vorgeschlagenen Transaktion zu beurteilen. Dasselbe Problem taucht bei einem Autoservice oder bloß bei einem Ölwechsel auf, bei dem 'normale' Konsumenten regelmäßig nicht in der Lage sind, die Notwendig- bzw. Sinnhaftigkeit bestimmter Aktionen zu beurteilen.[16]

Arzt, Apotheker, Rechtsanwalt und KfZ-Mechaniker befinden sich in einer *moral hazard*-Situation, weil sie ein finanzielles Interesse daran haben, jene Antworten zu geben, die zum Kauf der von ihnen angebotenen Güter und Dienste führen. Es ist damit für die eine Seite sehr schwer herauszufinden, ob diese Ratschläge tatsächlich 'gute' Ratschläge sind.

In all diesen Fällen tritt das Charakteristikum von moral hazard auf: Eine Marktseite verfügt über ein spezifisches Wissen, das sich zu ihrem Vorteil nutzen läßt.

Verkauft der Automechaniker hingegen nur den Ratschlag, was zu tun ist, nicht aber die Leistung selbst, dann gibt es keine Probleme. Gerade das wird er aber nicht tun, eben weil er, wenn er selbst auch repariert, mehr verdienen kann!

---

[16]'Autofahrerclubs', die Mitgliedern mit Rat und Tat zur Seite stehen, sind hier ein möglicher Lösungsweg.

In all diesen Fällen sind Standesrichtlinien ('Standesethik') und Zulassungsbestimmungen etc. bestimmter Berufsgruppen Versuche, diese Probleme zumindest zu entschärfen. Nicht selten verbirgt sich allerdings hinter solchen Regelungen wirksames Rent-Seeking.[17]

8.3.2 Falsche Auslese (Adverse Selection)

Eng mit dem Problem von *moral hazard* verbunden ist das Problem der sogenannten *falschen (negativen) Auslese*.

> Falsche Auslese (adverse selection) bedeutet, daß nicht wie im Falle normaler Marktprozesse die leistungsfähigen, kompetitiven, kurz: die 'richtigen' Teilnehmer im Markt bleiben, sondern gerade die 'Schlechten', während die 'Guten' ausscheiden.

So besteht in Versicherungsmärkten die Tendenz, daß Leute mit dem *höchsten Risiko* die meisten Versicherungen kaufen. Leute, die Versicherungen kaufen, wissen eben immer besser über ihre eigene Risikosituation Bescheid als der Anbieter der Versicherungsleistung. Zur negativen Auslese kommt es deshalb, weil jene, die ein *erhöhtes* Risiko haben, aber die *Durchschnitts*prämie zahlen, dabei ein gutes Geschäft machen. Sie kaufen daher mehr Versicherungsschutz (Auto-, Feuer-, Haushalts- und andere Versicherungen) als das normalerweise der Fall sein würde. Das bedeutet aber nichts anderes, als daß deren Versicherungsprämien nicht den zu erwartenden Schaden decken. Die Versicherung hat dann genau jene Kunden, die sie eigentlich *nicht* haben will, nämlich jene, die mit höchster Wahrscheinlichkeit einen Schadensfall aufweisen werden.[18] Will die Versicherung 'überleben',

---

[17] Siehe dazu genauer Kap. 10.1.
[18] Die Versicherungsunternehmung ihrerseits versucht, dieses Risiko zu minimieren, indem sie beispielsweise bei Lebensversicherungen zwingende ärztliche Untersuchungen vorschreibt, Selbstbehaltsklauseln vorsieht oder bestimmte Gruppenbildungen vornimmt, wie nach Beruf oder Alter des Versicherungsnehmers.

8. Vorteile, Hindernisse und Probleme des Tauschens.

ist sie gezwungen, die Prämien zu erhöhen.

Auf der anderen Seite ist deshalb für jemanden, der *weiß*, daß er/sie eine Person mit einem geringen Risiko ist, die Prämie zu hoch. Diese Personen werden also weniger Versicherungsschutz nachfragen. Weil die Versicherung wegen der vielen 'Risikofälle', die sich gerade aufgrund ihres hohen Risikos versichern lassen, gezwungen ist, die Prämie zu erhöhen, scheiden immer mehr 'gute' Kunden, also solche mit geringem Risiko aus. Diesen Personen (mit geringem Risiko) ist die Prämie zu hoch! Weil aber die Versicherung nicht feststellen kann, welcher Kunde ein hohes oder ein geringes Risiko darstellt, und daher die Durchschnittsprämie verrechnet, 'bekommen' Leute mit geringem Risiko gar keine Versicherung!

Negative Selektion kann auch am am Arbeitsmarkt auftreten, wenn es dort nur einen Lohnsatz gibt, aber zwei Arten von Arbeitsanbietern, nämlich fleißige und faule. Ob man ein fauler oder ein fleißiger Arbeiter ist, darüber weiß aber nur der einzelne Arbeitsanbieter Bescheid. So werden in dieser Situation ebenfalls zu viele 'schlechte' Arbeiter im Markt bleiben, während die fleißigen sukzessive ausscheiden. Denn bei nur einem Lohnsatz sind die faulen Arbeiter im Vergleich zu ihrer Produktivität *über*bezahlt, während die fleißigen Arbeiter im Vergleich zu ihrer Produktivität *unter*bezahlt sind. Deshalb werden in erster Linie die relativ überbezahlten Arbeiter im Markt sein – für sie ist die Bezahlung sehr attraktiv –, während die fleißigen Arbeiter aufgrund ihrer Unterbezahlung im Markt unterrepräsentiert sein werden. Auch in diesem Fall selektiert der Markt die falschen Teilnehmer aus!

Generell läßt sich festhalten, daß in jenen Fällen, in denen eine Vertragspartei mehr weiß als die andere oder Ansprüche vortäuschen kann, eine Tendenz besteht, die 'Marktergebnisse' zu verändern und deshalb eine falsche Selektion unter den Marktteilnehmern stattfindet. In solchen Situationen generieren Märkte ineffiziente Ergebnisse. Dabei ist es 'rein' ökonomisch, *nicht aber rechtlich* gesehen, nur ein kleiner Schritt von der asymmetrischen Informationsverteilung zu handfestem Betrug.

Eine todkranke Person hat ohne eine verpflichtend vorgeschriebene ärztliche Untersuchung den Anreiz, möglichst viel zusätzliche Lebensversicherung zu kaufen. Ein kurz vor der Pleite stehender Bankrotteur hat einen Anreiz, möglichst viel zusätzliche Kredite aufzunehmen und die Feuerversicherung kräftig zu erhöhen, bevor er sein Haus 'warm abträgt'.

Das gängigste Beispiel für das Phänomen der negativen Auslese ist der Markt für Gebrauchtautos, man spricht auch vom *market for lemons* (mit lemon bezeichnet man ein fehlerhaftes Auto). Auf dem Gebrauchtwagenmarkt – es liegt hier eine asymmetrische Informationsverteilung par excellence vor – gibt es einen Preisabschlag für das höhere Risiko, ein schlechtes, also besonders reparaturanfälliges Auto zu erwischen. Allerdings ist dieser Abschlag höher als die anteilige Abschreibung eines durchschnittlichen Modells.[19] Eben weil es am Gebrauchtwarenmarkt sehr schwer ist, eine 'lemon' zu identifizieren, ist ein Käufer nur bereit, einen sehr geringen Preis für ein Gebrauchtauto zu bezahlen. Dieser geringe Preis für Gebrauchtautos entschädigt den Käufer für dieses erhöhte Risiko, tatsächlich eine 'lemon' zu erstehen. Wenn die Preise für Gebrauchtautos aber aufgrund dieser Erwartungen der Käufer so gering sind, dann werden die Verkäufer tatsächlich wenig für ihr Auto erlösen. Wenn ein Auto nun in Ordnung ist, besteht für den Besitzer der Anreiz, es nicht zu verkaufen (weil man ja so wenig dafür erhält), sondern es so lange zu fahren, bis es wirklich nichts mehr taugt. Dann wird es verkauft. Und der Käufer erwirbt dann tatsächlich eine Lemon!

---

[19] Der erwartete Nutzenstrom eines ein Jahr alten Autos, das am Gebrauchtwagenmarkt erstanden wird, ist geringer als derjenige eines durchschnittlichen ein Jahr alten Autos.

9. Logik des staatlichen Handelns: Der Staat als Spielleiter

9.1 Die Informationsleistung der Marktwirtschaft

Die Analyse des marktwirtschaftlichen Systems macht dessen enorme Leistungsfähigkeit und Leistungskraft evident. Die diesem System inhärente beachtliche Wachstumsdynamik beruht auf der spezifischen Art der *Informationsgewinnung, -verarbeitung und vermittlung*, gekoppelt mit der marktwirtschaftlichen *Anreizwirkung*. Die für die Qualität einer Entscheidung unabdingbare Voraussetzung ist, *im Besitz der entscheidungsrelevanten Information zu sein*. Dies gilt gerade auch für die zentralen wirtschaftlichen Entscheidungen:

1. Was soll produziert werden?

   und

2. Wie soll produziert werden?

Die diesbezüglich erforderliche Information, d.h. das Wissen um bestimmte Faktorbestände und Fähigkeiten, liegt aber immer nur *dezentral* vor. Das heißt, über spezifische Faktorausstattungen und Fähigkeiten *weiß* der Besitzer der Faktoren selbst am besten Bescheid. Als solcher hat man einen starken Anreiz, diese Fähigkeiten und Begabungen auszutesten und damit *neues, besseres Wissen* zu generieren. In Kenntnis seiner Fähigkeiten und Begabungen *fällt man selbst* – also wiederum *dezentral* – die Entscheidung über den Einsatz seiner Faktoren. Weil der Ressourcenbesitzer also einerseits die Informationen darüber besitzt, was er tun *kann*, sowie andererseits, *über die Preissignale* vermittelt, erfährt, was er tun *soll*, sind die Voraussetzungen für eine richtige, d.h. *gewinnbringende* Entscheidung gegeben. Nach der grundsätzlichen Tauschlogik nützt man damit die eigenen Fähigkeiten *auch zum Wohle der anderen!*

Die *einzelnen Wirtschaftsakteure,* die Haushalte und Unternehmungen, stellen also in Kenntnis dieser Informationen *einzelne Wirtschaftspläne* auf, deren *Koordination* über die von Angebot und Nachfrage bestimmten *Preissignale* erfolgt – eine enorme und von keiner bewußten menschlichen Organisation in gleicher Weise durchführbare Aufgabe! Damit kommt es auch zur *Minimierung der Kosten von möglichen Fehlentscheidungen,* die ja auch immer wieder einmal vorkommen. Zunächst erfolgt die Minimierung von Fehlentscheidungen aus dem Umstand, daß die zentrale Voraussetzung für eine richtige Entscheidung gegeben ist: Diejenigen, die über die Informationen verfügen, entscheiden. Zum zweiten entscheiden sie jeweils nur über einen limitierten Ressourceneinsatz. Wenn eine Unternehmung über die Durchführung einer Großinvestition entscheidet, dann steht gewiß eine beachtliche Summe auf dem Spiel. Geht dieses Investitionsprojekt daneben, dann sind zwar wertvolle Ressourcen verloren, doch bedeutet das nicht den Untergang der Volkswirtschaft.

Im krassen Gegensatz dazu steht die *Unlogik eines planwirtschaftlichen Systems.* Hier wird versucht, die stets dezentral vorliegende Information zu sammeln, zu *zentralisieren,* um dann auch *zentral über den Ressourceneinsatz zu entscheiden.* Zunächst muß also ein enormer Aufwand betrieben werden, um die Information zu zentralisieren.[1] Weil dies nur äußerst lückenhaft möglich ist, die gesammelte Information also falsch und/oder veraltet ist, wenn sie in der Zentrale vorliegt (der Prozeß der Informationsgewinnung braucht ja Zeit), wird die darauf beruhende Entscheidung ebenfalls mit größter Wahrscheinlichkeit falsch sein. Diese Fehlentscheidung ist nun nicht eine über *ein bestimmtes* Investitionsprojekt in

---

[1] Was letztlich jedoch nicht gelingen kann, weil wichtige Informationen *privater* Natur sind, und der Besitzer dieser Information *keinerlei Anreiz* hat, diese Information auch *wahrheitsgemäß* preiszugeben. Sagt er, was er tun kann, dann bekommt er das auch als *Plansoll* vorgeschrieben! Das kann aber nicht in seinem Interesse liegen, und deshalb gibt er an die datensammelnde Stelle eine *falsche* Information weiter!

9. Logik des staatlichen Handelns

der Volkswirtschaft, sondern betrifft ein Ressourcenvolumen enormen Ausmaßes. Die zentralen Planer entscheiden ja über die Zukunft gesamter volkswirtschaftlicher Sektoren! Das Zusammenbrechen dieses Systems ist also nur eine Frage der Zeit![2]

Zu bedenken ist auch, daß in einem planwirtschaftlichen System die zentral gefällten Entscheidungen auch entsprechend *durchgesetzt* werden müssen. Da der Befehlsempfänger regelmäßig keinen Anreiz hat, der an ihn adressierten Anweisung nachzukommen – sein Anreiz besteht unter diesen Bedingungen in der *persönlichen Aufwandsminimierung* – bedarf es eines enormen Bewachungs- und Beaufsichtigungsapparates mit entsprechender Sanktionskompetenz. Dies macht nicht nur die persönliche Handlungfreiheit des einzelnen unmöglich und erstickt jede Art von Privatinitiative und den daraus resultierenden technischen Fortschritt, sondern *absorbiert*, ebenso wie der Planungsapparat, Ressourcen im gewaltigen Ausmaß, die freilich für die Produktion von Gütern und Dienstleistungen *nicht mehr* zur Verfügung stehen.[3]

Im planwirtschaftlichen System wird also neben der gewaltsamen Unterdrückung von individueller Entscheidungsfreiheit von staatlichen Institutionen eine Aufgabe übernommen, die *sie nicht leisten können!* Es ist nachgerade grotesk, sich mit Problemen zu befassen, die sich eigentlich nicht stellen. Im marktwirtschaftlichen System übernimmt der Preismechanismus die Informationsübermittlung und Anreizfunktion, und erfüllt diese zentralen Aufgaben, wie gezeigt, *von selbst und vergleichweise nahezu gratis!* Bei einem planwirtschaftlichen System handelt es sich also um eine beispiellose *Anmaßung*

---

[2] Eine weitere entscheidende Frage ist, welche *Ziele* die Planer ihrem Entscheidungsverhalten zugrundelegen. Regelmäßig spielen hier *Eigeninteressen*, nicht die Interessen der Gesellschaft insgesamt eine große Rolle. Ein planwirtschaftliches System ist damit die 'Autobahn in die Korruption'!

[3] Das Opportunitätskostenprinzip verkörpert eine Logik, die sich aus der Knappheit ergibt und die nichts mit einem spezifischen Wirtschaftssystem zu tun hat.

von Wissen, um einen *konstruktivistischen Irrtum*, denn man verfällt der fatalen Illusion, das Gesamtergebnis der Wirtschaft *quantitativ ex ante bestimmen zu können*.[4] Vor allem aber handelt es sich dabei um eine drastische Herabwürdigung individueller menschlicher Freiheitsrechte.[5]

Der marktwirtschaftliche Prozeß dagegen führt, wie geschildert, zu einer kontinuierlichen Erweiterung individueller Wahlmöglichkeiten und damit zu einer beständigen *Erhöhung des individuellen Freiheitsspielraumes.* Die individuelle Beweglichkeit wird dadurch enorm erleichtert, daß einerseits dezentrales Entscheiden in einer Marktwirtschaft die 'Informationsmenge', die der einzelne Entscheidende benötigt, verringert: Der Informationsbedarf wird auf ein akzeptables Maß, d.h. in bewältigbarer Weise reduziert. Andererseits ermöglicht das marktwirtschaftliche System, daß jeder Akteur viel mehr Information nutzt, als er selbst besitzt. Durch den Besuch eines Feinschmecker-Restaurants kommt man, ohne über das Rezept Bescheid zu wissen, in den Genuß herrlicher Gerichte, man nutzt die Vorteile der Elektrizität, der Telekommunikation, des Computers, des Autos und unzählig vieler anderer Annehmlichkeiten mehr, zumeist ohne irgendeine Ahnung von der dahintersteckenden Technologie, also ohne das nötige Wissen über die Produktion dieser Güter zu haben.

---

[4] Das bedeutet nicht, daß man der wirtschaftlichen Entwicklung keine *Richtung* geben, d.h. sie nicht *qualitativ prägen* könnte. Siehe dazu gleich den Abschnitt 9.2.2.

[5] Auf die entscheidende *Informationsverarbeitungskapazität durch den Preismechanismus* hat insbesondere *Friedrich August von Hayek* (1899 - 1992, Nobelpreisträger 1974) verwiesen. Diese Logik liegt freilich schon in *Adam Smith's* Hauptwerk: *Wohlstand der Nationen*, wenngleich nicht so deutlich ausgeformt, beschlossen.

9. Logik des staatlichen Handelns

Übersicht 9.1: Logik der Marktwirtschaft

---
1. Grundlegendes Phänomen bzw. Problem des Wirtschaftens ist die Entscheidung über den Einsatz knapper Mittel, für die es alternative Verwendungsmöglichkeiten gibt.

↓↓

---
2. Richtiges, d.h. wirtschaftlich zielführendes, gewinn- bzw. nutzenmaximierendes Entscheiden setzt notwendigerweise ausreichende und richtige Information voraus.

↓↓

---
3. Diese Information bezieht sich auf die Quantität und die Qualität der verfügbaren knappen Ressourcen einerseits sowie über deren zielführende Einsatzmöglichkeiten andererseits.

↓↓

---
4. Die entscheidungsrelevante Information bezüglich der Quantität und der Qualität der verfügbaren knappen Ressourcen liegt in den Händen der Besitzer der Ressourcen: Sie wissen selbst am besten Bescheid, was sie damit tun können. Die Preissignale (relativen Preise) vermitteln ihnen die Information, was sie mit ihren Ressourcen tun sollen.

↓↓

5. Diejenigen, die die entscheidungsrelevanten Informationen besitzen, haben auch den Anreiz, diese Informationen wirtschaftlich, d.h. gewinn- bzw. nutzenmaximierend zu nutzen, weil der Gewinn dieses Verhaltens ihnen selbst zugute kommt.

↓ ↓

6. Es bleibt aber nicht beim individuellen Gewinn: Über die fundamentale Tauschlogik (Tausch bringt für beide Tauschpartner Vorteile) wird individuelles Vorteilsstreben in eine allgemeine Wohlstandserhöhung umgelegt.

↓ ↓

7. Wird die über die Volkswirtschaft/Welt verstreute Information wirtschaftlich genutzt, was durch ein entsprechendes marktwirtschaftliches Anreizsystem gewährleistet ist, kommt es insgesamt zu einer effizienten, d.h. optimalen Nutzung der Ressourcen überhaupt, zu einem Optimum: Aus den verfügbaren Ressourcen wird das Beste gemacht.

↓ ↓

8. Damit dieses Ergebnis eintritt, bedarf es aber bestimmter unabdingbarer Voraussetzungen rechtlich-institutioneller Art (d.s. Eigentumsrechte, Vertragsfreiheit und Konkurrenz) sowie einer bestimmten Gesinnung, d.h. einer bestimmten 'Ethik' ('Fair Play').

↓ ↓

9. Logik des staatlichen Handelns

> 9. Der Staat hat die zentrale Aufgabe der Festsetzung der Spielregeln (Eigentumsrechte und Wettbewerb) und ist auch für deren Überwachung zuständig. Er ist also für den rechtlich-institutionellen Rahmen verantwortlich sowie für ein stabiles Umfeld, insbesondere auch für eine stabile Geldverfassung, für Geldwertstabilität.

↓ ↓

> Marktwirtschaft spielt sich also keineswegs in einem 'Vakuum' ab: Sie bedarf bestimmter, zentraler Voraussetzungen rechtlich-institutioneller Art und einer bestimmten 'Einstellung' der Teilnehmer.

> Das marktwirtschaftliche System zeichnet sich durch doppelte Dezentralität aus: Die entscheidungsrelevante Information liegt (1.) immer nur dezentral vor. Deshalb soll (2.) auch dezentral entschieden werden. Weil die einscheidungsrelevante Information im Besitz derer ist, die über den Einsatz knapper Faktoren bestimmen, ist die zentrale Voraussetzung für eine richtige, d.h. gewinnbringende Entscheidung gegeben. Gleichzeitig sind die Gefahren von Fehlentscheidungen sowie von deren Konsequenzen minimiert. Effiziente Produktion im Sinne einer maximalen Bedürfnisbefriedigung der Haushalte setzt effiziente Nutzung aller verfügbaren Informationen voraus.

9.2 Voraussetzungen des Wirtschaftens als staatliche Verantwortung

Die wichtigste Aufgabe des Staates besteht in der Schaffung der *Voraussetzungen und der Sicherung der Rahmenbedingungen* für eine funktionierende Tauschwirtschaft. Der Staat ist – worauf wiederholt hingewiesen wurde – für die *Spielregeln des Wirtschaftens, für deren Einhaltung,* für den *Ordnungsrahmen* verantwortlich. Man spricht in diesem Zusammenhang deshalb auch von *Ordnungspolitik*.[6] Ohne diese Voraussetzungen rechtlich-institutioneller Art, quasi im luftleeren Raum, kann die Marktwirtschaft nicht existieren.

Im einzelnen geht es um

1. die *Definition von (übertragbaren) Eigentumsrechten* (möglichst an allen knappen Gütern),

2. die *Sicherung der Vertragsfreiheit* sowie die Überwachung der Einhaltung der Spielregeln ('pacta sunt servanda') der Wirtschaftsakteure,

3. um die *Sicherstellung von Wettbewerb*,

4. sowie vor allem auch um die *Sicherstellung einer stabilen Geldverfassung (monetäre Stabilität)*.

9.2.1 Monetäre Stabilität

Eine der wichtigsten Aufgaben des Staates ist die 'Versorgung' der Wirtschaft mit verläßlichen, d.h. *wertstabilen Zahlungsmitteln.* Sta-

---
[6]Dagegen spricht man von *Ablaufpolitik*, wenn der Staat direkt in das Marktgeschehen eingreift, beispielsweise auf der *Makroebene* in Form von Staatsausgaben und Steuern zur Konjunkturstabilisierung, die eben aufgrund der nicht überwindbaren *Informationsmängel* mehr schaden als nützen können. Auch auf der *Mikroebene* greift der Staat massiv in das Wirtschaftsgeschehen ein, beispielsweise durch das verbindliche Vorgeben von Mindest- und Höchstpreisen auf bestimmten Märkten. In der Mehrzahl dieser Fälle wird durch solche Staatseingriffe in das Marktgeschehen die Situation nicht verbessert, sondern verschlechtert.

9. Logik des staatlichen Handelns

bilität der Geldverfassung ist gleichbedeutend mit einer möglichst niedrigen Inflation, worunter man eine kontinuierliche Senkung der Kaufkraft des Geldes versteht. Dies ist deshalb von grundlegender Bedeutung, weil die entscheidungsrelevanten Informationen ja primär über die Preissignale vermittelt werden. Aufgrund der Preissignale werden die wirtschaftlichen Entscheidungen getroffen. Werden diese Preissignale durch *monetäre Instabilitäten* gestört bzw. verfälscht, beispielsweise durch *inflationäre Schocks* – das Preisniveau steigt hier allgemein an, doch steigen die einzelnen Preise im unterschiedlichen Ausmaß –, dann kommt es zu Verzerrungen der relativen Preise und das Preissystem läuft Gefahr, seine zentrale Funktion der Informationsübermittlung einzubüßen. Falsche Preise, d.s. solche, die die Knappheiten nicht korrekt widerspiegeln, müssen zu falschen Ressourcenverwendungsentscheidungen führen. Falsch verwendete Ressourcen können zum Zusammenbruch von Unternehmungen und damit zu volkswirtschaftlicher Ressourcenvernichtung führen: Der Wohlstand muß fallen!

Bedeutsam ist in diesem Zusammenhang die Unterscheidung zwischen *antizipierter* und *nicht-antizipierter* Inflation. Während erstere erwartet wird und damit gegen sie Vorkehrungen getroffen werden (können), ist letztere für die Wirtschaftsakteure eine 'Überraschung'. *Nicht korrekt antizipierte*, d.h. vorweggenommene Preisänderungen führen zu *Umverteilungseffekten*. Hiebei wird Vermögen (Kaufkraft) von den Gläubigern zu den Schuldnern umverteilt. Generell erleiden Bezieher nominell fixierter Einkommen (man spricht hier auch von *Kontrakteinkünften*) einen (Kaufkraft-)Verlust. *Inflationäre Tendenzen erhöhen außerdem die allgemeine Unsicherheit.* Je unsicherer die Einschätzung bezüglich künftiger Entwicklungen, desto weniger wird investiert werden, desto geringer fällt das Wachstum aus![7]

---

[7]Inflation ist ein komplexes Phänomen, das im Rahmen der *Makroökonomik* eingehend untersucht wird und das auf mehrere Ursachen zurückzuführen ist. Die bedeutendste Ursache ist eine über die Produktivitätssteigerung der Volkswirt-

Instabilitäten im Geldwesen der Volkswirtschaft führen vor allem auch dazu, daß knappe Ressourcen nunmehr für etwas verwendet werden müssen, was vorher gratis verfügbar war, nämlich für die Information über unterschiedliche Handlungsalternativen. Steht man vor der Entscheidung, wie das Abendessen ausfallen soll, so kennt man die zur Verfügung stehenden Alternativen einerseits sowie die *Preise*, also die Kosten derselben andererseits. Man kann zum Franzosen oder Italiener gehen, Junk Food oder eine Pizza wählen, fein im Restaurant speisen oder sich aus dem Kühlschrank bedienen. Wenn man mit dieser Entscheidung konfrontiert ist, kennt man also seine Präferenzen, die Alternativen und deren Preise. Herrscht jedoch monetäre Instabilität, d.h. es kommt zu einem zwar allgemeinen, im einzelnen aber ganz unterschiedlichen Steigen der Preise, so hat man die Information bezüglich der Preise der einzelnen Alternativen nicht mehr parat. Man muß nun zuerst Erkundigungen anstellen, 'was welche Alternative kostet', ehe man entscheiden kann. Die Ressourcen, die bei monetärer Instabilität für Informationsbeschaffung und zur Absicherung gegen mögliche Schadenseintritte (im internationalen Bereich zur Absicherung vor Wechselkursschwankungen) aufgewendet werden müssen, sind nun jedoch für produktive und konsum-

---

schaft hinausgehende *Ausweitung der Geldmenge*. Wächst diese schneller als das Gütervolumen einer Volkswirtschaft, dann muß die Kaufkraft des Geldes fallen. (Es kommen dann auf eine Geldeinheit weniger Gütereinheiten!) Auch darf nicht übersehen werden, daß bei *funktionsfähigem Wettbewerb* willkürliche Preissteigerungen ausgeschlossen sind und die Disziplinierung durch Wettbewerb markant preis- und damit auch inflationsdämpfend wirkt. Vor allem aber muß bedacht werden, daß der Staat den steigenden Widerstand der Steuerzahler gegen höhere Besteuerung durch Inflationierung geschickt zu umgehen versucht. Einerseits erleichtert er sich damit die Schuldenlast - er zahlt 'schlechteres' Geld (i.e solches mit geringerer Kaufkraft) zurück als er ausgeborgt hat -, andererseits steigen seine Steuereinnahmen, da auch die Einkommen durch die Inflation nominell steigen und damit in höhere Steuerklassen (Progressionsstufen) 'hineinwachsen'. Staatsverschuldung und Inflation hängen also nicht nur über Nachfrageeffekte der Staatsausgaben zusammen, Staatshaushaltsdisziplin reduziert inflationäre Tendenzen!

tive Verwendungen nicht mehr verfügbar. Auch dadurch fällt der Wohlstand!

> Damit das marktwirtschaftliche System seine Informationsleistung entsprechend erbringen kann, bedarf es monetärer Stabilität. Für diese monetäre Stabilität, d.h. die Erhaltung der Kaufkraft des Geldes (möglichst keine bzw. geringe Inflation), ist in erster Linie die Notenbank aufgrund ihrer Einflußmöglichkeit auf die Geldmenge verantwortlich. Die Notenbank sollte dem Regierungseinfluß weitestgehend entzogen sein. Die Regierung wiederum ist für Staatshaushaltsdisziplin sowie für die Sicherung eines funktionsfähigen Wettbewerbs verantwortlich. Ist die monetäre Stabilität nicht mehr gegeben, droht die Informationsleistung des marktwirtschaftlichen Systems zusammenzubrechen. Infolgedessen kommt es zu massiven Wohlstandseinbußen.

9.2.2 Definition handelbarer Eigentumsrechte

Damit die Marktwirtschaft ihre Wohlfahrtseffekte möglichst umfassend entfalten kann, kommen dem Staat die entscheidenden Aufgaben der *Festlegung der Spielregeln* sowie der *Sicherstellung von deren Einhaltung* seitens der einzelnen Wirtschaftsakteure zu. Konkret bedeutet das die *Definition von handelbaren Eigentumsrechten an möglichst allen knappen Gütern*. Dies ist deshalb von grundlegender Bedeutung, weil die *Eigentumsrechte die Anreizstruktur der Akteure* bestimmen.

Aufgrund seines Gewalt- bzw. Gesetzgebungsmonopols hat der Staat die Macht für solche Entscheidungen und fungiert gleichzeitig als 'Sicherungsanstalt' für die Ordnungsgemäßheit der Transaktionen, d.h. der Beachtung der Eigentumsrechte sowie für deren vereinbarungsgemäße Übertragung. Der Staat garantiert, daß Eigentumsrechte respektiert werden und daß (freiwillig, und das impliziert zum gegenseitigen Vorteil) abgeschlossene Verträge – dabei handelt es sich stets um die Übertragung von Eigentumsrechten – auch eingehalten werden. Wird beispielsweise im nachhinein nicht die zugesagte Leistung erbracht, steht der Staat mit seinem Rechts- und Ordnungssystem zur 'Richtigstellung' der Verhältnisse zur Verfügung. Dies ist, wie betont, mit ein Grund dafür, daß sich die Akteure an die Spielregeln, d.h. an die Beachtung der Eigentumsrechte, halten.

Die spezifische Definition von Eigentumsrechten, d.h. von Rechten, die festlegen, was man mit einer Sache tun darf und was nicht, ist nun eigentlich Reflex bestimmter historischer Knappheits- und Machtbedingungen sowie des kulturellen Umfeldes. In freiheitlich-demokratischen Gesellschaften hat jede Person (selbstverständlich!) das 'Recht auf sich selbst'! Es gibt also keine Sklaverei.[8] Es leuchtet unmittelbar ein, daß sich das individuelle Verhalten danach richten wird, ob man frei ist oder als Sklave sein Dasein fristet. 'Gehört man sich selbst', hat man persönliche Entscheidungsfreiheit über sich selbst, wird man eher bereit sein, 'in sich selbst zu investieren' als im Falle einer Sklavenexistenz. Die Früchte dieser Investition kommen einem ja auch selbst zugute. Als Sklave schaut das ganz anders aus. Hier wird Aufwandsminierung zur dominanten Verhaltensweise. Man erkennt, daß die Eigentumsrechte die Anreizstruktur festlegen und damit den 'Umgang' mit den einzelnen Dingen bestimmen.

Mit Veränderungen technologischer, demographischer und anderer Art ergäbe sich von Zeit zu Zeit die Notwendigkeit der Anpassung dieser Eigentumsrechtsstruktur. Weil die Eigentumsrechte ökonomische Machtverhältnisse festlegen, ist klar, daß deren Änderung auf massiven Widerstand derer treffen muß, die vom status quo profitieren. Besonders deutlich werden diese Zusammenhänge

---

[8] Und dies nicht bloß aus ökonomischer Zweckmäßigkeit!

bei der aktuellen Umweltproblematik. Diese bildet daher den geeigneten Hintergrund zur Erörterung der grundlegenden Relevanz der Eigentumsrechte im marktwirtschaftlichen System.

9.2.2.1 Umweltverschmutzung: Markt- oder Staatsversagen?

Der Augenschein bestätigt die ökonomische Theorie (der Umwelt) in überwältigender Weise: Dem enorm gestiegenen Wohlstand, der schier unermeßlichen Fülle von Gütern und Dienstleistungen, die im marktwirtschaftlichen System in stets besserer Qualität und steigender Quantität hergestellt und immer mehr Menschen unserer Gesellschaft zugänglich werden – dem 'Überfluß' – steht auf der anderen Seite eine zunehmende und möglicherweise zurecht besorgniserregende *Verknappung* des *Gutes* 'Umwelt' gegenüber.

Die entscheidende Frage in diesem Zusammenhang ist: *Warum werden viele Güter immer zahlreicher und damit immer leichter verfügbar, während die Umwelt, ein wichtiges und allgemein hoch geschätztes Gut, immer knapper wird?*

Schon im ersten Kapitel wurde ein *Gut* ganz allgemein als etwas, das als positiv, als *gut* eingeschätzt wird, definiert. Darunter kann man dann sehr viel verstehen: eine Tafel Schokolade, ein Auto, einen Computer, eine Fernreise ... aber auch ein Gespräch mit einem Freund, die Zuneigung eines Menschen oder eben eine intakte, 'heile' Natur, eine saubere und adrett gepflegte Landschaft, gute Luft und sauberes Wasser sowie das Singen der Vögel. Wird also der Gutsbegriff nur weit genug ausgelegt, dann ist eben all das als ein 'Gut' zu verstehen, was man im persönlichen Empfinden als 'gut', als nutzenstiftend ansieht.

Dann kann man eine wichtige Unterteilung vornehmen: Man kann nämlich Güter unterscheiden, die *marktfähig* sind, d.h. die man *kaufen und verkaufen kann*, und solche, für die das nicht zutrifft. *Marktfähige* (oder auch *private* Güter) sind durch das *Aus-*

schlußprinzip charakterisiert: Das herrlich knusprige Brötchen bekommt man *nur, wenn* man den *Preis* dafür auf den Ladentisch des Bäckers legt, der seinerseits – und das ist das hier Entscheidende – das Brötchen, ein *marktfähiges Gut, nur* deshalb produziert, weil er sie *verkaufen,* also *für Geld eintauschen* kann.

> Güter werden also nur dann produziert und auf Märkten angeboten, wenn sie marktfähig sind und wenn sich mit ihrer Produktion ein Gewinn erzielen läßt.

Private Güter besitzen einen Preis. Wird ein Gut nun knapper, so steigt sein Preis und signalisiert damit die relative Knappheit (dieses Gutes im Vergleich zu anderen Gütern). Das ist eine wichtige und *unverzichtbare Information* für alle wirtschaftlichen Akteure. Steigt nämlich der Preis, dann ist es angezeigt, mit diesem Gut sparsamer umzugehen – man will ja Kosten vermeiden – und gleichzeitig *vorteilhafter*, dieses Gut verstärkt zu produzieren oder aber nach *Substituten* für dieses Gut zu suchen. *Substitute* sind Güter, die das knapper werdende Gut ersetzen können. Dies wird ja vorteilhafter, weil mit steigendem Preis die Gewinne in der Produktion des Gutes sowie für seine erfolgreiche Substitution steigen.

Genau der hier geschilderte marktwirtschaftliche Entknappungsprozeß ist nun wiederholt zu beobachten, *vorausgesetzt* das Gut, um das es sich handelt, hat einen Preis, ist also ein privates, ein marktfähiges Gut.

Während der beiden Erdölschocks (1973 und 1979) hat sich der *Preis* für Erdöl jeweils um ein Vielfaches erhöht und damit bewirkt, daß mit Erdöl viel sparsamer umgegangen wird.[9] Man denke an

---

[9] *Real* war der Preisanstieg von Rohöl wesentlich geringer als nominell, und für den 'Nicht-Dollar-Raum' aufgrund der starken Abwertung des Dollar noch wesentlich geringer als für den 'Dollar-Raum'.

die Bemühungen um eine bessere Wärmedämmung sowie an neue, viel sparsamere Motorgenerationen. Durch die dramatische Verteuerung wird also ein sparsamerer Umgang mit Öl bewirkt, und es besteht jetzt ein *Anreiz*, verstärkt nach Substituten für Erdöl zu suchen. Neue zukunftsweisende und umweltschonende Treibstoffe (wie Biodiesel oder Wasserstoff) mit den zugehörigen Motoren wurden entwickelt. Indem die Produktion ausgedehnt[10] wird und der Substitutionsprozeß erfolgreich ist, kommt es schließlich wieder zu einer Reduktion von Knappheit und damit zu einer *Preissenkung*. Damit gewinnen wieder die Konsumenten. Gerade auch an diesem einfachen Beispiel erkennt man das Wirken der *'unsichtbaren Hand'* und die grundlegende Voraussetzung, die dabei vorliegen muß: *Das knappe Gut muß einen Preis haben!*

Übersicht 9.2: Marktwirtschaftlicher Entknappungsprozeß:

> **1. Der Preis eines Gutes steigt, wenn es (relativ) knapper wird. Das ist das Signal zur Änderung des individuellen Verhaltens im Umgang mit diesem Gut.**

↓↓

> **2. Das Gut wird einerseits von den Nachfragern sparsamer eingesetzt.**

↓↓

> **3. Es wird andererseits nach Substituten für dieses Gut gesucht. Substitute sind Güter, die dieses knapper gewordene Gut in Konsum und/oder Produktion ersetzen können.**

↓↓

---

[10] Je länger der Anpassungszeitraum, desto größer ist die Angebotselastizität. Siehe Kap. 6.7.

> 4. Weil weltweit und systematisch nach Substituten gesucht wird, ist die Wahrscheinlichkeit einer letztlich erfolgreichen Substitution groß.

↓ ↓

> 5. Ist die Substitution erfolgreich, dann fällt der Preis des anfänglich knapper gewordenen Gutes wieder. Es ist eine erfolgreiche 'Entknappung' eingetreten.

9.2.2.1.1 Umwelt als öffentliches Gut

Ganz anders liegen nun aber die Dinge, wenn es sich um *öffentliche Güter* handelt, um Güter, für die das Ausschlußprinzip *nicht* gilt. Diese Güter kann man konsumieren, ohne dafür zu bezahlen und eröffnen damit den Individuen die Möglichkeit des *Freifahrens,* des *free riding!* Zu den klassischen Beispielen für öffentliche Güter gehören die Landesverteidigung, die innere Sicherheit oder die Straßenbeleuchtung. Niemand kann vom Konsum dieser Güter ausgeschlossen werden, d.h man konsumiert sie, ohne dafür zu bezahlen. 'Man fährt frei!'[11]

Gilt für ein Gut aber das Ausschlußprinzip nicht, wird es erst gar nicht produziert und über Märkte angeboten. Denn es fehlt hier der Preis und damit der *Anreiz* zur Produktion. Und genau das ist beim 'Gut' Umwelt über weite Bereiche der Fall: Niemand produziert eine Einheit 'gute Luft' (was durch die Vermeidung von Emissionen leicht möglich wäre), eben weil man vom Konsum dieses Gutes niemanden *ausschließen* und für eine produzierte Einheit dieses Gutes nichts erlösen könnte. Sobald es sich aber um private Güter wie bei-

---

[11] Zudem gilt, daß der 'Konsum' dieser Güter durch eine Person den Konsum anderer Personen nicht schmälert. Man spricht in diesen Fällen von *Nicht-Rivalität* im Konsum.

9. Logik des staatlichen Handelns   225

spielsweise Luftbefeuchter, Klimaanlagen, Duftströmer, ja sogar 'Luft besonderer Qualität', nämlich Sauerstoff für Spitzensportler (der 'abgepackt' erhältlich ist), handelt, wird eilends produziert.[12]

Das Gut Umwelt wird, wenn es als *öffentliches Gut* in Erscheinung tritt, also zunächst einmal nicht von privater Seite produziert. Auf der anderen Seite droht ein öffentliches Gut *übernutzt* zu werden, gerade weil für seinen Konsum, der ja auch mit Ressourcenverbrauch verbunden ist, nichts bezahlt werden muß.

> Weil die 'Umwelt' über weite Bereiche kein marktfähiges, sondern ein öffentliches Gut ist, ein Gut, für das das Ausschlußprinzip nicht gilt und das damit von jedermann gratis beansprucht werden kann, wird es auf der einen Seite nicht privat produziert, auf der anderen Seite aber von allen genutzt und damit - weil es gratis ist - regelmäßig auch übernutzt. Weil die Umwelt über weite Bereiche ein öffentliches Gut ist, gibt es für dieses Gut keinen Preis und damit auch keinen Knappheitsanzeiger, sodaß ein Anreiz bestünde, dieses Gut bei Bedarf zu produzieren und mit diesem Gut 'Umwelt' sparsam und wirtschaftlich umzugehen!

9.2.2.1.2 Externe Effekte aufgrund fehlender Eigentumsrechte

Es ist allerdings weiterzufragen, warum es sich im Fall der Umwelt über weite Bereiche um ein öffentliches Gut handelt? Die Antwort

---
[12] Freilich gibt es nicht wenige Orte, deren besondere Luftqualität doch verkauft wird. Es handelt sich um Luftkurorte und ähnliche Feriendomizile, aber auch um bestimmte Stadtteile und bei der dortigen Luftqualität um lokale öffentliche Güter. Der Preis für gute Luft ist in diesem Fall in den 'Übernachtungs- und Aufenthalts-' bzw. in den Grundstücks- und Mietpreisen dieser Gegenden enthalten!

ist: Weil *Eigentumsrechte* betreffend diese Güter nicht entsprechend definiert sind. Deshalb ist die Anreizstruktur falsch: Mit knappen Gütern wird nicht sparsam, nicht wirtschaftlich umgegangen!

> **Das Problem der Umwelt ist, daß mit ihr aufgrund mangelnder Eigentumsrechte gerade nicht gewirtschaftet, also sparsam umgegangen wird. Sind Eigentumsrechte nicht ausreichend definiert, so kommt es zu externen Effekten positiver oder negativer Art. Und diese massieren sich im Umweltbereich!**

Fest steht: Man verbraucht das Gut 'Umwelt' (reine Luft, reines Wasser und sauberes Land), beispielsweise durch die Abgase, die bei einer 'Fahrt ins Grüne' freigesetzt bzw. durch Abwässer und Abfälle, die von Unternehmungen *und* Haushalten an die Umwelt abgegeben werden. Auch für die schöne warme Stube beansprucht man nicht nur Ressourcen, für die man zahlen muß *und mit denen man daher sparsam umgeht,* wie eben die Brennstoffe selbst, sondern auch Ressourcen (hier wieder die Luft), *die man zwar auch beansprucht, wofür man aber nichts bezahlen muß.* Und gerade deshalb geht man mit dem 'Luftverbrauch', mit der Ressource 'Luft', *nicht sparsam,* nicht *wirtschaftlich* um.

> **Mit dem kostbaren Gut Umwelt wird deshalb nicht sparsam umgegangen, weil sich das Marktsystem auf wesentliche Teile der Umwelt nicht erstreckt!**

Das entscheidende Signal, der Preis für die knappe Ressource 'Luft' existiert nicht! Für das Gut Luft existieren eben keine privaten Eigentumsrechte, es ist damit kein privates Gut, mit dem wirtschaftlich und d. h. *sparsam* umgegangen wird.

9. Logik des staatlichen Handelns

> Obwohl also alle die Umwelt in vielfältiger Weise in Anspruch nehmen, trägt niemand die mit dieser Nutzung verbundenen tatsächlichen Kosten. Diese werden auf andere, die Gesellschaft insgesamt oder auf künftige Generationen abgewälzt. Verursacht jemand Kosten, die er selbst nicht trägt, oder Nutzen, der anderen zugute kommt, dann liegen externe Effekte (Externalitäten) vor.

Jeder, der mit dem Auto ins Grüne fährt, seine Toilettenspülung bedient, sein Eßgeschirr und seine Wäsche reinigt oder einfach nur seine Stube wohlig wärmt, verursacht negative Auswirkungen auf den *Nutzen* anderer Haushalte oder auf die *Produktion* von Unternehmungen – man spricht hier von *negativen externen Effekten bzw. Externalitäten* –, ohne daß er das beabsichtigte und ohne daß er die damit verbundenen Kosten selbst tragen würde. Ein ganz entscheidendes Charakteristikum externer Effekte ist, daß für die Inanspruchnahme von Ressourcen bzw. für Nutzeneinbußen keine geldliche Entschädigung erfolgt. Neben den hier genannten negativen externen Effekten gibt es freilich auch positive: Eine pittoreske Landschaft, ein hübsches Haus mitsamt adrett gepflegtem Garten stiftet 'Vorbeikommenden' einen Nutzen, ohne daß sie dafür etwas bezahlen müßten.[13]

---

[13] Externe Effekte können auch aufgrund zu hoher Transaktionskosten, die ihre Internalisierung verhindern, bestehen.

> Externe Effekte (Externalitäten) sind Auswirkungen irgendwelcher Aktivitäten, die den Nutzen von Haushalten oder die Produktion von Unternehmungen beeinflussen, ohne daß die betroffenen Haushalte oder Unternehmungen im Falle eines positiven externen Effektes etwas bezahlen müßten oder im Falle eines negativen externen Effektes dafür entschädigt würden. Externe Effekte (Externalitäten) sind also durch das Auseinanderfallen von privaten Kosten/Nutzen und sozialen Kosten/Nutzen gekennzeichnet.

Externe Effekte haben nun besondere Relevanz für die Umweltqualität, denn gerade hier kommt es zu einer unangenehmen Häufung *negativer* externer Effekte, wobei als Verursacher dieser Effekte eigentlich jeder einzelne anzusprechen ist. (Man denke wieder an die Fahrt ins Grüne, an das Heizen der Wohnung, das Abwasser und den Müll von Millionen von Haushalten.)

Bei Existenz von externen Effekten verfehlen die Marktkräfte das Wohlfahrtsmaximum. Denn der Angebots-Nachfrage-Logik liegt eine zentrale Bedingung zugrunde:

> Eigennütziges Verhalten der Wirtschaftssubjekte führt in einer Wettbewerbswirtschaft nur dann zu einer allgemeinen Wohlstandsmaximierung, wenn alle mit einer Aktivität zusammenhängenden Kosten von den Verursachern selbst getragen werden bzw. jeglicher von einer Aktivität ausgehende Nutzen den jeweiligen Wirtschaftssubjekten unmittelbar selbst zugute kommt.

In Worten des Plus-Minus-Kalküls: Die individuelle Vorteilslogik führt nur dann zu einer allgemeinen Wohlstandsmaximierung, wenn

9. Logik des staatlichen Handelns 229

den Handelnden auch tatsächlich alle Plus = Erträge zufallen und sie alle Minus = Kosten einer Handlung auch selbst tragen müssen.

Die graphische Darstellung macht das hier auftretende Problem besonders deutlich (siehe Abbildung 9.1): Im Schnittpunkt E von Angebots- und Nachfragekurve ergibt sich zwar auch hier das *Marktgleichgewicht* – gekennzeichnet durch *Gleichgewichtspreis und Gleichgewichtsmenge* (P^*, Q^*) – allerdings ist dieses Ergebnis des Marktprozesses nicht mehr optimal. Denn wenn *externe* Effekte auftreten, dann gilt die Voraussetzung, daß alle Akteure alle Kosten und Nutzen einer Handlung selbst tragen, nicht mehr. Graphisch gesehen bedeutet das, daß die Kurven nicht mehr alle relevanten Kosten und Nutzen enthalten. Teile der Kosten und der Nutzen sind eben *externalisiert!* So treten beispielsweise im Falle negativer externer Effekte in der Produktion Kosten auf, die eben nicht die einzelne Unternehmung, sondern Dritte, die Gesellschaft insgesamt oder künftige Generationen tragen müssen. Die gesamten Produktionskosten, die *sozialen Kosten,* sind größer als die von der Unternehmung getragenen *privaten Kosten!* Und in diesem Fall wird das Wohlfahrtsmaximum verfehlt.

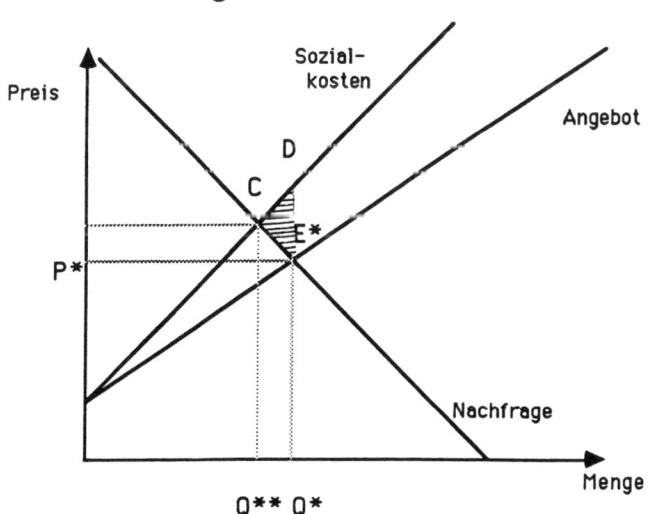

Abbildung 9.1: Produktionsexternalitäten

In Abbildung 9.1 ist über der privaten Angebotskurve die 'tatsächliche' Kostenkurve *SK* (*Sozialkosten*) eingezeichnet. Sie zeigt die tatsächlichen (Grenz-)Kosten der Stromproduktion in einem kalorischen Kraftwerk: Hier gibt es zunächst die privaten Kosten, die die Errichtungs- und Betriebskosten des Kraftwerks umfassen. Durch die Stromerzeugung wird aber auch die Ressource Luft (als Aufnahmemedium für Schadstoffe) verbraucht, allerdings ohne, daß dafür etwas zu bezahlen ist. Dritte oder die Gesellschaft insgesamt tragen diese Kosten, die in der Nutzeneinbuße durch eine Verschlechterung der Luftqualität (oder in der Erhöhung des Reinigungsaufwandes) bestehen.

Da sich die Marktteilnehmer aber an den privaten Kosten und Erträgen orientieren, werden diese sozialen Zusatzkosten nicht im individuellen Kalkül berücksichtigt. Das Ergebnis des Marktprozesses, das Gleichgewicht E, ist nun nicht mehr gleichzeitig ein Optimum. Zuviel Strom wird produziert, weil in diesem Punkt die Kosten der Stromerzeugung den Nutzen des Stromkonsums übersteigen.[14]

Während der Stromproduzent also für die im Produktionsprozeß benötigten Betriebsstoffe, für Kapital und natürlich auch für die eingesetzte Arbeit *zahlen muß*, weil es sich dabei um mittels *Eigentumsrechte* festgelegte marktfähige Güter handelt, ist dies im Fall der Luft anders. Es sind hier *keine privaten Eigentumsrechte* definiert. Es handelt sich hier vielmehr um ein öffentliches Gut, das dementsprechend *umsonst* genutzt werden kann. Damit besteht aber die kostengünstigste Alternative, die Emissionen loszuwerden, darin, sie zum Preis von Null in die Luft zu blasen! Deshalb wird diese Alternative auch gewählt.

---

[14]Graphisch kommt diese Ineffizienz im schraffierten Dreieck *ECD* zum Ausdruck: Das bedeutet: Bei Produktion der Menge Q^* übersteigen die Kosten der letzten Outputeinheiten den Nutzen derselben. Der optimale Output Q^{**} ist vielmehr durch den Schnittpunkt der Nachfragekurve mit der *sozialen Grenzkostenkurve*, die die tatsächlichen Opportunitätskosten der Produktion abbildet, bestimmt.

> Eigentumsrechte bestimmen also den individuellen Umgang mit den einzelnen Dingen. Eigentumsrechte legen fest, wer mit einer Sache was tun darf und was nicht. Für einen effizienten Umgang mit Ressourcen kommt es nun entscheidend darauf an, daß
>
> 1. diesbezügliche Eigentumsrechte zunächst einmal klar definiert sind. D. h. einer Person ist ein klares Verfügungsrecht an einer Sache zugeteilt, und zwar so, daß sie, der Eigentümer, das ausschließbare Recht an dieser Sache hat. Das bedeutet, daß dem Eigentümer alle Nutzen und Kosten der Verwendung dieser Sache selbst zufallen, daß er über diese Sache selbst entscheiden kann, das schließt auch ein,
>
> 2. daß man das Eigentumsrecht an andere (meist gegen Entgelt) übertragen kann sowie
>
> 3. daß man im Falle der Verletzung seines Eigentumsrechts staatlichen Schutz anfordern kann und regelmäßig auch erhält; d.h. daß der Eigentümer sein Recht auch durchsetzen kann.

Trifft man beispielsweise in der *eigenen* Wohnung – um die man sich kümmert, eben weil sie die *eigene* Wohnung ist (privates Eigentums- bzw. exklusives Nutzungsrecht) – auf ungebetene Gäste, so steht der Staat mit seinem Polizei- und Gerichtswesen zur Verfügung, diese loszuwerden und eine entsprechende Entschädigung für entstandene Vermögensnachteile durchzusetzen. Macht man jedoch einen Spaziergang im (öffentlichen) Park, so wird man - unter Umständen - durch lärmende Kinder, Radfahrer oder ganz einfach durch *zu* viele andere Parkbesucher in seinem Erholungsuchen – mitunter empfindlich – gestört: Es treten hier also zu bestimmten Zeiten eine ganze Menge externer Effekte auf![15] Man kann deshalb wohl kaum die Polizei zu Hilfe rufen und die anderen Parkbesucher vertreiben! Es handelt sich ja nicht um einen *privaten* Park, aus dem man nicht eingeladene Dritte sehr wohl ausschließen kann.

Ein *öffentlicher* Park oder das *öffentliche* Straßennetz sind – genauso wie weite Bereiche der Umwelt – im Gegensatz zum *privaten* Garten öffentliche Güter, man spricht von *Common-Property-Ressourcen*. Das sind Güter, die im *Gemeineigentum*, im Eigentum *aller*, stehen und um die sich daher *niemand* kümmert! Entsprechend präsentierte sich das Erscheidungsbild eines öffentlichen Parks (ohne irgendwelche Pflegemaßnahmen) und eines privaten Gartens.[16] Jeder nutzt dieses Gut also gratis, verursacht aber dabei oft anderen Nutzern einen negativen externen Effekt. Die Kumulierung dieser negativen externen Effekte führt dann oft zu einer massiven Übernutzung mit zumeist äußerst unangenehmen Folgen.

> **In bezug auf weite Bereiche des Gutes Umwelt gibt es nun (noch) keine diesbezüglichen Eigentumsrechte, die eine effiziente Nutzung des Gutes gewährleisten würden. Es handelt sich um eine Common-Property-Ressource, eine Ressource, die im Gemeineigentum, im 'Eigentum aller' steht, um deren Erhalt sich daher niemand kümmert, sondern die im Gegenteil von allen zum Nulltarif genutzt und damit regelmäßig auch übernutzt wird.**

---

[15] Hier gilt dann das Prinzip der Nicht-Rivalität im Konsum nicht mehr. Ab einer bestimmten Anzahl von Parkbenutzern *rivalisiert* die Nutzung des Parks durch eine Person mit der einer anderen!

[16] Parkwächter und Stadtgärtner sind Gemeindebedienstete. Sie bekommen ihren Sold von der Gemeinde, die also die Erhaltung des öffentlichen Gutes mit Steuern (Zwangsabgaben) finanziert.

9. Logik des staatlichen Handelns

Die größten und drängendsten Umweltprobleme vom Treibhauseffekt (= Übernutzung der Atmosphäre), dem Abholzen der Regenwälder, der Verschmutzung von Luft und Wasser, der Übernutzung internationaler Gewässer bis zu den (Mega-)Staus und den 'Übernutzungsphänomenen' in Stadtzentren oder anderen 'beliebten' Orten, lassen sich mit diesem Ansatz erstaunlich einfach erklären: Stets handelt es sich um ein aufgrund der Eigentumsrechtsstruktur so festgelegtes öffentliches Gut, um eine Common-Property-Ressource, die von jedermann ohne entsprechende Kostentragung in Anspruch genommen wird.

Allerdings muß hier auf einen Umstand besonders verwiesen werden: Die bestehende Ausgestaltung der Eigentumsrechte rührt aus einer Zeit, in der es aufgrund der *geringen Bevölkerungszahl und des nicht vorhandenen Massenwohlstandes* einer diesbezüglichen Einschränkung der Nutzung solcher Ressourcen wie (Regen-)Wald, Wasser, Luft und Straßen überhaupt nicht bedurfte, eben weil es eine solche Beanspruchung gar nicht bzw. lediglich im vernachlässigbaren Umfang gab. Bis vor kurzem bestand noch keine Notwendigkeit, die Nutzung der Luft durch das Heizen von Wohnungen (!) und durch das Autofahren, die Nutzung der Wälder durch Mountain-Biker oder die Nutzung von Stadtzentren und Seen durch Touristen, die Nutzung der Weltmeere durch Fischflotten und die Nutzung der Urwälder durch Siedler zu regeln, weil insgesamt – *durch die noch äußerst geringe Zahl der Nutzer* – nicht so viel davon konsumiert wurde, daß dies den Bestand der jeweiligen Ressource in Mitleidenschaft gezogen hätte. Bis vor kurzem hat es überhaupt keine Autos, Mountain-Biker, Touristen, Siedler im Regenwald und Hochseefischer gegeben. Bis vor kurzem waren die angesprochenen Teile der Umwelt eben noch *freie Güter*, Güter, die so umfangreich vorhanden waren, daß ein Wirtschaften mit ihnen gar nicht notwendig war. Das hat sich mittlerweile geändert. Und deshalb muß eben auch die Nutzung dieser zumeist sehr kostbaren Ressourcen neu geregelt werden.

> **Weil es keine oder nicht klar definierte Eigentumsrechte gibt (und weil sich solche zum Teil gar nicht definieren bzw. durchsetzen lassen), wird die Umwelt heute, durch die explodierenden Ansprüche von Millionen von Nutzern übernutzt. Es gibt deshalb (noch) keine Institutionen, die eine effiziente Nutzung des Gutes 'Umwelt' sicherstellen, weil bis vor einiger Zeit noch überhaupt keine Notwendigkeit bestand, mit diesen Gütern zu wirtschaften.**

Die Lösung des Problems liegt demnach in der *Ausweitung der marktwirtschaftlichen Entscheidungs- und Allokationslogik* auch auf diese Bereiche, um den derzeit ineffizienten und möglicherweise bedrohlichen Umgang mit diesen kostbaren, knappen Gütern zu beenden. Jene Kräfte, die die privaten Güter in der bekannten Fülle hervorbringen, sind also so zu 'kanalisieren', daß sie in gleicher Weise die Beseitigung der Umweltknappheiten bewirken. Das setzt eine Änderung der *Anreizstruktur* voraus, weil diese Anreizstruktur durch die Eigentumsrechte bestimmt ist, eine *Änderung der Eigentumsrechte!*

Grundvoraussetzung für einen insgesamt effizienten Umgang mit knappen Ressourcen sowie für eine kontinuierliche Entschärfung des Knappheitsproblems – das ja gerade auch dort überzeugend demonstriert wird, wo der Umwelt der Charakter eines *privaten* Gutes zukommt, nämlich bei marktfähigen Rohstoffen – ist, daß den handelnden Personen *alle Plus und alle Minus ihrer Aktivitäten* auch entsprechend zugeordnet werden. Dies sollte über entsprechende Preis- und Kostensignale geschehen, die die *Anreizstruktur* im Umgang mit der natürlichen Umwelt verändern.[17]

---

[17]Man nennt diesen Ansatz in der Umweltökonomik auch *incentive-based-approach*.

9. Logik des staatlichen Handelns

Um im obigen Beispiel zu bleiben: Der Stromproduzent muß für *alle* benutzten Ressourcen bezahlen, nicht mehr bloß (und selbstverständlich) für die Arbeiter, sondern auch für die Beanspruchung der Ressource Luft. Dies kann nun in vielerlei Art geschehen. Eine Möglichkeit wäre die *Besteuerung* jenes Inputeinsatzes, der letztlich zur Luftverschmutzung führt. Kohle oder Erdöl könnten entsprechend des CO_2-Ausstoßes besteuert werden.

Und damit wäre das Entscheidende passiert: Nunmehr haben die Akteure ein unzweideutiges *Signal* erhalten, auf das sie mit Sicherheit reagieren werden. Da die Benutzung von Luft nunmehr mit Kosten verbunden ist und die Akteure den *Anreiz* haben, Kosten zu vermeiden, werden sie mit dem Gut Luft sparsamer umgehen. Sie werden beginnen, *Technologien* nachzufragen, die diesbezügliche Kosten einsparen helfen. Mit solchen Technologien läßt sich also Geld verdienen. Damit setzt eine neue Entwicklung ein: Die Entstehung von Märkten für Umweltschutz, die Entwicklung umweltschonender Produktionsverfahren und ressourcensparender Produkte. Die Wirtschaft würde damit tatsächlich in eine umweltverträgliche Richtung *gesteuert!*[18] Dagegen drohen bei der sogenannten *Auflagenlösung* (hier verwendet man Ge- und Verbote) kontraproduktive Effekte. Zum einen werden die mit derlei Auflagen verbundenen Kosten nicht *transparent,* d.h. sie treten nicht in das Bewußtsein einer breiten Öffentlichkeit. Am schwersten wiegt jedoch, daß Ge- und Verbote *keine Anreize* zur Verbesserung der Umwelttechnologie vermitteln. Für eine einmal genehmigte Anlage werden keine weiteren Emissionsreduktionsschritte gesetzt, weil damit keine Erträge verbunden sind. Damit verbesserte Umwelttechnologien nicht vorgeschrieben werden, werden sie

---

[18] Derzeit passiert durch die massive Besteuerung von Arbeit gerade das Gegenteil. Dadurch wird nicht nur der Einsatz von menschlicher Arbeit teurer und damit de facto bestraft, sondern relativ dazu die Verwendung von Roh- und Energiestoffen deutlich günstiger. Die derzeitig umwelt- und ressourcenintensive Produktionsstruktur ist damit nicht zuletzt durch *staatliche Fehlsteuerung* bedingt.

geheimgehalten bzw. deren Entwicklung tendenziell unterbunden. Es kommt zum *Schweigekartell der Oberingenieure.*

Übersicht 9.3: Externalitäten:
Definition, Begründung und 'Elimination':

| 1. Externalitäten treten auf, wenn die privaten Kosten/Nutzen einer Handlung nicht mit den tatsächlichen/sozialen Kosten/Nutzen einer Handlung übereinstimmen. |

↓↓

| Das ist gleichbedeutend mit: Einem Wirtschaftssubjekt wird das von ihm (seinen Handlungen) bewirkte Plus und Minus nicht vollständig zugerechnet. D.h., daß Güter produziert oder benutzt werden, dafür aber kein Entgelt bezahlt werden muß. |

↓↓

| 2. Dies ist deshalb so, weil Eigentumsrechte für jene Güter/Ressourcen, für deren Produktion und Nutzung nichts bezahlt wird, mangelhaft bzw. überhaupt nicht definiert bzw. definierbar sind. |

↓↓

| 3. Fehlen Eigentumsrechte, dann 'fehlen' private Güter, mit denen sich ein wirtschaftlicher Umgang lohnt. |

↓↓

9. Logik des staatlichen Handelns

> 4. Damit fehlen die Voraussetzungen dafür, daß ein Markt entstehen kann. Wo aber gar kein Markt besteht, kann nicht der Marktmechanismus, der hier gar nicht zur Wirkung gelangt, als Ursache für ein 'Übel' bezeichnet werden.

↓↓

> 5. Zur Beseitigung der Ineffizienzen kommt es darauf an, den einzelnen Akteuren alle Plus (= Erträge) und alle Minus (= Kosten) ihrer Handlungen möglichst vollständig zuzurechnen. Dies kann durch die Neudefinition von Eigentumsrechten geschehen, aber auch durch die Besteuerung negativer und die Subventionierung positiver externer Effekte.

↓↓

> Basierend auf den Einsichten zur marktwirtschaftlichen Informationsnutzung sollte eine Anreizstruktur geschaffen werden, die alle vorhandenen Informationen (Kenntnisse) für einen sparsameren Umgang mit der Umwelt mobilisiert und einen diesbezüglichen technischen Fortschritt induziert.

Die gegenwärtige Umweltmalaise ist also nicht auf das marktwirtschaftliche System oder auf 'Marktfehler' zurückzuführen, sondern vielmehr auf *staatliches Versagen:* Dieses besteht

1. in nicht ausreichend definierten Eigentumsrechten,

2. in staatlich falsch gesetzten Anreizen (hohe Besteuerung von Arbeit, keine bzw. zu geringe Besteuerung von Rohstoffen und Energie), die zu vermehrtem Umweltverbrauch führen,

3. in staatlich zu umfangreich und zum Nulltarif bereitgestellten öffentlichen Gütern (z.B. Straßennetz), die mit massiven Übernutzungsproblemen und negativen Umweltproblemen verbunden sind, und schließlich noch

4. in massiver Subventionierung von Industrien mit hohem Umweltverbrauch (z.B. Stahlindustrie).[19]

9.2.3 Herstellung von Kostentransparenz

Es darf also nicht übersehen werden, daß die Handelnden grundsätzlich bestrebt sind, die positiven Wirkungen ihrer Handlungen (das Plus) selbst 'einzustecken', die mit einer Handlung verbundenen negativen Wirkungen aber nach Möglichkeit auf andere abzuwälzen. Wo immer sich dafür Gelegenheiten ergeben, werden diese auch wahrgenommen werden. Das gilt nicht nur für die Nutzung des öffentlichen Straßennetzes, des öffentlichen Verkehrs sowie öffentlicher Parks mit den entsprechenden Konsequenzen der Übernutzung. Auch das Sozialsystem bietet eine Fülle von Möglichkeiten, private Vorteile zulasten der Öffentlichkeit zu lukrieren. Mitunter geschieht dies gar nicht aus böser Absicht, sondern einfach in Unkenntnis der mit einer Aktivität verbundenen Kosten.

---

[19] Zusätzliche Probleme ergeben sich aufgrund staatlich verordneter Handelsbarrieren, die den Ländern der Dritten Welt den Marktzutritt in den Industrieländern verwehren und es ihnen damit nicht erlauben, ihre komparativen Kostenvorteile zu nutzen. De facto werden dadurch den Ländern der Dritten Welt Einkommenserzielungschancen vorenthalten, der Druck zur Nutzung natürlicher Ressourcen wie beispielsweise der tropischen Wälder steigt dadurch noch stärker an!

9. Logik des staatlichen Handelns

Die Herstellung von *Kostentransparenz* ist ein wichtiges Gebot für effizienten Umgang mit knappen Mitteln. Allein dadurch würden viele ihr Handeln entsprechend anpassen. So ist das 'freizeitmäßige Konsultieren' von Ärzten, der 'Übergenuß' an Medikamenten oder 'sinnloses Autofahren' ebenso eine Folge mangelnder Kostentransparenz wie das 'probeweise' Antreten zu einer Prüfung oder das willkürliche Belegen von Lehrveranstaltungen auf Universitäten. In den meisten Fällen wissen die Handelnden von den dadurch verursachten Kosten gar nichts. Sie werden deshalb die angebotenen Güter über Gebühr in Anspruch nehmen, weshalb ein Sozialsystem bzw. der freie Zugang zu Universitäten unfinanzierbar zu werden droht und damit die eigentliche soziale Aufgabe nicht mehr erfüllen kann.[20]

9.2.4 Sicherung des Wettbewerbs

Neben der Definition von Eigentumsrechten ist die Sicherung des Wettbewerbs eine der wichtigsten Aufgaben des Staates im Rahmen der *Ordnungs-* und *Wettbewerbspolitik*. Die Voraussetzungen für einen *funktionsfähigen Wettbewerb*[21] herzustellen, d.h. in erster Linie *Offenheit der Märkte* und *möglichst umfassende Vertragsfreiheit* zu gewährleisten, liegt ebenso in staatlicher Verantwortung wie die Überwachung des Wettbewerbs auf seine *Ordnungsgemäßheit und Fairness*.

Es ist die zentrale, aber besonders schwierige Aufgabe der Wettbewerbspolitik, *Kartelle* zu zerschlagen, ungerechtfertigte Mo-

---

[20] Die Finanzierung dieser Güter erfolgt ja über Steuern und Sozialabgaben. 'Explodieren' die Ausgaben der Sozialversicherung, müssen zur Abdeckung dieser Defizite die Sozialversicherungsbeiträge erhöht werden. Aufgrund dieser Erhöhung der Sozialversicherungsbeiträge vergrößert sich der individuelle Anreiz, die Leistungen der Sozialversicherung 'erst recht' in Anspruch zu nehmen. Die Aufwendungen der Sozialversicherungsanstalten und damit deren Defizite steigen weiter, was erneute Beitragserhöhungen nötig machte ... man gerät in einen *circulus vitiosus*.

[21] Siehe dazu genauer Kap. 7.5.

nopole möglichst zu verhindern und sicherzustellen, daß der Austausch von Gütern sowie dessen Bedingungen ('terms of trade') von den beteiligten Parteien frei ausgehandelt werden können. Ist das nicht der Fall, so werden einige Akteure zu einer für sie nicht optimalen Alternative 'gezwungen'. Eine Option, die sie bevorzugen würden, ist ihnen dann nicht zugänglich. Genau das ist ja im Falle eines Monopols gegeben. Das Einkaufen bestimmter Zigarettensorten und Spirituosen im 'Inland' sowie gewünschter Möbel in Italien und von Teppichen in der Türkei ist hingegen deshalb nicht unbeschränkt möglich, weil staatliche 'Handelsbeschränkungen' vorliegen.

Es wurde auch wiederholt auf die disziplinierende und unverzichtbare Rolle des Staates hingewiesen, der bei *Asymmetrien auf Märkten* für den Schutz der 'schwächeren' Parteien[22] zu sorgen, der das Verletzen der Spielregeln seitens der Spieler (das Nicht-Einhalten von abgeschlossenen Verträgen, Übervorteilung) zu ahnden hat bzw. den Falschspielern (Betrug etc.) das Handwerk legen muß. Auch in diesem Zusammenhang spielen Eigentumsrechte, insbesondere auch das *Haftungsrecht*, eine große Rolle. Den handelnden Personen sollten nach Möglichkeit alle Konsequenzen ihrer Handlungen zugeschrieben werden, die Akteure müssen für ihre Handlungen auch entsprechend verantwortlich sein. Fehler und Lücken im Rechtssystem, die beispielsweise eine eingeschränkte Haftung erlauben, können zu großen Problemen führen. Damit die Wirtschaftssubjekte entsprechend verantwortungsvoll agieren, müssen sie, insbesondere bei Entscheidungen über das Vermögen Dritter (dies trifft insbesondere Manager), entsprechend zur Verantwortung gezogen werden können. Andernfalls besteht die Gefahr des Abgleitens in eine *Casino-Society*, in der Ressourcenverwendungsentscheidungen eben nicht mehr verantwortungsbewußt getroffen werden, gerade weil das Risiko einer Entscheidung auf andere abgewälzt werden kann![23]

---

[22] Siehe dazu Kap. 8.3.
[23] Allein die Einführung eines entsprechenden *Umwelthaftungsrechts* ('Neufestle-

9. Logik des staatlichen Handelns 241

> Die allgemeinen Wohlfahrtswirkungen individuellen Vorteilsstrebens haben nicht nur die unmittelbare Zurechnung aller mit einer Handlung verbundenen Kosten und Nutzen, sondern auch einen funktionsfähigen Wettbewerb und 'fair play' zur unabdingbaren Voraussetzung.

Der Wettbewerb fordert von allen Teilnehmern nicht geringe Anstrengungen. Deshalb besteht stets die Gefahr vielfältiger Einschränkungsversuche, die sich freilich effektiv nur mit staatlicher Unterstützung durchsetzen lassen. Die Einflußnahme seitens bestimmter Gesellschaftsgruppen, von *Partikularinteressen* auf Regierung und Bürokratie, die auf eben diese Einschränkung des Wettbewerbs abzielt, verwundert deshalb kaum. Dazu wird im letzten Punkt (10.1) noch näher Stellung bezogen.

9.2.5 Bildungspolitik: Hilfe zur Selbsthilfe

Für das erfolgreiche persönliche Wohlfahrtsstreben ist das individuelle *Entscheidungsvermögen*, die *Qualität des individuellen Entscheidens* buchstäblich *entscheidend*. Ist doch die individuelle ökonomische Situation von der eigenen Entscheidungs- und Informationsverarbeitungsfähigkeit, dem Einfallsreichtum und der Tatkraft abhängig.

Der Staat kann nun vor allem dadurch versuchen, den individuellen und damit auch den gesellschaftlichen Wohlstand zu erhöhen, indem er einerseits die individuelle Entscheidungsfähigkeit und andererseits die Informationsbasis der Entscheidungsträger verbessert.

---

gung von Eigentumsrechten'), das den Verursachern von Umweltschäden die Kosten von deren Beseitigung zuschreibt und sie auch entsprechend haftbar macht, würde zu einer grundsätzlichen Verhaltensänderung führen. Es ist alles eine Frage der Anreize!

Ersteres ist eine Funktion der Bildung, letzteres hängt von dem möglichst reibungslosen Funktionieren der Marktwirtschaft ab. Für beides trägt der Staat im besonderen Maße Verantwortung.

Bei der *Bildungspolitik* geht es im wesentlichen um die Herstellung von *Chancengleichheit,* d.h. jeder sollte die gleichen *Startvoraussetzungen* haben. Die *Wettbewerbspolitik* hat zusätzlich sicherzustellen, daß für jeden die *gleichen Regeln* gelten sollten.[24]

Zum anderen bestehen bei Bildungsaktivitäten positive externe Effekte, weil die Erträge von Bildungsinvestitionen auch Dritten zugute kommen. Deshalb würde es tendenziell zu einer 'Unterversorgung' mit Bildung kommen, würde man diese Entscheidung ganz dem Einzelnen überlassen. Weil der Einzelne also nicht die gesamten Früchte seiner 'Bildungsinvestition' einsteckt, wird er tendenziell zu wenig in Bildung investieren![25] Der Konsum des Gutes 'Bildung' ist deshalb in einem bestimmten Umfang zwingend vorgeschrieben ('Schulpflicht'), weil der 'Staat' der Ansicht ist, daß die einzelnen Individuen diese Entscheidungen selbst nicht vernünftig treffen können, insbesondere dann, wenn sie selbst unmittelbar für die Kosten aufkommen müßten. Die 'gratis' Zur-Verfügung-Stellung des Gutes übernimmt der Staat, allerdings mit einer entsprechenden Verpflichtung zum Konsum. Man spricht hier von einem *meritorischen*

---

[24] Es geht bei beiden Politiken um die Sicherstellung der *Fairness des Prozesses,* d.h. um die *Gleichheit der Regeln, nicht um die Gleichheit des Ergebnisses!*

[25] Zwar ist es richtig, daß in demokratischen Gesellschaften die Eigentumsrechte bezüglich der Verfügung über die eigene Person dem Individuum selbst zukommen (es gibt keine Sklaverei mehr), weshalb der Anreiz besteht, in die eigene Person in Form von Bildung zu investieren. Doch ergäben sich bei der Finanzierung der (Aus-)Bildung große Probleme, wenn man diese Kosten unmittelbar selbst tragen müßte. So wären beispielsweise bei Mittellosigkeit keine Sicherheiten für einen aufzunehmenden Kredit (um die Ausbildung zu bezahlen) verfügbar. Müßte man die Kosten der Bildung also unmittelbar selbst bezahlen, würde man deutlich weniger in die eigene Bildung investieren und damit weniger Bildung nachfragen. Andererseits werden durch die hohe Einkommensbesteuerung die Erträge der Bildungsinvestitionen vermindert, was auch den Anreiz, in die private Bildung zu investieren, reduziert.

9. Logik des staatlichen Handelns

Gut.[26]

Daß der 'Staat' also den 'Konsum einer bestimmten Menge an Bildung' zwingend vorschreibt und dafür keine unmittelbare Gegenleistung verrechnet, ist aus den geschilderten Gründen sinnvoll und notwendig. Die staatliche Zur-Verfügung-Stellung des Gutes 'Bildung' bedeutet jedoch nicht gleichzeitig, daß der Staat dieses Gut auch selbst produzieren, also Schulen und Universitäten auch selbst führen sollte. Der Grund dafür liegt in den vielfältigen Ineffizienzen, die regelmäßig bei der staatlichen Produktion von Gütern auftritt. Im vorliegenden Zusammenhang stellt sich die Frage: Welchen *Anreiz* hat ein Lehrer, die bestmögliche Ausbildung der ihm anvertrauten Schüler oder Studenten zu bieten? Es ist mehr als fraglich, ob im staatlichen Bildungsmonopol überhaupt ein solcher Anreiz besteht. Bekäme jeder Staatsbürger hingegen einen 'Bildungsscheck', den er bei unterschiedlichen, auch bei privaten Bildungsinstitutionen einlösen könnte, dann entstünde darum eine lebhafte *Konkurrenz* zwischen den Anbietern von Bildungsleistungen und damit ein *Anreiz* für die Lehrenden, sich im Sinne einer ständig verbesserten Ausbildung besonders anzustrengen!

Eine möglichst umfassende Bildung der Wirtschaftssubjekte ist schließlich vor allem vor dem Hintergrund einer zunehmenden Arbeitsteilung und Spezialisierung erforderlich. Da sich dabei die produktiven Tätigkeiten bei der Mehrzahl der Akteure nur auf einen sehr begrenzten 'Ausschnitt der Lebenswelt' beziehen, läuft ein arbeitsteilig Produzierender stets große Gefahr, 'geistig zu verkümmern' und über den eigenen Tellerrand nicht mehr hinauszusehen. Es droht also ein geistiger Verfall und damit die Gefahr, 'wesentliche Dimensionen des menschlichen Daseins' nicht zu erkennen. Schon am Beginn der Industriellen Revolution erkannte *Adam*

---

[26] 'Gratis' ist ein staatlich zur Verfügung gestelltes Schulsystem freilich nicht! Es bindet ja knappe Ressourcen, die anderweitig nicht mehr verfügbar sind und die auch (aus den Steuern gut ausgebildeter und damit besser verdienender Staatsbürger) bezahlt werden müssen.

Smith diese negative Seite der Arbeitsteilung, die mangels Abwechslungsreichtum und Herausforderungen zu einer geistigen Verarmung und Verrohung führen kann. Umfassende Bildung wirkt hier als notwendiges Korrektiv, indem sie den 'Blick auf die Totalität der Lebenswelten' eröffnet und solcherart die Vielfalt und Schönheit der Welt wie die Voraussetzung zu deren 'Genuß' erschließt.

Bildung ist daher nicht zuletzt deshalb nötig, weil dadurch die zur Wahl stehenden Arbeits- und Konsummöglichkeiten viel besser überblickt und damit auch besser genutzt werden können. Eine umfassende Bildung bedeutet also eine grundlegende Verbesserung des Entscheidungsverhaltens und der individuellen Informationsverarbeitungskapazität. Eine Ausbildung in volkswirtschaftlichen Belangen hilft über ein besseres Verstehen wirtschaftlicher Zusammenhänge zu einem gezielten Absuchen der offenstehenden Handlungsalternativen und zu einem besseren Durchdenken von deren Konsequenzen. Nicht zuletzt könnte volkswirtschaftliches Wissen zu einer maßgeblichen Disziplinierung des politischen Prozesses und damit zu nicht unbedeutenden Wohlstandsgewinnen führen. Wie notwendig diese Disziplinierung wäre, zeigen die Ausführungen des nächsten Kapitels.

10. 'Unlogik' des staatlichen Handelns: Der Staat als Spielverderber

10.1 Zur Logik der Partikularinteressen: Rent Seeking

Monetäre Stabilität, Wettbewerb, Sicherung von Recht und Ordnung sind typische *öffentliche Güter,* Güter, die weder im Konsum noch in der Produktion miteinander *rivalisieren* und die (für die Staatsbürger) *nicht ausschließbar* sind. Diese Güter *rivalisieren* nicht, weil der 'Konsum' des Gutes 'Sicherheit' durch eine Person nicht den Konsum desselben Gutes durch eine andere Person schmälert. Diese Güter sind nicht ausschließbar, weil jeder Staatsbürger diese Güter nutzen kann, ohne dafür unmittelbar etwas bezahlen zu müssen.

Weil der Markt keine öffentlichen Güter bereitstellt, ist die Versorgung der Gesellschaft mit solchen öffentlichen Gütern also Aufgabe des 'Staates'. Dazu zählen neben den bereits genannten Gütern wie der Landesverteidigung, der inneren Sicherheit, dem Straßennetz oder der Straßenbeleuchtung beispielsweise auch die Aufrechterhaltung der Sauberkeit im öffentlichen Bereich (Straßenreinigung) und im herkömmlichen, wenngleich nicht im ökonomischen Verständnis vor allem das Gesundheits- und Bildungssystem.[1] Es ist damit darüber zu *entscheiden,*

1. *welche öffentlichen Güter* zur Verfügung gestellt werden sollen, und

2. *in welcher Menge* dies geschehen soll?[2]

---

[1] Bei den Gütern 'Gesundheit' und 'Bildung' handelt es sich um private, also ausschließbare Güter, die aber aus *sozialen* Überlegungen in den meisten Industriestaaten der westlichen Tradition als öffentliche und weitgehend *meritorische* Güter angesehen werden und als solche allen Bürgern im gleichen Maße zugänglich sind bzw. sein sollten.

[2] Daraus ergibt sich freilich noch nicht die Notwendigkeit, daß der 'Staat' diese Güter auch selbst produziert. Siehe dazu unten Punkt 10.4.

Doch wer entscheidet darüber? *Wer* ist der 'Staat'? Öffentliche Entscheidungen dieser und ähnlicher Art werden in demokratischen Gesellschaften von einer gewählten *Regierung* gefällt und von einer beamteten *Bürokratie* durchgesetzt.

Zu gerne neigt man nun zur Vorstellung, daß Regierung bzw. Bürokratie 'unparteiische Diener' der öffentlichen Wohlfahrt seien, gewissermaßen Instrumente zur Maximierung des nationalen Wohlergehens. Diese Vorstellung ist (leider) reichlich blauäugig.

Die ökonomische Theorie wendet das individuelle Vorteilskalkül bzw. die Logik von Angebot und Nachfrage nun auch im staatlichen Bereich an und interpretiert die Regierung bzw. die politischen Parteien und die einzelnen Politiker als *stimmenmaximierende Unternehmung(en)*. Denn die politischen Entscheidungsträger verfolgen in der Regel auch *eigennützige* Ziele.[3] *Ein* wesentliches Ziel der Politiker ist es, an die Macht zu kommen bzw. an der Macht zu bleiben. Dazu braucht es maßgebende Unterstützung seitens der Wähler (der 'Kunden' der Politiker). Diese Unterstützung soll durch entsprechende staatliche Maßnahmen, entweder durch eine bestimmte Gesetzgebung oder eine bestimmte Mittelverwendung, das *'Angebot'* der Regierung, sichergestellt werden. Allerdings besteht das 'Angebot' aus ganz bestimmten gesetzlichen Regelungen, die nun aber *nicht auf die Maximierung der Gesamtwohlfahrt abzielen, sondern bestimmten Gruppen der Gesellschaft Vorteile verschaffen*. Und für Regelungen solcher Art gibt es natürlich auch eine starke *Nachfrage*. Die Nachfrage nach Gesetzen bzw. die Beeinflussung der Gesetzgebung und der staatlichen Mittelverwendung läuft darauf hinaus, je-

---

[3] Die Verfolgung *'auch'* eigennütziger Ziele schließt andere Bestrebungen der Politiker wie die der Förderung des Allgemeinwohls nicht aus. Mit diesem ökonomischen Ansatz der Politikanalyse sollen altruistisches Verhalten und 'höhere' Ziele der Beteiligten nicht zurückgesetzt bzw. ausgeschlossen werden. Ebenso wie den Haushalten und Unternehmern ein bestimmtes ethisches Verhalten unterstellt wird, wird hier Politikern und Bürokraten die grundsätzliche Beachtung eines bestimmten ethischen Kodex nicht abgesprochen.

weils ganz bestimmten Gruppen Vorteile zu verschaffen. Anstatt der Gesamtwohlfahrt der Gesellschaft werden im politischen Prozeß demokratischer Gesellschaften deshalb regelmäßig die *Partikularinteressen bestimmter gesellschaftlicher Gruppen* ('Special-Interest-Groups') im Vordergrund stehen.

Ebensowenig wie es den 'Staat' als solchen oder die 'Regierung' als solche gibt, sondern diese Institutionen aus ganz bestimmten Personen mit ganz bestimmten, auch – oder vielleicht vor allem – individuell orientierten Zielen bestehen, so hat es die Regierung auch nicht mit der Gesellschaft oder Nation als solcher, sondern mit *konkreten Individuen* oder ganz *spezifischen Gruppen* der Gesellschaft zu tun.

Innerhalb einer Gesellschaft, eines Staates, gibt es eine Reihe von konfliktären Interessen. Den inländischen Agrarproduzenten wird an einem möglichst hohen Agraraußenschutz (Zoll, mengenmäßige Einfuhrbeschränkungen und bestimmte 'Produktrichtlinien') und damit an möglichst hohen Preisen für ihre Produkte liegen, während die Konsumenten an einer großen Auswahl von Nahrungsmitteln und an möglichst niedrigen Preisen interessiert sind. Während vom gesellschaftlichen Standpunkt aus eine effiziente, d.h. *unter Beachtung von Nutzen und Kosten* möglichst gute medizinische Versorgung erstrebenswert wäre, insistieren Ärzte und Apotheker einerseits auf drastischen 'Marktzutrittsbeschränkungen' auf der *Angebotsseite*, weil dadurch – ihrem Erklären zufolge – eine gute Qualität der Leistungen gewährleistet ist, und auf einem 'Gratis-Zugang' zur medizinischen Versorgung andererseits. Tatsache ist, daß sie durch diese Einschränkung des *Angebots* gezielt Knappheiten schaffen ('weniger Ärzte teilen sich den Kuchen'), während auf der *Nachfrageseite* mangels Kostentransparenz und aufgrund fehlender Anreize zum Sparen keinerlei 'Absatzprobleme' bestehen (der 'Kuchen' also sehr groß ist). Damit ist den Ärzten und Apothekern ein weit überdurchschnittliches Einkommen sicher.

Für den einzelnen oder für eine Gruppe ist es naturgemäß

verlockend (und auch rational), weil allemal leichter, über nicht für jedermann leicht durchschaubare Maßnahmen zum Geld anderer zu kommen, als selbst – durch Wettbewerb erzwungen – möglichst produktive Beiträge zu leisten. Deshalb ist es nicht verwunderlich, daß einzelne Akteure oder Gruppen versuchen, auf die Regierung entsprechenden Einfluß zu nehmen. Dieser Einfluß zielt darauf ab, diesem Akteur oder dieser Gruppe Vorteile zu verschaffen, was, ökonomisch gesehen, nur durch die *Einschränkung von Wettbewerb* auf der einen Seite und durch die *Ausdehnung der Nachfrage nach ihren Produkten* auf der anderen Seite möglich ist.

Kleine Gruppen haben den Vorteil, sich besser organisieren zu können. Die *Transaktionskosten* der Kontaktaufnahme untereinander und die Kosten der Politikformulierung sind gering, weil sich eine Gruppe gerade durch gemeinsame Interessen auszeichnet. Weil es im Falle des erfolgreichen 'Durchboxens' einer Gesetzesbestimmung oder einer Auflage regelmäßig sehr viel zu verdienen gibt, kann man sich hoch bezahlte Spezialisten ('Lobbyisten') leisten, die kontinuierlich auf Regierung und Bürokratie einwirken und die Gruppeninteressen mit allen Tricks durchzusetzen versuchen, dabei aber stets bemüht sind, das Allgemeinwohl ihrer Aktionen herauszustreichen.

> **Aktivitäten, die auf die künstliche Reduktion bzw. Restriktion des Angebots durch staatliche Mitwirkung, also auf staatlich abgesicherte Marktzutritts- und Wettbewerbsbeschränkungen der unterschiedlichsten Art sowie auf eine 'künstliche' Ausdehnung der Nachfrage nach ihren Produkten zielen, nennt man Rent-Seeking-Aktivitäten.**

Aus der Sicht der Gesellschaft gesehen, handelt es sich bei Rent-Seeking-Aktivitäten um Ressourcenverschwendung, regelmäßig im beachtlichen Umfang. Daß solche Rent-Seeking-Aktivitäten durchaus

10. 'Unlogik' des staatlichen Handelns

Aussicht auf Erfolg haben, liegt in der *asymmetrischen Anreizstruktur* zugunsten von Partikularinteressen in demokratischen Gesellschaften begründet. Denn der *Gewinn der Gruppe* ist deutlich spürbar, damit der Anreiz groß, eine Maßnahme durchzusetzen, der *Verlust* bei den 'Opfern', d.h. bei *der Allgemeinheit*, hingegen kaum wahrzunehmen, weshalb deren Opposition dagegen unwahrscheinlich ist. Dies läßt sich am einfachsten anhand eines Beispiels erläutern.

Eine Gesellschaft bestehe aus 50 Millionen Bürgern. Gelingt es einer Gruppe, sie bestehe aus 1000 Personen, eine bestimmte gesetzliche Regelung durchzusetzen, beispielsweise daß nur eine *limitierte Anzahl* von 'staatlich geprüften Batterieentsorgern' das Recht habe, Batterien zu entsorgen,[4] dann entstünden dadurch jedem Gesellschaftsmitglied Kosten in Höhe von DM 2,-, insgesamt also DM 100 Millionen. (Diese Kosten kommen nicht durch eine sichtbare Steuer zum Vorschein, sondern in höheren Preisen. Damit ist die Auswirkung dieser Maßnahme für die Allgemeinheit schwer erkennbar!) Diese DM 100 Millionen kommen den 1000 Personen zugute, die also pro Person in Höhe von DM 100.000,- profitieren. Damit haben diese 1000 Personen einen besonders starken *Anreiz*, sich für diese Maßnahme entsprechend einzusetzen. Da alle übrigen Staatsbürger dadurch aber nur mit DM 2,- pro Jahr belastet würden, haben sie – vorausgesetzt sie durchschauen diese Logik – *keinerlei Anreiz*, sich gegen diese Maßnahme zur Wehr zu setzen. Es entstünden jedem durch die Blockierung dieses Antrags ja Kosten, die wahrscheinlich weit über den DM 2,- liegen werden. Folglich unterbleibt eine Blockierung dieses politischen Vorschlages. Zur Realisierung dieser Maßnahme ist die begünstigte Gruppe bereit, Ressourcen aufzuwenden, die bis zur Höhe des erwarteten Gewinns reichen können. Auch erhält man Unterstützung von seiten anderer Gruppen der Gesellschaft, die im Wissen um diese Logik sich dann von dieser Gruppe Unterstützung

---
[4]Die richtige Regel wäre, für alle Batterieentsorger *die gleichen Regeln* festzulegen, nicht aber die *Zahl* der Batterieentsorger zu beschränken.

erwarten, wenn diese selbst ihre eigenen Partikularinteressen durchsetzen wollen. So erhält der Vorschlag schließlich Gesetzeskraft.[5]

Die volkswirtschaftlichen Kosten von Rent-Seeking bestehen einmal in all den Aufwendungen, die in der Hoffnung auf eine staatlich abgesicherte Monopolstellung bzw. Wettbewerbsbeschränkungen aufgebracht wurden. Diese Aufwendungen (Kosten) führen indes nicht zu einem gesellschaftlich wünschenswerten Output, sondern es handelt sich dabei ausschließlich um Umverteilungen, um Transfers, die die (abgezinste) Monopolrente durchaus übersteigen können, wenn mehrere Gruppen um dasselbe 'Privileg', beispielsweise um Importkonzessionen oder um andere 'Angebotsberechtigungen' konkurrieren, aber nur eine Gruppe den 'Zuschlag' erhalten kann. Zum anderen entstehen schließlich volkswirtschaftliche Verluste durch die Monopolstellung bzw. Wettbewerbsbeschränkung selbst. Diese Monopolstellung ist ja der Grund für die Rent-Seeking-Aktivitäten.[6]

10.2 'Eroberung von Regierung und Bürokratie'

In dem Maße, in dem die Regierung diesem Druck der Partikularinteressen nachgibt, handelt sie nicht zum Wohle der Gesellschaft insgesamt, sondern sie fördert die wohlstandshemmende 'Koalition von Partikularinteressen'.

Zweifelsfrei ist der Druck, der auf Regierung und Bürokraten ausgeübt wird, sehr groß, die Mittel und Wege, Regierung und Bürokratie dazu zu bewegen, entsprechende gesetzliche Regelungen zu erlassen, äußerst vielfältig.

Die Beispiele hiefür sind zahlreich: Die Autoindustrie fordert mehr Straßen und wird dabei tatkräftig von der Straßenbaubranche unterstützt. Airlines verlangen größere Flughäfen, Einkaufszentren

---

[5] Man nennt dieses Vorgehen des *Austausches* von Unterstützung zur Durchsetzung von Partikularinteressen im politischen Prozeß nach dem Motto: 'Hilfst Du mir, helf' ich Dir!' *log-rolling*.

[6] Zur in Aussicht stehenden Monopolrente siehe Kap. 5.3.

am Stadtrand umfangreiche Anbindungen an das öffentliche Verkehrsnetz, womöglich Autobahnabfahrten und öffentliche Parkplätze. Unternehmungen wollen ihr Produkt bzw. ihr Produktionsverfahren als Norm verankert wissen u.v.a.m.

Generell werden die Verkäufer bestimmter Produkte bzw. Dienstleistungen die Regierung bzw. die Bürokratie drängen, entweder die Nachfrage für ihre Produkte oder für Komplementärgüter (durch staatliche Aufträge) auszudehnen, die Konkurrenz für ihre Güter zu beschränken (beispielsweise durch einen entsprechenden Zollschutz oder durch andere Handelshemmnisse wie bestimmte Produktnormen) oder auf den betroffenen Märkten Wettbewerb durch erschwerten Marktzutritt 'abzumildern' oder grundsätzlich zu verbieten.

Dies ist erreichbar durch eine Vielzahl von direkten und indirekten Einflußnahmen auf Politiker, beispielsweise durch Parteispenden bzw. Wahlkampffinanzierungen. Wenn man 'seine Leute' dann an die Macht gehievt hat, erwartet man eine Gegenleistung: Das entsprechende *Angebot an staatlichen Maßnahmen*. Dazu zählen dann höhere, staatlich festgesetzte Preise für eine Vielzahl von Produkten und Dienstleistungen, Subventionen der vielfältigsten Art, staatliche Aufträge und wettbewerbsbeschränkende Regelungen. Bei erfolgreichem Rent-Seeking spricht man deshalb sogar von der *Eroberung der Regierung!*

Neben der Regierung sind auch die Bürokraten, die regelmäßig Entscheidungen über ein enormes Ressourcenvolumen treffen, Ziel von Rent-Seeking-Aktivitäten. Die Bürokraten, die mit der Verwaltung bestimmter Bereiche, mit der Durchführung der von den Politikern beschlossenen Maßnahmen befaßt sind, verfolgen bei ihren Tätigkeiten ebenfalls auch Eigeninteressen. Die Vergrößerung ihres Macht- und Einflußbereichs ist auch hier eine der dominierenden Zielsetzungen. Deshalb bevorzugen die Bürokraten, die auch wesentlich im Gesetzgebungsprozeß mitmischen, *Ermessensregelungen*. Gerade dadurch wächst ihnen Entscheidungsspielraum und damit Macht zu.

Da das offizielle Salär der Bürokraten meist unumrückbar feststeht, kann der individuelle Nutzen durch die Minimierung des zu erbringenen Arbeitseinsatzes, durch die Maximierung des zur Verfügung stehenden Budgets sowie der Zahl der 'Untergebenen' – beides führt zur Ausweitung der Macht der Bürokraten –, durch prestigeträchtige Titel und durch eine Reihe von anderen Annehmlichkeiten – beispielsweise Dienstwagen und 'diverse Vergünstigungen' – erhöht werden. All dies läßt die Bürokratie kontinuierlich wachsen, ohne daß dafür eigentlich ein Bedarf von Seiten Dritter bestünde. Auch besteht in bürokratischen Strukturen regelmäßig keinerlei Anreiz zur Kosteneinsparung. 'Kameralistische Buchführungsgrundsätze' bestimmen, daß ein verfügbares Budget in der nächsten Periode gekürzt wird, wenn es nicht zur Gänze verausgabt wird. Unter diesem *Anreizsystem* wird das volle Ausschöpfen der Budgets zum Muß, auch wenn für die damit getätigten Anschaffungen überhaupt keine Verwendung gegeben ist. Und so kaufen öffentliche Schulen und Universitäten, Kliniken und Kindergärten, Polizei, Heer und 'Verwaltungsburgen' Geräte, Ausrüstung und vielerlei sonstiges, was eigentlich gar nicht benötigt wird, in vielfacher Millionenhöhe.

Schließlich bekommen Bürokraten regelmäßig 'Belohnungen' unterschiedlichster Art für jenes Verhalten, das im Vorteil der von ihnen Verwalteten liegt. Es kommt hier zu einer systematischen Beeinflussung der Beamten, der Verwalter durch die Verwalteten, zur *Eroberung der Bürokratie!*

So wird das die agrarische Produktion überwachende Agrarministerium von 'Agrariern',[7] das das Gesundheitswesen regulierende Gesundheitsministerium von Ärzten dominiert! Bauern sitzen in den wichtigen 'Außenhandels- und Subventionskommissionen', Ärzte in Zulassungskommissionen für Jungärzte, in den Entscheidungsgre-

---

[7] Im Falle der Agrarbürokratie ist deren 'Eigendynamik' besonders schön erkennbar: Trotz dramatischer Abnahme der Agrarproduzenten während der letzten Dezennien steigt die Anzahl der Agrarbürokraten kontinuierlich weiter an.

10. 'Unlogik' des staatlichen Handelns

mien für die Festlegung des Tätigkeitsbereichs etc. Ähnliches gilt für Apotheker, Fahrschulen, Rauchfangkehrer und viele andere 'Berufsstände' mehr. Und es versteht sich von selbst: Diejenigen, die hier Entscheidungen treffen, treffen sie eher zugunsten der 'Verwalteten' und zulasten des 'Allgemeinwohls' als umgekehrt.

Noch grundsätzlicher ist die Überlegung, daß die Bürokraten, die Regulierenden, ihren Job letztlich durch die Regulierten erhalten und von daher einen *Anreiz* haben, sich diese auch gewogen zu halten. Um ihren Job zu sichern und ihr Prestige zu erhöhen, sind Bürokraten also regelmäßig an der Ausweitung ihres Einflußbereiches und damit an der Vergrößerung des Verwaltungsapparates interessiert, ohne daß dafür ein 'objektiver' Bedarf gegeben wäre.

10.3 Folgewirkungen von Staatseingriffen in das Marktgeschehen

Von der Sicherstellung der Rahmenbedingungen, den Spielregeln für die Marktwirtschaft ('Ordnungspolitik'), streng zu unterscheiden, ist der *direkte Eingriff des Staates in das Marktgeschehen*, in das Spiel selbst. Bei letzterem spricht man von *Ablaufpolitik*. Die ökonomische Theorie 'öffentlicher Entscheidungen' erklärt über die asymmetrische Anreizstruktur, daß derlei Markteingriffe eher zugunsten bestimmter gesellschaftlicher Gruppen als zugunsten der Gesellschaft insgesamt erfolgen. Diese Eingriffe sind dann aber nicht nur mit den gewünschten *Distributions-*, also *Umverteilungswirkungen*, sondern vor allem auch mit – zumeist negativen – *Allokationsfolgen,* d.h. mit einer nicht optimalen Nutzung der Ressourcen, einem Wohlstandsverlust, verbunden.

Während es bei der Ordnungspolitik um gleiche Spielregeln für alle und damit um gleiche Chancen (Regeln) geht – man spricht hier auch von *Prozeßgerechtigkeit* –, zielen staatliche Eingriffe in das Marktgeschehen auf das *Herstellen bestimmter Resultate*, was – zumeist fälschlich – als *distributive Gerechtigkeit* bezeichnet wird.

Am bekanntesten ist die *'Robin-Hood-Politik':* Die 'Reichen' werden besteuert, die 'Armen' unterstützt. Freiwillige private Wohltätigkeit allein wird als unzureichend für die Unterstützung sozial Schwacher angesehen und so verteilt der Staat über eine Vielzahl unterschiedlicher Zwangsmaßnahmen Einkommen um. Es besteht dabei ein Rechtsanspruch auf Unterstützungen unterschiedlichster Art. Über einen progressiv gestalteten Einkommensteuertarif, am Einkommen orientierte Sozialabgaben und staatliche (Zwangs-)Versicherungssysteme (Arbeitslosenversicherung etc.) werden die nötigen Mittel zur Unterstützung sozial Schwacher aufgebracht.

Nur wenige Ökonomen bestreiten die grundsätzliche Sinnhaftigkeit eines sozialen Sicherungssystems.[8] Sie teilen den unsere Gesellschaft mittragenden Konsens, daß Personen, *die noch nicht, nicht oder nicht mehr leisten können,* also Kinder, kranke und alte Menschen von der Gesellschaft unterstützt werden sollen.[9] Meinungsunterschiede ergeben sich jedoch bei der konkreten Ausgestaltung eines solchen Sozialsystems. Dies deshalb, weil dadurch die *Anreizstruktur* geändert wird und damit neben den Distributionsfolgen zumeist negative Allokationsfolgen auftreten.

---

[8] Obschon sich dagegen natürlich gute Gründe anführen lassen: Wenn jemand die jedem Bürger zugängliche 'Basisausstattung an Humankapital' (Ausbildung) erhalten hat und damit auch über die Risiken unserer Welt entsprechend informiert ist (→ Bildungspolitik), warum sollte dann die Entscheidung, für Notfälle entsprechend selbst vorzusorgen, nicht auch ihm/ihr selbst überlassen bleiben. Warum wird er/sie mit Zwangsversicherungsbeiträgen 'beglückt', die er/sie für sich und seine/ihre Familie nach Gutdünken nicht mehr anderweitig, eben gerade auch für *persönliche* Vorsorge, verwenden kann?

[9] Auch hier läßt sich das Argument anführen, daß nicht die Gesellschaft für diese Personen sorgen sollte, sondern zunächst die Familie, der sie angehören bzw. sie selbst. Nur wenn diese nicht für sie bzw. sich sorgen können, sollte der Staat einspringen. Und weiter: Der einzelne bzw. die Familien können sich heute nicht darum kümmern, weil ihnen der Staat via Besteuerung und Sozialabgaben die nötigen Mittel dafür entzieht. Dieser Argumentation zufolge ist es der Staat, der dafür 'sorgt', daß die einzelnen Personen bzw. Familien nicht das tun können, was sie sollten.

10. 'Unlogik' des staatlichen Handelns

> Bei staatlichen Eingriffen in das Marktgeschehen ergeben sich deshalb Probleme, weil solche Maßnahmen regelmäßig mit marktwirtschaftlichen Anreizmechanismen, die für die Wohlstandsschaffung unabdingbar sind, kollidieren.

Deutlich treten diese Problem bei sozialen Unterstützungsmaßnahmen und bei Subventionen auf. Höhe und Dauer der Arbeitslosenunterstützung können den Anreiz zu leistungsorientiertem Verhalten reduzieren, sodaß in bestimmten Branchen schwer bzw. überhaupt keine Arbeitskräfte zu finden sind. Damit können weniger Güter und Dienstleistungen produziert werden. Auch wird 'offizielles' Arbeitslosendasein nicht selten zu einträglichen Nebenbeschäftigungen ('Schwarzarbeit') 'genutzt' bzw. mißbraucht, Krankenstände werden zum Teil unberechtigt vorgetäuscht.[10] Die exzessive Inanspruchnahme des Sozialversicherungssystems, an dem ganz bestimmte Gesellschafts*gruppen* natürlich ein besonderes Interesse haben, führt zu rasant ansteigenden Kosten. Dies 'erfordert' eine sukzessive Erhöhung der Sozialversicherungsbeiträge, was einen Teufelskreis in Gang setzt, weil diese Beitragserhöhungen mit weiteren negativen Anreizen verbunden sind: Nunmehr fühlen sich die Beitragszahler in besonderer Weise zur Inanspruchnahme aller möglichen Leistungen berechtigt, gerade weil ihre Sozialversicherungsbeiträge so hoch sind. Die Kosten des Sozialsystems explodieren, was schließlich zu dessen Zusammenbruch führen kann. Damit kann es den eigentlichen Zweck, nämlich die Unterstützung der Menschen in Notsituationen, aber nicht mehr erfüllen.

Besonders nachteilig wirken sich Subventionen zur 'Arbeitsplatzsicherung' aus. Verändern sich beispielsweise aufgrund von Angebots-

---

[10]Besonders auffällig ist der stark negative Zusammenhang zwischen Anzahl von Krankenständen und Konjunkturverlauf. Je *schlechter* die Konjunktur, desto *gesünder* also die werktätige Bevölkerung?

und Nachfrageänderungen die relativen Preise, die für Stahl sinken, während die für Baumaterialien und Bau- und Handwerksleistungen steigen, dann wäre dies für die in der Stahlproduktion eingesetzten Ressourcen das *Signal zur Reallokation*, also das Signal, in andere, lukrative Branchen abzuwandern und dort die Knappheit zu reduzieren. Es ist ja die Nachfrage der Haushalte, die über die Preise die Dringlichkeit des Wunsches nach eigenen vier Wänden signalisiert. Subventioniert der Staat nun die Stahlproduktion, um den 'bedrohten' Stahlarbeitern ein 'gleiches Einkommen' zu sichern, dann besteht keinerlei Anreiz mehr für Faktorreallokationen.[11]

Mit der Subventionierung tritt zudem eine *Verzerrung der relativen Preise* ein. Da die Ressourcenreallokation nicht erfolgt, bleiben die Preise in der Bauindustrie höher als unter 'marktwirtschaftlichen Bedingungen'. Würden die Produktionsfaktoren in die Bauindustrie wechseln, stiege deren Angebot, was ceteris paribus zur Freude der Haushalte zum Fallen der Preise führen müßte. Das Resultat der Subventionierung: Die Haushalte, für die ja Politik gemacht werden sollte, weil es letztlich ja um ihren Wohlstand geht, können sich dann das gewünschte Haus unter Umständen nicht leisten, eben weil die Preise dafür zu hoch sind.

Hinzu kommt, daß Subventionen natürlich *finanziert werden müssen.* Die gut verdienenden (leistungswilligen) Baumaterialerzeuger, die Bauhandwerker und die Bauindustie werden *besteuert*, ihre

---

[11] Durch diese Maßnahme wird eine verhängnisvolle 'Botschaft' mit dementsprechenden Folgewirkungen verbreitet: Durch eine Subventionierungspolitik wird 'Anpassung' an die vom Markt diktierte Situation eine individuell oder branchenbezogen schlechtere, weil mühsamere Strategie als 'Beharrung', die man sich durch den Erhalt von Subventionen 'leisten' kann. *Es ist dann de facto gleichgültig, was man produziert. Man bekommt so und so das gleiche Einkommen.* Die Erfahrung zeigt jedoch überwältigend, daß alle Versuche, gegen die Marktkräfte anzukämpfen mit enorm steigenden Kosten verbunden sind. Letztlich ist man dann doch zur Aufgabe gezwungen. Allerdings sind die Subventionsgelder, die besser als Anpassungshilfen (Weiterbildung und Umschulung etc.) eingesetzt worden wären, verloren.

10. 'Unlogik' des staatlichen Handelns

produktiven Aktivitäten werden damit *bestraft*, weshalb sie ihre Produktion zurücknehmen. Damit sinkt aber das Angebot und steigen die Preise im Wohnbausektor, erneut zum Schaden der Haushalte!

Durch die Subventionierung kommt es damit nicht zu einer Ressourcenallokation, wie sie von den Haushalten gewünscht wird, und de facto zu einer Belohnung des Faktoreinsatzes, ohne Rücksicht auf die Erwünschtheit des damit erzielten Ergebnisses, des Outputs.

> Ohne preisliche Steuerung gibt es keine effiziente Ressourcenallokation. Besteht keine deutliche Verbindung zwischen dem erhaltenen Einkommen und dem geleisteten produktiven Beitrag bzw. mit dem übernommenen Risiko, dann fehlt der Anreiz zu einer nutzenstiftenden produktiven Tätigkeit. Der Output an von den Haushalten gewünschten Gütern und Dienstleistungen muß fallen, die Versorgung mit Gütern und Dienstleistungen verschlechtert sich.

Dieser zentrale Konnex zwischen leistungs- und risikoorientiertem Verhalten und entsprechender Entlohnung würde bei einer völlig gleichen (egalisierten) Einkommenszuteilung außer Kraft gesetzt. Orientierte man sich tatsächlich an einer solchen 'Gleichverteilungsregel', d.h. jeder bekommt das gleiche Einkommen, unabhängig davon, was er/sie tut, dann würde die Produktion kollabieren. Denn worin besteht unter diesen Umständen der *Anreiz* zu arbeiten, (außergewöhnliche) Leistungen zu vollbringen oder das Risiko einer Produkteinführung einzugehen? Wenn man ohne Bezug zur erbrachten Leistung das gleiche bekommt wie jeder andere auch, dann tut man am besten nur ganz wenig. Was man also verteilen wollte, ist dann – aufgrund der geänderten Anreizstruktur – nicht mehr da! Jeder hätte nun zwar das gleiche, aber das gleiche ist nicht mehr so viel wie zuvor!

Auch bleibt das Steuersystem nicht ohne Auswirkungen auf die Anreizstruktur und damit die *Leistungswilligkeit* der wirtschaftlichen Akteure.[12] Je höher die Grenzsteuersätze, desto weniger rentiert sich zusätzliches Arbeiten. Da der Anreiz zum Mehr-Arbeiten reduziert wird, wird auch der Output reduziert. Der Wohlstand muß damit sinken![13]

Da Steuern 'sichtbar', d.h. leicht erkennbar sind, ergibt sich die Möglichkeit, dagegen zu opponieren. Je höher die Steuern, desto höher wird auch der Widerstand dagegen sein. Andere Maßnahmen wie Handelsbeschränkungen der unterschiedlichsten Art und Weise (Zollschutz, Einfuhrkontingente wie auch Produktnormen und vielerlei Marktzutrittsbeschränkungen) 'verstecken' sich aber in höheren Preisen bzw. in verzerrten relativen Preisen und sind damit nicht mehr leicht zu erkennen. Damit wird es – seitens der Begünstigten – leichter, diese durchzusetzen, und – seitens der Betroffenen – ungleich schwerer, dagegen aufzutreten.

Die ökonomische Theorie argumentiert schlüssig und die Empirie belegt überwältigend, daß die marktwirtschaftlichen Allokationsmechanismen planwirtschaftlichem Vorgehen und Eingriffen gegenüber in bezug auf Effizienz und Gerechtigkeit haushoch überlegen ist. Das heißt freilich nicht *'laissez fair pure'*, also keinerlei staatliche Aktivität. Neben der unverzichtbaren Ordungspolitik, der Sicherstellung

---

[12] Steuern könnten als die 'moderne Erscheinungsform der Zwangsarbeit' interpretiert werden. Während bei klassischer Sklavenhaltung die auszuführende Tätigkeit, also die zu verrichtende Arbeit selbst vom Sklavenhalter anbefohlen wurde, hat man in der heutigen Gesellschaft zwar die *Freiheit*, den Inhalt der Arbeit selbst zu bestimmen (man ist daher stärker motiviert als ein klassischer Sklave), die Früchte derselben *muß* man indes in mehr oder weniger großem Umfang an den 'Staat' abführen!

[13] Steuern können darüber hinaus noch zu weiteren negativen Allokationswirkungen führen. Hohe Grenzsteuersätze machen Ausweichstrategien lohnend und können in Verbindung mit der Möglichkeit von Steuervorteilen ('Abzugsposten' und 'Abschreibegesellschaften') bei spezifischen Aktivitäten zu Fehlallokationen von Ressourcen im beachtlichen Ausmaß führen.

10. 'Unlogik' des staatlichen Handelns

der *institutionellen Grundlagen der Marktwirtschaft* ist die Politik darüber hinaus gefordert, funktionsfähigen Wettbewerb – eine Aufgabe der Wettbewerbspolitik –, eine entsprechende Bildungspolitik und eine gegen unberechenbare Notfälle ausreichend Schutz bietende Sozialpolitik sicherzustellen.

Einer Vielzahl von gesetzlichen bzw. behördlichen Bestimmungen und Eingriffen in das Marktgeschehen liegt die Annahme zugrunde, eine über 'freie Märkte' bewirkte Allokation verbessern zu können. Diesbezüglich ist jedoch größte Skepsis angebracht. Eingriffe in das Marktgeschehen verfolgen regelmäßig das Ziel der *Umverteilung zugunsten einer bestimmten gesellschaftlichen Gruppe* und sind stets mit *negativen Allokationsfolgen* verbunden. Dies soll abschließend für zwei sehr populäre Maßnahmen wie die Fixierung eines über dem Marktgleichgewicht liegenden *Mindestlohns auf dem Arbeitsmarkt* und von über dem Marktgleichgewicht liegenden *Agrarpreisen auf den Agrarmärkten* kurz erläutert werden.

Abbildung 10.1: Allokationswirkungen von Mindest- und Höchstpreisen

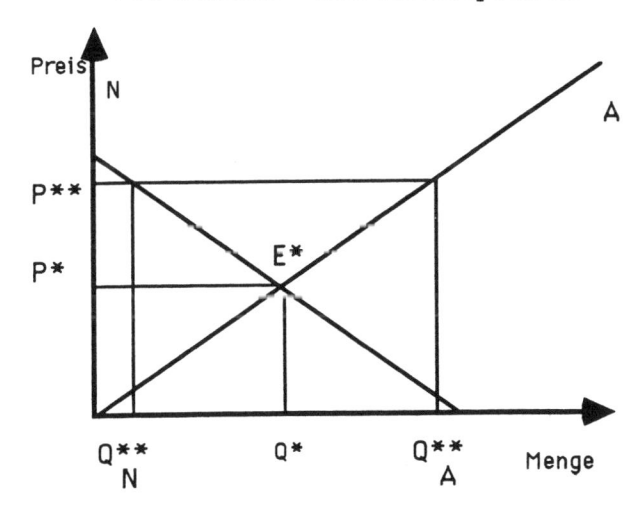

Dazu betrachte man Abbildung 10.1. Diese stelle zunächst den Arbeitsmarkt als Wettbewerbsmarkt dar, wobei Angebots- und Nachfragekurven den üblichen Verlauf aufweisen: Je höher der Preis, den man für eine Stunde Arbeit erlösen kann, desto höher ist die angebotene Menge Arbeit. Je höher der Preis für Arbeit, desto höher jedoch die Kosten für die Arbeitsnachfrager, die Unternehmungen, und desto geringer wird die nachgefragte Menge nach Arbeit sein.[14] Marktkräfte würden nun in Richtung auf das Marktgleichgewicht E^* zuarbeiten. Im Marktgleichgewicht gehen dann die Pläne *aller* Marktteilnehmer (auch der Nicht-Marktteilnehmer), also aller Arbeitsanbieter und Arbeitsnachfrager *in Erfüllung!* Denn bei diesem Preis (= Lohnsatz) P^* wird exakt jene Menge Q^* an Arbeit angeboten, die auch nachgefragt wird. Führt der 'Staat' nun, 'zum Wohle der arbeitenden Bevölkerung', einen über diesem Gleichgewichtspreis liegenden Mindestlohn P^{**} ein, so passiert *zweierlei:* Zum einen *wollen* zum nunmehr höheren Lohn naturgemäß mehr Leute arbeiten. Die zum Preis P^{**} angebotene Menge ist Q_A^{**}. Das *können* sie aber nicht! Dies umso mehr als andererseits zum nunmehr höheren Lohn die Nachfrager nach Arbeit nur mehr bereit sind, eine *geringere* Menge, nämlich Q_N^{**}, nachzufragen. Das Resultat: Die Einführung eines über dem Gleichgewichtspreis liegenden Mindestlohns führt zum Entstehen von *Arbeitslosigkeit*, und zwar im Ausmaß der Differenz zwischen dem, was die Arbeitsanbieter zum Lohnsatz von P^{**} tun *wollen*, und dem, was sie zu diesem Lohnsatz P^{**} tatsächlich tun *können*. Man kann es auch etwas anders formulieren: Die Einführung eines über dem Gleichgewichtspreis liegenden Mindestlohns versperrt Personen mit geringer Produktivität die Möglichkeit bzw. Chance,

---

[14] Der fallenden Nachfragekurve nach Arbeit liegt das *Gesetz der fallenden Grenzerträge* (siehe dazu genauer Kap. 4.2.3.1) zugrunde. Je mehr Arbeit im Produktionsprozeß eingesetzt wird, desto geringer ist das zusätzlich damit Erwirtschaftete, desto geringer also das *Grenzprodukt*. Multipliziert man dieses (physische) Grenzprodukt mit dem Preis des erstellten Gutes, dann erhält man das *Wertgrenzprodukt*. Dies ist das Plus der Entscheidung, einen zusätzlichen Arbeiter einzustellen, das zugehörige Minus ist der Lohnsatz. Zur Erinnerung: Plus und Minus werden miteinander verglichen und entsprechend wird entschieden.

sich selbst ein eigenes Einkommen zu schaffen. Gerade die Personen mit geringer Produktivität – für die eine solche Politik vordergründig gemacht erscheint – bekommen nun gar keinen Arbeitsplatz! Das ist aber noch nicht die ganze Geschichte. Aufgrund des ceteris paribus geringeren Arbeitseinsatzes wird auch weniger Output produziert. Ceteris paribus ist das Angebot insgesamt geringer, die Preise der Güter sind damit höher. Auch erscheint durch die durch Staatseingriff in das Marktgeschehen entstandene Arbeitslosigkeit nun ein *weiterer Staatseingriff* notwendig. Die solcherart arbeitslos Gewordenen erhalten regelmäßig eine staatliche Arbeitslosenunterstützung, die auch finanziert werden muß. Geschieht dies über Steuern (3. Staatseingriff), ist der Arbeitsanreiz geringer, womit der Output noch einmal fällt.

Ob also eine Mindestlohnpolitik eine Verbesserung für die Arbeitsanbieter bringt, muß mehr als bezweifelt werden. Ihnen wäre mit einer Unterstützung in Form einer umfassenden (Weiter-)Bildung bzw. (Um-)Schulung, die zu einer Erhöhung ihrer Produktivität führt, sicherlich mehr gedient. Denn je höher die Produktivität der Arbeitskräfte, desto größer die Wahrscheinlichkeit, Arbeit zu finden und damit selbst Einkommen zu schaffen. Auch geht von einer Reduzierung der Einkommens- und Ertragssteuersätze regelmäßig ein positiver Beschäftigungsimpuls aus: Da sich dadurch nämlich die Gewinne erhöhen, wird verstärkt investiert werden. Entsprechend steigt auch die Nachfrage nach Arbeitskräften.

Nun stelle Abbildung 10.1 einen Agrarmarkt, beispielsweise den für Milch, dar, wobei die Angebots- und Nachfragekurven auch hier den üblichen Verlauf aufweisen: Je höher der Preis für einen Liter Milch, desto höher ist die angebotene Menge. Je höher der Preis für Milch, desto geringer wird die nachgefragte Menge nach Milch sein.[15] Auch auf diesem Markt würden die Marktkräfte in Richtung auf das Marktgleichgewicht E^* zuarbeiten, in dem dann wiederum

---

[15] Zur Begründung der fallenden Nachfragekurve siehe Kap. 4.1.1.2 und 6.2.1.

die Pläne *aller* Anbieter von und Nachfrager nach Milch *in Erfüllung* gehen. Denn bei diesem Preis P^* wird exakt jene Menge Q^* an Milch angeboten, die auch nachgefragt wird. Führt nun der 'Staat' – diesmal 'zum Wohle der Agrarproduzenten' – einen über diesem Gleichgewichtspreis liegenden Milchpreis P^{**} ein, so geschieht dasselbe, wie oben geschildert: Zum einen wird zum nunmehr höheren Milchpreis naturgemäß mehr Milch angeboten, allerdings weniger Milch nachgefragt. Um einen Preisverfall zu vermeiden, muß die *Überschußmenge* nun vom Staat aufgekauft und verwertet werden.[16] Das kostet Geld, das aber nur von den Steuern anderer kommen bzw. über höhere Milchpreise aufgebracht werden kann. Damit könnte ceteris paribus weniger Milch nachgefragt werden.[17] Da sich solche 'Agrarpreisstützungen' regelmäßig auf alle wichtigen Agrarprodukte erstrecken, ist das Agrarpreisniveau generell im Vergleich zu einer marktwirtschaftlichen Allokation stark überhöht. Ein höheres Agrarpreisniveau führt zu einer Erhöhung der Lebenshaltungskosten, damit auch zu höheren Löhnen. Das aber reduziert ceteris paribus die Beschäftigung![18]

---

[16] Aufgrund der explodierenden Kosten dieser Art der Agrarpreisstützung mußte in den meisten westeuropäischen Ländern zusätzlich zu *Mengenregelungen* ('Kontingentierungen') übergegangen werden. Dieses System, das jedem Milchbauern ein ganz bestimmtes Kontingent zuordnet, das er zum festgesetzten Preis ausschöpfen darf, erfordert eine enorme Agrarbürokratie. Die sogenannten Agrar*markt*ordnungen haben mit einem Markt nichts mehr gemein. Es handelt sich vielmehr um ein planwirtschaftliches Konstrukt par excellence mit all den dargelegten Problemen.

[17] Die Nachfragekurve nach Milch würde sich dann nach links verschieben, was zu weiteren Kosten führen würde, da der Angebotsüberschuß weiter steigt.

[18] Über Preise geführte Agrarsubventionen können das vorgegebene Ziel der Agrarpolitik, die Stützung einkommensschwacher Agrarproduzenten, außerdem gar nicht erreichen, sondern führen zur *Rentenbildung* im Agrarsektor. Denn einkommensschwache Agrarproduzenten zeichnen sich gerade durch einen geringen Output aus, erhalten demgemäß nur eine geringe Förderung, während 'Großagrarier', die einer Stützung an sich gar nicht bedürften, den Großteil der Subventionen einstreichen.

10. 'Unlogik' des staatlichen Handelns

Doch ergeben sich noch weitere negative Allokationswirkungen. Eine wirksame Agrarpreisstützung erfordert einen durchgängigen *Außenhandelsschutz*, d.h. Importe günstigerer Agrarwaren müssen unterbunden werden. Damit 'teilt' sich aber die Volkswirtschaft in *zwei* Sektoren, in einen *geschützten*, das ist der Agrarsektor, und in einen *exponierten*, das sind in diesem Beispiel die anderen Sektoren, die keinen Außenhandelsschutz genießen. Die exponierten Sektoren sind damit dem *internationalen Wettbewerb* voll ausgesetzt. Durch die Agrarpreisstützungen geraten nun gerade diese exponierten Sektoren ins Hintertreffen. Denn während für die ausländische Konkurrenz aufgrund des dort nicht existenten Agrarschutzes die *Lohnkosten* geringer sind, muß die heimische Industrie höhere Löhne bezahlen, weil auch die inländischen Agrarpreise, die die Lebenshaltungskosten mitbestimmen, höher sind. So kommt es zu einem paradoxen Resultat: Jene Industrien, die ohnedies dem internationalen Wettbewerb ausgesetzt sind, kommen unter Druck, und zwar aufgrund der Stützung bzw. des Schutzes *anderer* Bereiche. Kommt es nun in diesen exponierten Industrien zu Problemen, werden sich die betroffenen Arbeitnehmer *und* Arbeitgeber gleichermaßen dafür stark machen, auch für ihren Bereich Zollschutz bzw. Subventionen durchzusetzen. Werden solche 'Schutzmaßnahmen' tatsächlich ergriffen, dann laufen immer mehr Bereiche der Wirtschaft Gefahr, ihre internationale Wettbewerbsfähigkeit einzubüßen.

Auch in diesem Beispiel erkennt man, daß ein Staatseingriff in das Marktgeschehen mit einer Vielzahl an sich nicht beabsichtigter Folgewirkungen verbunden ist und regelmäßig viele andere Staatseingriffe nach sich zieht – man spricht von einer *Interventionsspirale* –, wobei die damit verbundenen Ineffizienzen immer größer zu werden drohen.

Eine Politik der staatlichen Preisfestsetzung verkennt grundsätzlich eine zentrale Aufgabe von Märkten, nämlich die der *Preisbildung* und damit der Koordination individueller Wirtschaftspläne. Ebenso wie im Fall staatlich verordneter Mindestlöhne auf dem Arbeitsmarkt ist es bei einer Agrarpreisstützung mehr als fraglich, ob dadurch irgendeine Verbesserung erreicht werden kann.[19]

10.4 Schlußfolgerungen

Eine entscheidende, sich aus all den Überlegungen zur Marktwirtschaft ergebende Schlußfolgerung erscheint in der Tat *paradox*. Eine Theorie, die das 'freie Spiel der Kräfte', das 'freie Spiel der Privaten' mit *möglichst geringer Einmischung in das Spiel seitens des Staates* als die 'beste der möglichen Welten' zelebriert, kommt dennoch nicht ohne 'Staat' aus. Die Marktwirtschaft bedarf eines *'starken Staates', eines Leviathan, als unverzichtbaren 'Spielleiter', als Ordnungshüter!* Warum?

1. Die Marktwirtschaft braucht einen *starken Staat*, um den *Wettbewerb effektiv durchzusetzen* und damit enorm einflußreichen gesellschaftlichen Gruppen 'trotzen' zu können. Arbeitgeber *und* Arbeitnehmer einer bestimmten Branche – beispielsweise der Stahl-, Papier- oder Automobilindustrie – werden hier Hand in Hand marschieren, um ihre Partikularinteressen, also den 'Schutz' ihrer Industrie durchzusetzen.

2. Die Marktwirtschaft braucht einen *starken Staat*, um die *Einhaltung der Regeln eines fairen Wettbewerbs sicherzustellen* und um diesbezügliche Übertretungen glaubhaft und energisch korrigieren zu können.

3. Die Marktwirtschaft braucht einen *starken Staat*, um bei *Asymmetrien auf Märkten* gegen die Interessen der 'starken' Marktseite einen wirksamen Schutz der 'schwachen' Marktseite durch-

---

[19] Damit wird weder die Notwendigkeit der Unterstützung Arbeitsloser noch der einkommensschwacher Agrarproduzenten geleugnet, sondern lediglich die Art und Weise ihrer Praktizierung, also die Mindestlohnregelung und Agrarpreisstützung an sich.

setzen zu können. Entsprechender Konsumenten- und Arbeitnehmerschutz gehört aufgrund der in diesen Bereichen oft vorliegenden *asymmetrischen Informationsverteilung* zu den *Spielregeln!*

4. Ebenso braucht es einen starken Staat, um *den Handelnden möglichst alle Kosten ihrer Handlungen auch zuzuordnen.* Dies ist gerade in bezug auf die Umwelt ein Problem, das *Verteilungsfragen* berührt.[20] Die Herstellung von *Kostentransparenz*, also die Bewußtmachung aller Kosten einer Handlung ist aber auch in vielen anderen Bereichen noch ausständig. So beispielsweise im Gesundheitswesen und generell im Sozialsystem, das seine an sich wichtige Aufgabe dann nicht mehr erfüllen kann, wenn es eben gerade mangels Kostentransparenz und 'Anreizumkehr' überbeansprucht wird.

5. *'Staatliches' Handeln selbst bedarf indes ebenfalls einer energischen Disziplinierung.*[21] Die Entscheidung über die Bereitstellung öffentlicher Güter erfordert zunächst eine peinlich genaue Prüfung, ob diese Güter nicht doch von den Privaten selbst zur Verfügung gestellt werden können. Liegt die Notwendigkeit einer öffentlichen Bereitstellung vor, so bedeutet dies keineswegs, daß der 'Staat' diese Güter selbst herstellt. Wo immer dies möglich erscheint, ist die Produktion dieser Güter zu privatisieren. Durch eine öffentliche, d.h. möglichst transparente Ausschreibung der zu erstellenden Leistungen sollte *Kon-*

---

[20] Will man zwecks Erhaltung der Umwelt einen wirtschaftlichen Umgang mit ihr, so sind jene ihrer Teile zu 'bepreisen', die bisher nicht vom Marktsystem erfaßt waren. Das bedeutet jedoch, daß für etwas, was bisher *für den Einzelnen, nicht jedoch für die Gesellschaft gratis* war – beispielsweise die Nutzung der Luft beim Autofahren oder beim Heizen – nunmehr individuell, nach Maßgabe der Nutzung, bezahlt werden muß.

[21] Durch wen, wenn nicht durch – auch ökonomisch – gut ausgebildete, mündige und *verantwortliche* Staatsbürger!

kurrenz und damit die *Kosteneffizienz*[22] dieser Projekte weitestgehend sichergesellt werden. 'Privatisierungen' im Bereich kommunaler Dienste wie der Müllabfuhr, der Straßenreinigung und Straßenerhaltung, der Parkpflege und ähnlichem mehr erschließen enorme Kostensenkungspotentiale. Sie führen zu einer Zurückdrängung des kaum an Effizienzkriterien orientierten politischen Einflusses, zu einer Entlastung öffentlicher Haushalte und ermöglichen damit eine Senkung der Steuerbelastung.

6. Sind staatliche Eingriffe in das Marktgeschehen unumgehbar, beispielsweise aus politischen Gründen, so ist nach dem Staatseingriff *mit den geringsten negativen 'Begleiterscheinungen', mit den geringsten negativen Allokationswirkungen,* zu suchen.

7. Für jeden Mitteleinsatz, so auch für den staatlichen gilt das *ökonomische Prinzip!* Staatliche Budgets sind

   (a) so gering wie irgend möglich zu halten. Schließlich müssen sie ja immer über *Steuern,* d.s. *Zwangsabgaben,* finanziert werden (welche Form diese Steuer auch immer annimmt). Es handelt sich stets um einen *erzwungenen* Ressourcentransfer vom privaten in den öffentlichen Sektor, von den Taschen der Staatsbürger in die Taschen des 'Staates'![23]

   (b) Budgets sind stets limitiert, damit muß die Frage gestellt werden, was damit am besten getan werden kann. Für staatlichen Mitteleinsatz ist eine genaue *Kosten-Nutzen-Analyse,* d.h. eine möglichst genaue Erfassung aller Vor- und Nachteile (aller Plus und Minus) eines Projektes, unabdingbar und sollte – trotz des freilich stets verbleibenden

---

[22] Darunter versteht man, daß eine bestimmte Menge eines Gutes zu den geringsten Kosten hergestellt wird.

[23] Politiker sind mit den öffentlichen Mitteln so spendabel, gerade weil es nicht ihre eigenen sind!

Ermessensspielraums – für größere Projekte verpflichtend vorgeschrieben sein.

'Staatliches' Handeln sollte *idealerweise* auf die Maximierung der gesellschaftlichen Wohlfahrt insgesamt, also auf die Maximierung der Wohlfahrt *aller Haushalte* gerichtet sein. Daß dem regelmäßig nicht so ist, zeigt die Praxis ebenso überwältigend wie es die ökonomische Theorie überzeugend erklärt. Die Disziplinierung des politischen Prozesses erfolgt am besten über 'mündige', d.h. 'aufgeklärte', also möglichst gut auch über diesbezügliche Zusammenhänge informierte Staatsbürger. Umfassende Bildung ist auch vor diesem Hintergrund unverzichtbar. Der Staat sollte jedem Staatsbürger ein umfangreiches Bildungsangebot, das über *Konkurrenzmechanismen* ('Bildungsschecks') vor allem auch privatwirtschaftlich bereitgestellt wird, zugänglich machen, jedoch selbst das Bildungswesen nicht *monopolisieren!* Dies gewährleistete am ehesten ein kosteneffizientes und effektives Bildungssystem und damit die Basis für individuellen wie gesellschaftlichen Wohlstand.

Literaturhinweise

W. Albers et al. (Hrsg.): Handwörterbuch der Wirtschaftswissenschaften. (9 Bände), Stuttgart et al., 1977-1982.

W. Cezanne: Allgemeine Volkswirtschaftslehre. München 1993.

J. M. Buchanan, R. D. Tollison, G. Tullok: Towards a Theory of the Rent Seeking Society. Texas 1980.

A. Downs: An Economic Theory of Democracy. Boston 1958.

J. Eatwell, M. Milgate, P. Newman (eds.): The New Palgrave. A Dictionary of Economics. London 1987.

A. Endres: Umweltökonomie. Eine Einführung. Darmstadt 1994.

B. S. Frey: Umweltökonomie. 3. Aufl., Göttingen 1992.

M. Friedman: Kapitalismus und Freiheit. München 1976.

F. A. v. Hayek: Individualism and Economic Order. London 1948.

F. A. v. Hayek: Die Verfassung der Freiheit. Tübingen 1991.

F. A. v. Hayek: Der Weg zur Knechtschaft. Bonn 1991.

D. Helm (ed.): Economic Policy Towards the Environment. Oxford 1991.

J. Hirshleifer, A. Glazer: Price Theory and Applications. 5th ed., Englewood Cliffs 1992.

O. Issing (Hrsg.): Geschichte der Nationalökonomie. 2. Aufl., München 1988.

R. H. Leftwich, R. D. Eckert: The Price System and Resource Allocation. 9th ed., New York 1985.

R. G. Lipsey, P. N. Courant, D. D. Purvis, P. O. Steiner: Economics. 10th ed., New York 1993.

E. Mansfield: Microeconomics. 7th ed., New York 1991.

E. Mansfield (ed.): Microeconomics – Selected Readings. 4th ed., New York 1982.

W. Reiß: Mikroökonomische Theorie. Historisch fundierte Einführung. 2. Aufl., München 1992.

J. A. Schumpeter: Theorie der wirtschaftlichen Entwicklung. 2. Aufl., München 1926.

H. Siebert: Einführung in die Volkswirtschaftslehre. 11. Aufl., Stuttgart et al. 1992.

Adam Smith: Der Wohlstand der Nationen. Eine Untersuchung seiner Natur und seiner Ursachen. Hrsg. von H. C. Recktenwald, München 1974.

G. J. Stigler: The Theory of Price. 4th ed., New York 1987.

J. E. Stiglitz: Economics. New York - London 1993.

F. Stocker: Spaß mit Mikro. Einführung in die Mikroökonomik. 2. Aufl., München 1994.

E. F. Thomsen: Prices and Knowledge. A market-process perspective. London - New York 1992.

H. R. Varian: Intermediate Microeconomics. A Modern Approach. 3th ed., New York - London 1993.

A. Woll (Hrsg.): Wirtschafts-Lexikon. 7. Aufl., München 1993.

Stichwortverzeichnis

A
Ablaufpolitik 216, 253
Allokationsentscheidungen 11
Allokationsergebnis 11
Allokationsmechanismus 151
Angebot (s.a. Marktangebot)
–, Elastizität des A. 223
Angebotskurve der
– Wettbewerbsunternehmung 69
Angebotsregel der
– Wettbewerbsunternehmung 63
Anreizstruktur der
–, Marktwirtschaft 52, 55, 237
–, asymmetrische 249
Arbeitsteilung 7
Asymmetrie 201, 240,
Auslese, falsche
– (adverse selection) 206f.
Ausschließbarkeitskriterium 52, 221
– (Ausschlußprinzip)

B
Barter-economy 197
Bertrand Modell 110
Betriebsgröße 53
Bildungspolitik 241ff., 259
Break-even-point 68

C
Casino-Society 240
ceteris-paribus-Bedingung 58
Common-Property-Ressourcen 232ff.
Constant-cost-Branche 147
Contestable markets 100

D
Deckungsbeitrag 67
Decreasing-cost-Branche 147
Dezentralität, doppelte 215
Distributionsmechanismus 152
Distributionswirkungen 253
Diversifikation 42, 46
Durchschnittserlöse 67
Durchschnittskosten
–, variable 67
–, totale (=Stückkosten) 54
Durchschnittsprodukt
(= Durchschnittsertrag) 58

E
Economies of scale 54, 83
Economies of size 54
Effizienz 7, 158
Eigentumsrechte 52, 78, 219ff. 231ff. 234, 236
Einkommenseffekt 115
Elastizität
–, Angebotselastizität 146
–, Preiselastizität (direkte) 117f
–, Kreuzpreiselastizität
– (indirekte Elastizität) 121
Entdeckungsprozeß 48
Entdeckungswettbewerb 73

Stichwortverzeichnis

Entscheidungen, ökonomische 2f.
Entscheidungstheorie 12
equimarginale rule 43
(= zweites Gossen'sches Gesetz)
Erlös (=Umsatz) 87
Ertrag (=Output,
– Produktionsergebnis) 7, 58
Ertragsgesetz, klassisches 57, 60
Ethos ('Ethik des Tausches')
32f., 180
Excess capacity
(= Überschußkapazität) 93, 174
Externe Effekte
(= Externalitäten) 226ff.

F

Faktor (= Input
–, Produktionsfaktor, Ressourcen) 5,
53, 56
Faktorangebotsentscheidung 37
Faktorintensität 62
Faktormärkte 13
Fixkosten 53
–, anteilige 55
Fixkostendegression 55
Freifahren, free-riding
(= free-rider-Problem) 52, 224

G

Gebrauchswert 51
Geld 197
Gesamtnutzen 38f.
Gesamtprodukt = Output/Ertrag 58
Gesetz der fallenden Grenzerträge
57, 260
Gesetz des abnehmenden Grenznutzens 39
Gesetz des Angebots 124
Gesetz der Nachfrage 45, 115, 117,
126
Gesetz des einheitlichen Preises
(=law of indifference) 160
Gewinn

–, ökonomischer 67, 73, 79, 91
Gewinnmaximierung 29
–, der Wettbewerbsunternehmung
66ff.
–, des Monopolisten 85ff.
Gleichgewicht 133, 149ff.
s.a. Marktgleichgewicht 133,
–, langfristiges 91, 96, 151
–, bei monopol. Konkurrenz 92
Gossen, Hermann H. 39
–, erstes Gossen'sches Gesetz 39f., 45
–, zweites Gossen'sches Gesetz 43
Grenzanbieter 167, 181
Grenzerlös 57, 63f.
Grenzertrag (= Grenzprodukt) 58
Grenzkosten 57f.
Grenznutzen 38f.
– des Geldes 43
Grenznutzenkurve 40, 45
Grenzprodukt (= Grenzertrag) 58
Grundproblem, ökonomisches 5, 155
Gut 5, 221
–, freies 233
–, heterogenes 91
–, homogenes 91, 195
–, inferiores 143
–, Investitionsgut 6
–, Komplementärgut 75
–, Konsumgut 5
–, marktfähiges (= privates) 221f.
–, meritorisches 52, 242, 245
–, öffentliches 80, 224ff., 245
–, privates (= marktfähiges) 221f.
–, Substitutionsgut 75, 222f.
–, superiores (= Luxusgut) 143

H

Haushalt (Konsument) 13, 35f.
Hayek, Friedrich A. von 212

I

Increasing-cost-Branche 147
Inflation 20, 217

–, antizipierte 217
–, nicht-antizipierte 217
Information
–, als Gut 202
–, als öffentliches Gut 203
–, vollständige (s.a. Markttransparenz) 159
Informationsverarbeitung in der Marktwirtschaft 209ff.
Informationsverteilung,
–, asymmetrische 199ff, 265
Input (=Inputfaktor,
–, Produktionsfaktor, Ressourcen) 5, 53, 56
Inputregel 57
Interventionsspirale 263
Investieren 14
Investitionen 18
Investitionsgüter 6
Irrtum, konstruktivistischer 211

K
Kapazität 93
Kapitalakkumulation 103
Kapitalmarkt 19
Kartell 98, 107, 176, 239
Knappheit 5
Knappheitsproblem 5, 155
Koinzidenz, doppelte 197
Komplementärgüter 75, 122
Konjunkturzyklen 12, 20
Konkurrenz (s.a. Wettbewerb)
–, monopolistische 90f., 96f., 173ff.
–, vollständige 86, 120
–, Vergleich mit Monopol 170ff.
Konsumentenrente 161ff.
Konsumentensouveränität 36
Koordination
– dezentrale 112, 215
–, zentrale 210f.
Koordinationsproblem 8f. 111f., 149, 158
Kosten

–, fixe 53
–, Opportunitätskosten 7, 26, 158
–, variable 56
Kosteneffizienz 266
Kosten-Nutzen-Analyse 265
Kostentransparenz 238ff., 265
Kostenvorteile
–, absolute 188
–, komparative 187f., 191, 238
Kreuzpreiselastizität 121

L
'Law of indifference' 160
Lerneffekte 103, 104
Log-rolling 250

M
Makroökonomik 17f.
Markt 15, 125
–, segmentierter 196
–, vollkommener (perfekter) 159
Marktangebot 123ff.
Marktgleichgewicht 127ff., 146ff.
Marktmacht (s.a. Preissetzungsmacht) 64
Marktnachfrage 116f.
Markträumung 127
Markttransparenz 159
Marktversagen 203
Marktwert 163
Marshall, Alfred 159
Mengenanpasser 86, 160
Mikroökonomik 11f.
Monopol (Monopolist) 74, 170
–, natürliches (technisches) 83, 99
–, Vergleich mit vollständ. Konkurrenz 170ff.
Monopolgewinn 85f.
Monopolrente 73
Monopson 183
Moral Hazard 203

N
Nachfrage 42ff., 45
(s.a. Marktnachfrage) 116f.
Nachfragelücke 18
Nash-Gleichgewicht 109
Netzwerkmonopol 84
Nicht-Rivalität 224, 232
Nominaleinkommen 115
Nutzen 38
Nutzenmaximierung 29
Nutzentheorie
–, kardinale 44
–, ordinale 44

O
Oligopol 97, 98, 106ff.
–, kollusives 98
Opportunitätskosten 6, 26, 158
Opportunitätskostenkalkül 26f.
Ordnungspolitik 180, 216, 239, 258
Output (= Ertrag, Produktionsergebnis) 7, 58
Outputregel 57

P
Pareto-Effizienz 169
Partikularinteressen 247
Patente 78, 80
Pionierunternehmer 76, 79, 96
Preise 112ff.
–, absolute 143
–, relative (Tauschverhältnis) 142, 198, 256
Preis-Absatz-Kurve 85
Preiselastizität des Angebots 146
Preiselastizität der Nachfrage 117f.
Preisnehmer 64, 160
Preissetzer 86
Preissetzungsmacht 85
Preistheorie 13
Principal-Agent-Beziehung 204
Prinzip, ökonomisches 27
Produktdifferenzierung 90

Produktionsergebnis
–, (= Output, Ertrag) 7, 58
Produktionsfaktoren (=Faktoren,
–, Ressourcen, Inputs) 5
–, fixe 53
–, klassische 5
–, variable 56
Produktionsfunktion
–, klassische 57f., 60
Produktivität 6, 58
Produzentenrente 162ff.
Prozeßgerechtigkeit 253

R
Rationalitätspostulat 23
Rationierung 131
Realeinkommen 56, 101, 115
Reallokation der Ressourcen 142, 190, 256
Rente 81, 148
Rent-Seeking 81, 106, 248
Reservationspreis 87
Ressourcen (=Produktionsfaktoren
–Faktoren, Inputs) 5
Ricardo, David 187

S
Sättigungsmenge 87
Schöpferische Zerstörung 96
Schumpeter, Joseph A. 51, 96
Sektoren 14, 263
–, exponierte 263
–, geschützte 263
Shut-down-point 68
Skaleneffekte, -erträge
–, steigende 54, 83
Smith, Adam 16, 56, 101, 169, 212, 243
Sozialpolitik 259
Sparen 18
Spezialisierung 7
Spieltheorie 97, 108

Stabilität, monetäre 216ff.
Statik, komparative 134
Strategie, dominante 109
Stückgewinn 89
Stückkosten 54
Substitute (Substitutionsgüter) 75, 222f.
Substitutionseffekt 115
Substitutionsmöglichkeiten 75
System,
–, marktwirtschaftliches 13, 209 ff.
–, planwirtschaftliches 210

T
Tauschtheorem, fundamentales
(= Theorem der unsichtbaren Hand) 16, 169
Tauschverhältnis (relativer Preis) 142
Tauschwert 52
Theorem der komparativen Kostenvorteile 187
Theorem der unsichtbaren Hand
(= fundamtentales Tauschtheorem) 16, 169,
Transaktionskosten 112, 191ff., 192, 227, 248

U
Überschußangebot 129, 130
Überschußkapazität (excess capacity) 93, 174
Überschußnachfrage 130ff., 168
Umwelt 225ff.
Unternehmer 35, 48
Unternehmung 14, 35, 47f.

V
Volkswirtschaftslehre 11
– Mikroökonomik 11
– Makroökonomik 11, 17, 19f.

Voraussetzungen eines
– funktionsfähigen Wettbewerbs 176ff., 216ff.

W
Wachstumsdynamik 94ff. 102f.
Wertgrenzprodukt 260
Wettbewerb (s.a. Konkurrenz) 32f., 73, 184,
–, funktionsfähiger 180f.
Wettbewerbsbeschränkung 80
Wettbewerbspolitik 180, 239, 242, 259
Wettbewerbsunternehmung 63, 64, 68, 85
Wirtschaften 21
–, Spielregeln des W. 29f., 34
Wirtschaftskreislauf
–, einfacher 14f., 17
Wohlfahrtsökonomik
–, erster Hauptsatz der 169
Wohlstand der Nationen 16

Z
Zahlungsbereitschaft 43
Zero-Profit-Theorem 151, 171
Zerstörung, schöpferische 96
Zinssatz 19